职业教育“十四五”规划教材
职业教育课程改革规划创新教材

商务礼仪

赖心映　杨富容　陈惠英◎主编

中国石化出版社
HTTP://WWW.SINOPEC-PRESS.COM
中国经济出版社
CHINA ECONOMIC PUBLISHING HOUSE
·北京·

内 容 提 要

本教材针对行业企业的发展需求设计内容模块。通过对企业各种商务活动的分析研究，教材内容划分为五个项目，包括礼仪与自我修养、商务礼仪与职业形象、商务办公礼仪、商务交际礼仪、商务活动礼仪，每个项目之下又提炼出支撑项目和关键技能点；同时，结合学生未来的就业岗位要求专门设置了对技能点的训练，这些都是学生未来长期职业生涯发展的关键能力。本教材在关注岗位技能训练的同时，设立了素质培养目标，通过对教材内容的合理编排，达到提升学生的沟通能力和团队合作能力的目标。

本书可作为中等职业院校经济管理及相关专业商务礼仪课程的教材，也可供其他读者参考学习。

图书在版编目（CIP）数据

商务礼仪 / 赖心映，杨富容，陈惠英主编 . — 北京 : 中国石化出版社，2025. 7. — ISBN 978-7-5114-7941-9

Ⅰ. F718

中国国家版本馆 CIP 数据核字第 202567DL49 号

中国石化出版社出版发行

地址：北京市东城区安定门外大街 58 号

邮编：100011　电话：(010) 57512500

发行部电话：(010) 57512575

http : //www.sinopec-press.com

E-mail : press@sinopec.com

宝蕾元仁浩（天津）印刷有限公司

全国各地新华书店经销

*

787 毫米 × 1092 毫米 16 开本 12.25 印张 220 千字

2025 年 7 月第 1 版　2025 年 7 月第 1 次印刷

定价：45.00 元

[67] 申宝武. 新一代基础油——GTL 基础油[J]. 国际石油经济，2005，8：25 - 29.

[68] 王永刚，白晓华，李久盛. 绿色润滑油及绿色添加剂的应用进展[J]. 石油化工应用，2010，6：4 - 8.

[69] 陈惠卿. 润滑油资源与环境[J]. 合成润滑材料，2007，3：21 - 24.

[70] 杨宏伟，费逸伟，胡建强. 国内外废润滑油的再生[J]. 润滑油，2006，12：9 - 11.

[71] 刘建芳，赵源，顾卡丽，等. 废润滑油再生技术与研究进展[J]. 武汉工业学院学报，2010，9：38 - 43.

[72] 杨鑫，周维贵，谢熙平，等. 废润滑油溶剂精制再生技术研究进展[J]. 润滑油，2022，37(04)：50 - 54.

[73] 邵弘. 大豆油脂制备绿色润滑油前景分析[J]. 大豆通报，2008，5：40 - 42.

[74] 戴钧梁，戴立新. 废润滑油再生. 4 版. [M]. 北京：中国石化出版社，2007.

[75] 侯晓明. 润滑油基础油生产装置技术手册[M]. 北京：中国石化出版社，2014.

[76] 郭守敬，白天忠，梁雪美，等. 润滑油基础油脱蜡技术研究进展[J]. 当代化工，2022，51(6)：1496 - 1500.

《商务礼仪》

编委会

主　编：赖心映　杨富容　陈惠英

副主编：林英妮　阮小喻　刘秀芳

詹　露　彭兴玲　赖雪娉

前 言

根据职业教育的目标，《商务礼仪》教材把培养学生的综合能力作为人才培养的重点。商务礼仪能力既是一种最基本的能力，又是一种可持续发展的能力，是职业能力中的关键能力。对最关键的能力进行强化训练，不仅能够提高学生的沟通能力，而且能够提高学生的综合素质。

知识是基础，能力是核心，素质是关键。调动学生学习的积极性和学习兴趣、体例活泼新颖、趣味性强是本教材的特色。

一、教材结合行业企业发展需求，注重学生职业能力培养

教材针对行业企业的发展需求设计内容模块。通过对企业各种商务活动的分析研究，教材内容划分为五个项目，包括礼仪与自我修养、商务礼仪与职业形象、商务办公礼仪、商务交际礼仪、商务活动礼仪，每个项目之下又提炼出支撑项目和关键技能点；同时结合学生未来的就业岗位要求专门设置了对技能点的训练，这些都是学生未来长期职业生涯发展的关键能力。本教材在关注岗位技能训练的同时，设立了素质培养目标，通过对教材内容的合理编排，达到提升学生的沟通能力和团队合作能力的目标。

二、紧扣职业标准，实现教材与企业的关联

在教材内容选取上，结合职业标准和企业岗位要求，选取典型的企业商务活动为案例，并借鉴和参考相关企业员工岗位标准和内训资料，使教学内容与企业高度相关；在编写团队组建上，邀请来自企业一线的专业人

士全程参与讨论、提出意见，并参加教材编写工作，从而保证教材内容的新颖性和实用性。

三、整合多种教学方法，创新设计教材体例

教材采用“项目引领，任务驱动”的模式，把真实的任务引入教学，教材内容按照独立的项目和任务设计。同时，在“任务驱动”教学模式下，本教材还将多种教学方法，包括启发引导、案例分析、情景模拟、角色扮演等融入教材体例设计，在教材内容布局和教材栏目设计上充分考虑了教学的要求。

四、建立完整的考核机制

把形成性考核和总结性考核有机地结合起来。教材中每个项目都有明确的考核标准和要求，并把礼仪知识、技能、职业核心能力、职业道德等内容融入学习过程和考核结果。

在编写过程中，编者翻阅了国内外大量的资料，并引用了其中的部分案例和观点，在此，谨向各位学者表示由衷的敬意和感谢。

由于编者水平有限，书中存在问题或疏漏、不当之处，恳请专家和读者批评指正。

目录

项目一

礼仪与自我修养

【学前导读】

随着经济的发展，商务活动与国际交往越来越频繁，被誉为交往润滑剂和黏合剂的礼仪，在人际交往中的作用越来越重要。商务礼仪是一张通向商务良性合作的“通行证”，全面了解与掌握商务礼仪，有助于商务人士树立良好的个人形象，也有助于企业树立良好的企业形象，成功开展商务活动。

【知识目标】

1. 理解礼仪的含义；
2. 认识礼仪的特点；
3. 掌握商务礼仪的含义和基本原则。

【技能目标】

1. 理解商务礼仪的含义和作用；
2. 掌握提高个人礼仪修养的方法。

【思政目标】

1. 培养学生能自觉遵守国家法律法规、社会公德，提高自己的综合素质，表现出良好的素养；

2. 逐步让学生掌握商务礼仪的重要作用和基本原则，树立礼仪修养意识；

3. 培养学生良好的社会行为，使其规划好自己的人生，具有良好职业道德，成为知礼、懂礼、行礼的社会精英。

【思维导图】

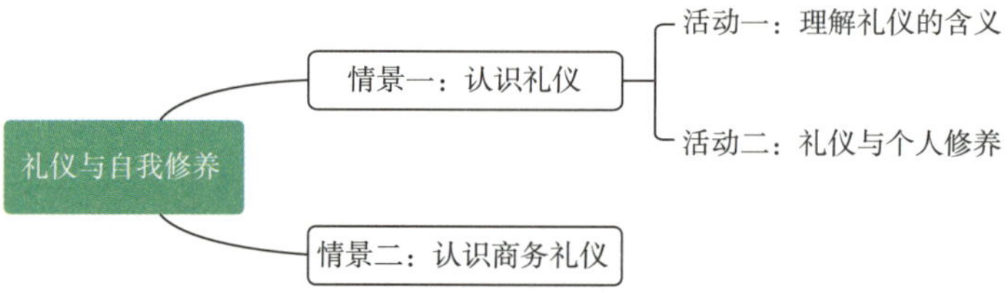

情景导入

尴尬的穿着

广州土生土长的年轻人许小华平时穿着休闲，习惯运动鞋加牛仔裤或者休闲裤和T恤衫，很典型的广州风格。

有一年夏天到上海旅游，在朋友圈里发布了游玩的照片。大学同学刘华强刚好刷到这条朋友圈，多年老同学未见，又恰逢他创立的集团公司当晚在一家五星级酒店举办一个面向欧美市场的新产品上市的大型发布会，于是热情邀约老同学过来捧场和支持。许小华接到邀请也很开心，愉快地答应今晚赴约。

当晚，许小华在发布会开始前半个小时到达现场，发现来的人很多，有2位相识的大学同学，其他都是不认识的受邀嘉宾。许小华这时才发现全场的嘉宾包括受邀的老同学们都穿着正式的西服或者晚礼服，只有自己还是广州风格，带点泥巴和污渍的运动鞋加左裤脚开了2个装饰洞、带点卡通公仔装饰的7分牛仔裤，衣服穿得很随便，加之连日去的旅游景点很多，脸上也满是疲惫之色，胡茬儿也有点长，右脚原来扭伤的地方也因旅游走路多显得有点不灵便。

这时许小华才发现自己的穿着不适合发布会的场合，看到别人都衣着正式、整洁光鲜、神采飞扬，不觉心里有点儿不快，后悔自己过来参加发布会，所以脸色更是难看，没有一点笑容。

刘华强热情地过来打招呼并向其他嘉宾介绍许小华，说这是他大学里非常要好的同学，事业也很成功。这时候许小华更加尴尬了，勉强向大家打招呼，也预祝发布会成功。随后他找了一个角落的位置，连续喝了几杯可乐，也不想与人寒暄，坐了一会儿，没等发布会正式开始便借故离开了。

问题与思考：

1. 广州人许小华一直习惯的休闲穿着为什么不适合正式的发布会场合？多年老同学自己公司的发布会场合，为什么还会显得尴尬？

2. 假如你是到上海旅游的许小华，如果没有提前接到通知和做好服饰准备，临时接到老同学的邀请，又不得不去捧场，那应该怎么办和做好哪些准备？

情景一　认识礼仪

活动一　理解礼仪的含义

知识点 1　礼仪的含义

礼仪是对礼节、礼貌、仪态和仪式的统称，是人们在社会交往活动中，为了相互尊重，在仪容、仪表、仪态、仪式、言谈举止等方面约定俗成的、共同认可的行为规范。

在理解礼仪的含义时，我们可以将其拆分为“礼”和“仪”。其中，礼是一种道德规范，即尊重。在人际交往中，我们不仅要尊重他人，也要尊重自己。古人言：“礼者，敬人也”。尊重别人不是嘴上说说，而是要懂得待人接物之道，恰如其分地向他人表示尊重。仪是指表示尊重的具体形式。

在现代社会，礼仪是指在一定的社会交往场合，为表示相互尊重和友好，而约定俗成的、共同遵循的行为规范和交往程序。礼和仪相辅相成，不可分割：“礼”即礼貌、礼节、礼俗；“仪”即仪容、仪表、仪态、仪式。

一、礼貌

礼貌是指人们在日常生活和商务活动中表示尊重和友好的行为规范，可展现得体的风度和风范。礼貌主要包括口头语言、书面语言、行为语言等方面的礼貌。礼貌是人的道德品质和个人修养最简单、最直接的体现，也是人类文明行为的最基本要求。

二、礼节

礼节是人们在日常生活和社交场合互相问候、致意、祝愿、慰问，以及给予必要协助与照料的惯用形式，是礼貌的具体表现形式。

三、礼俗

礼俗指民俗礼仪，即各种风俗习惯，是礼仪的一种特殊形式。礼俗是由历史形成的，被社会群体所熟知，根植于人们心中，并在一定的环境下经常出现。传统的礼俗有冠礼、生辰、婚姻、丧葬、座次等。

四、仪容

仪容通常指人的外貌，重点指人的容貌。在人际交往中，每个人的仪容都会引起交往对象的关注，并影响对方对自己的整体评价。仪容是个人仪表的重点，仪容美包括貌美、发美、肌肤美，要求整洁、干净。

五、仪表

仪表通常指人的服饰、姿态和风度等方面的表现，是礼仪的重要组成部分。美好的仪表来自高尚的道德品质，与人的精神境界融为一体。得体的仪表不仅代表对他人的尊重，也是自尊、自爱和自重的一种表现。

六、仪态

仪态是指人的姿势、举止和动作。人们的面部表情，体态变化，行、走、站、立、举手投足都可以表达思想感情。仪态是表现个人涵养的一面镜子，也是构成一个人外在美的主要因素。注重仪态包含四个方面：仪态文明、仪态自然、仪态美观、仪态敬人。

七、仪式

仪式指在一定的场合举行的、具有专门程序和规范的活动，常用于较大或较隆重的场合。仪式一般具有程序化的特点，且这些仪式是人们约定俗成的，有些是必要的，无法省略，否则就不合乎礼仪规范。

古今中外对礼仪的理解，主要有以下三个方面的含义：

（1）礼仪是一种行为规范或行为模式。

（2）礼仪是一种大家共同遵守的行为准则。

（3）礼仪能约束人们的欲望，保证社会秩序，实现人际关系的和谐。

知识点2　礼仪的特点

礼仪是一门社会交际的学问，是在漫长的社会实践中逐步演变、形成和发展而来的，具有文明性、规范性、普遍性、差异性、传承性、时代性等特征。

一、文明性

礼仪是人类文明的结晶，是现代文明的重要组成部分。人类对文明的追求从未停歇，亚当、夏娃用树叶遮身便是文明之举。人类从“饥即求食，饱即弃余”“茹毛饮血，而衣皮苇”到共享狩猎成果，从迷信、敬畏鬼神到崇尚科学，都体现了人类对文明的追求。现代礼仪传承以往社会形态的传统礼仪美德，革除传统礼制繁文缛节的弊端，废除其中封建迷信的僵化和保守的部分，保留其中合理的部分，更是体现礼仪科学与文明的特征。

二、规范性

礼仪是一种规范，对人们的言行举止和社会交往具有普遍的规范及约束作用。礼仪的规范性约束着人们在一切交际场合的言行举止，使之合乎礼仪，而且是人们在一切交际场合必须采用的一种“通用语言”，是衡量他人、判断自己是否自律、敬人的一种尺度。规范性是礼仪一个极为重要的特性。

三、普遍性

普遍性是指礼仪在任何国家、任何民族、任何时代都存在。礼仪贯穿于整个人类社会，与人类社会共存亡，只要有人类社会，就会有礼仪。礼仪遍及人类社会的各个领域，不仅表现在政治领域、经济领域、文化领域，也表现在军事领域、宗教领域等。礼仪渗透于各种社会关系之中，只要有人和人的关系存在，就会有作为人的行为准则和规范的礼仪存在。

四、差异性

各民族在文化传统、宗教信仰等方面的差异，导致了礼仪规范的差异，礼仪存在着民族性和地域性。例如，在阿拉伯地区，男人之间手拉手走路是一种无声的友好和尊重的表示，但在美国通常会被认为是同性恋者。再如，在非洲喀麦隆一带的庞圭人，往往瞧不起到他们那里考察的白人，认为他们“缺乏教养”。原因是这些人连“我要去拾点柴”“我要去看看捕兽陷阱”这些暗示大小便的话都听不懂。这就是庞圭人的原始礼仪，忌讳直言粪便。

五、传承性

礼仪是人类文明的积累，每一个民族的礼仪文化都是在本民族固有传统文化的基础上，通过不断吸收其他民族的礼仪文化而发展起来的。礼仪一旦形成，通常就会得以长期继承和发扬。例如，我国古代的尊老敬贤、父慈子孝、礼尚往来等反映民族传统美德的礼仪，至今仍积极影响着人们生活的方方面面。

六、时代性

礼仪规范不是一成不变的，而是随着社会的发展、科学的进步、对外交往的日益频繁而不断发展更新。不同的时代具有不同的礼仪要求，在传统的礼仪基础上不断地推陈出新，体现了礼仪的时代性。

活动二　礼仪与个人修养

知识点 1　中国是礼仪之邦

中国是世界四大文明古国之一，也是人类文明的发源地之一，古老的中华文化源远流长，在五千年的历史长河中，创造了灿烂夺目的文化，被世人称为“文明古国，礼仪之邦”。

一、中国礼仪的起源与发展

礼仪作为一种文化现象，随着人类的产生而产生，在原始社会中晚期出现了早期礼仪的萌芽。原始社会时期，由于生产力水平极其低下、生存环境极其恶劣以及认识世界的能力有限，对许多自然现象无法做出科学的解释，人们便形成了对日月星辰、风雨雷电、山川丘陵、凶禽猛兽等的崇拜和敬畏，进而创造了如女娲补天、后羿射日、大禹治水等神话故事。有了神话，人们便创造了祭神仪式。于是，以祭人、敬神为主要形式的礼仪产生了。

（一）礼仪的起源时期（原始社会时期）

在旧石器时代早期，礼仪开始萌芽。如山顶洞人会缝衣御寒，用穿孔的兽骨和贝壳作为饰物挂在脖子上以满足审美需求。进入新石器时代，人类能够制作精细的石器，开始从事农耕和畜牧，在其后的数千年，原始礼仪渐具雏形。考古发现，在仰韶文化时期，人们已经开始注意尊卑有序、男女有别，但原始社会的礼仪较为简单和虔诚，还不具有阶级性。

（二）礼仪的形成与发展兴盛时期（夏、商、西周时期）

礼仪的发展阶段约在公元前 21 世纪到公元前 771 年的夏、商、西周时期。从夏朝建立开始，中国社会逐渐向奴隶社会过渡，生产力和社会文化都有了较大的发展，统治阶级为了维护自身的利益、巩固其统治地位，建立、修订了比较完整的国家制度和礼仪。在这个阶段，中国第一次形成了比较完整的礼仪与制度。最早记载中国古代礼制的名典有：《周礼》《仪礼》《礼记》，统称“三礼”。“三礼”的主要内容大体反映了周朝的礼仪制度，提出许多极为重要的礼仪概念，如“五礼”等。

知识链接

扫码查看知识锦囊：五礼

（三）礼仪的变革时期（春秋战国时期）

礼仪的变革时期约在公元前770年到公元前221年的春秋战国时期，是我国由奴隶社会向封建社会转变的过渡时期。这一时期，学术界形成了“百家争鸣”的局面，以孔子、孟子、荀子为代表的诸子百家对礼教进行了研究并推动其发展。

孔子对礼仪非常重视，把“礼”看成治国、安邦、平定天下的基础。他认为“不学礼，无以立”“质胜文则野，文胜质则史。文质彬彬，然后君子”。他要求人们用礼的规范来约束自己的行为，要做到“非礼勿视，非礼勿听，非礼勿言，非礼勿动”。倡导“仁者爱人”，强调人与人之间要有同情心、相互关心、彼此尊重。

孟子把礼解释为对尊长和宾客严肃而有礼貌，即“恭敬之心，礼也”，并把“礼”看作人善性的发端之一。

荀子把“礼”作为人生哲学思想的核心，把“礼”看作做人的根本目的和最高理想，“礼者，人道之极也”。他认为“礼”既是目标、理想，又是行为过程。“人无礼则不生，事无礼则不成，国家无礼则不宁。”

（四）礼仪的强化与衰落时期（秦朝到清末时期）

礼仪的强化时期约在公元前221年的秦朝时期到公元1911年清末。封建社会的礼仪习俗有了新的变化，礼仪规则分化为与国家政治息息相关的礼仪制度和社会交往中应遵守的行为规范两个部分。汉朝时期，董仲舒提出“三纲五常”的学说。宋朝时期，礼仪的发展有两大特点：一是程朱理学的出现，二是礼仪向家庭迅速扩延。到了明朝，礼仪在理论上虽然没有发展，但名目增多，礼仪形式也更加完善，如家礼的名目有忠、贞、节、烈、孝，此外，君臣之礼、尊卑之礼、交友之礼等更加明确。然而，在这种腐朽的统治思想笼罩下，人们的个性自由发展受到阻碍，平等交往受到阻挠，思想自由也被严重地束缚了。

（五）现代礼仪的发展时期

中华人民共和国成立后，礼仪的发展进入了一个新的时期。这期间，符合时代要求的礼仪被继承、完善、流传，那些繁文缛节逐渐被抛弃，如昔日束缚人们的“神权天命”“愚忠愚孝”以及严重束缚妇女的“三从四德”等封建礼教被摒弃。同时接受了一些国际上通用的礼仪形式，逐渐确立以平等相处、友好往来、相互帮助、团结友爱为主要原则的具有中国特色的新型社会关系和人际关系。改革开放以来，随着中国与世界的交往日趋频繁，西方一些优秀的礼仪、礼节陆续传入我国，与我国的传统礼仪一道融入社会生活的各个方面，构成了社会主义礼仪的基本框架，现代礼仪的发展进入了全新的发展时期。

二、学习礼仪的作用和意义

礼仪是人类文明进步的重要标志，是适应时代发展、促进个人进步和成功的重要途径，个人文明礼仪一旦养成，必然会在社会生活中发挥重要的作用。

（一）礼仪有利于塑造个人形象

礼仪最基本的功能就是规范、约束自身行为，一个人的体态、姿势、谈吐、衣着打扮等都在一定程度上反映出这个人的内在素养和个性特征。良好的礼仪能够体现个人修养，有利于树立良好的个人形象。

（二）礼仪有利于沟通协调

由于立场、观点等不同，人们在商务交往中难免会发生不同程度的矛盾或冲突。此时恰当地运用礼仪，有助于消除差异、增进理解，为交往双方架设沟通的桥梁，营造和谐友善的交往氛围，使不同群体之间能求同存异、相互敬重、相互理解、和谐相处。

（三）礼仪有利于各项事业发展

现代市场竞争除了产品的竞争，还有形象竞争。一个具有良好信誉和形象的企业，更容易获得社会各方的信任和支持。在商务交往中，讲究礼仪不仅可以帮助个人实现理想、走向成功，也可以提升企业整体竞争力，有利于各项事业的发展。

知识点 2　提高个人礼仪修养的方法

良好的个人礼仪、规范的处世行为不是与生俱来的，也不是短期就能够实现的，而是要靠后天的不懈努力和精心教化才能逐渐形成。我们在日常与人交际时，礼仪细节必不可少。要想提高个人的礼仪修养，可以按照下面方法来做。

一、自觉接受和学习礼仪

首先，提高个人礼仪修养，要有勇于战胜自我、不断完善自身的思想意识；发挥主观能动性，自觉改掉自身的不良行为习惯、自觉抵御外来的失礼行为、自觉接受礼仪教育。

其次，系统地学习礼仪。学习礼仪既要依靠老师的指点和培养，以及社会健康的舆论导向和良好的环境熏陶，也要通过自身努力，不断进取，才能将礼仪深植心中。

最后，通过书籍、网络媒体等途径广泛阅读艺术作品，掌握科学文化知识，使自己博闻多识。加强文化艺术方面的修养，对提高礼仪素质大有好处。

二、积极参加社交实践活动

礼仪修养关键在于实践，仅仅从理论上掌握礼仪的含义和内容是远远不够的。要坚持理论联系实际，将自己学到的礼仪知识积极地应用于社会生活实践的各个方面，时时处处自觉地从大处着眼、从小处着手，以礼仪的准则来规范自己的言谈举止。通过各种人际交往强化礼仪，不断提高个人礼仪修养。

三、寻找学习的榜样

榜样的力量是无穷的。榜样无处不在，我们可以名人为榜样，也可以身边的普通人为榜样，学习他们以礼待人的真诚态度和行为、良好的性格与文雅的谈吐举止等。

四、做到自我监督

个人礼仪修养的提高不能缺少自我监督与自我教育，我们要对自己的行为进行正确的评价，明确自己做得对和做得不对的地方，既要善于发现和发扬自己的优点，又要正视和改正自己的缺点，这样才能形成良好的礼仪修养。

“个人修养”四个字很简单，但做起来很难，它需要我们用一辈子的时间和经历去体会。

知识延伸

中国老家规，这就是教养！

1. 不许吧嗒嘴儿；2. 不许叉着腿儿；3. 不许斜楞眼儿；4. 不许罗着锅儿；5. 不许不称长辈为您；6. 不许捋袖管儿；7. 不许挽裤腿儿；8. 不许搅菜碟儿；9. 不许筷插碗儿；10. 不许嘬牙花儿；11. 不许抖落腿儿；12. 不许不叫尊称或名字就说话儿；13. 不许当众咋呼；14. 不许说瞎话儿；15. 夹菜不过盘中线；16. 不许吃饭咬着筷子；17. 不许壶嘴对着人；18. 吃菜不许满盘子乱挑，只能夹眼前的；19. 吃饭前要礼貌性地招呼长辈，长辈坐下说吃饭才能吃；20. 做客时，主人动筷子客人才能动；21. 不许拿筷子、勺子敲碗；22. 不许反着手给人倒水或倒酒；23. 吃饭不能稀里呼噜出声；24. 不许压人肩膀；25. 倒茶不能倒满；26. 做客不能坐人家的床；27. 做客不许进没有人的房间；28. 站不倚门、话不高声；29. 回家要跟长辈打招呼；30. 出门要说一声。

情景二　认识商务礼仪

知识点　商务礼仪的含义与基本原则

一、商务礼仪的含义

商务礼仪是指在商务活动中的礼仪规范和准则，是一般礼仪在商务活动中的运用和体现，其中包括仪表礼仪、言谈举止礼仪、书信来往礼仪、电话沟通礼仪等。根据商务活动的场合又可以分为办公礼仪、宴会礼仪、迎宾礼仪等。

二、商务礼仪的基本原则

“不学礼，无以立”，在商务活动中遵循一定的礼仪能够为企业和相关人员带来利润及商业上的成功。在遵从商务礼仪时，一般应掌握以下基本原则。

（一）尊重

古人云："敬人者，人恒敬之"。这句名言告诉我们，在商务活动中，要常存敬人之心，处处不可失敬于人，不可伤害他人的个人尊严，更不能侮辱对方的人格。在商务活动中，只有尊重对方的人格尊严，才能与对方保持愉快的商务合作关系。尊重包括自尊和尊重他人。

1. 自尊

自尊是指在商务场合维护自己的人格，尊重自我、尊重自己的职业、尊重自己所在的单位，对所从事的工作全力以赴。

2. 尊重他人

尊重他人体现了一个人的素质、修养、智慧和胸怀。尊重他人不仅是指尊重他人的人格、爱好和习俗，还要真心诚意地接受他人，重视并恰到好处地赞美他人。

（二）平等

研究证明，任何人都有友爱待人和受人尊敬的心理需求，渴望平等地与他人沟通和交往。因此，在商务活动中，既不能盛气凌人，也不能卑躬屈膝。同事之间、上下级之间、商务合作双方之间都应当平等相待，只有这样才能建立和谐的人际关系。

（三）律己

律己就是严格按照一定的道德标准和社交礼节来规范自己的言谈举止，在犯错之后不回避、不迁就。同时，律己还体现在不忽视细节上，因为细微之处往往可以反映出一个人的品格。有时往往因为一个不起眼的细节，可能就会改变对方的看法，获得对方的尊重和敬佩。

（四）宽容

在与人交往时，不仅要严于律己，更要宽以待人，具备宽广豁达的胸怀。海纳百川，有容乃大。如非主观故意和非原则性的过失，可礼貌性提醒纠正或视为未曾发生；如涉及原则性问题，则要通过合理的方式、方法解决，以保证商务交往顺利进行，实现商业价值的最大化。

（五）诚信

诚信是商务活动得以延续的保证。在商务活动中，待人处事要诚心诚意，言行一致，"言必信，行必果"。越真诚守信，让对方接受思想、观点、愿望和要求的可能性就越大，也越容易与对方建立良好的商务关系，获得成功。

（六）随俗

礼源于俗，礼与俗密不可分。由于地域、民族、文化背景的不同，商务礼仪习俗也有很大的差异。面对不同的礼仪习俗时，既不能少见多怪、妄加非议，也不能自以为是、指手画脚，而应当入乡随俗，尊重对方特有的习俗，与对方的习俗保持一致才能在商场中游刃有余，构建和谐融洽的商务关系，以利于商务活动的拓展。

知识链接

扫码查看礼仪故事：热情的赞美

知识延伸

IMPACT 黄金准则

针对商务人士的礼仪修养，英国学者大卫·罗宾逊概括出了 IMPACT 黄金准则。IMPACT 黄金准则具体包括以下几个方面。

1. 正直（Integrity）

正直是指通过言行表现出诚实、可靠、值得信赖的品质。这就要求商务人士品行端正、踏实肯干，不能因为经济诱惑而做出说谎和欺瞒之事。

2. 礼貌（Manner）

在与他人进行商务交往时，商务人士一定要保持言行举止的礼貌，因为一个人的风度可以向对方表明自己是否可靠、行事是否正确和公正。

3. 个性（Personality）

个性是指在商务活动中表现出来的独到之处。例如，商务人士可以充满激情地参加商务活动，但不能在沟通时感情用事、丧失理智等。

4. 仪表（Appearance）

商务人士应当注重个人仪表，衣着整洁得体、举止落落大方，给商务伙伴留下良好的第一印象。

5. 善解人意（Consideration）

善解人意是指善于理解别人的意思和想法。在商务活动中，商务人士如果已预想过双方沟通时对方可能有的反应，就能更谨慎、更敏锐地与对方打交道。

6. 机智（Tact）

机智是指面对某些难以处理的问题时，虽然要立即做出反应，但不可凭一时冲动行事，而应利用某些显而易见的优势来妥善处理。

情景训练

训练任务：情景中角色扮演练习

训练课时：1 课时

情景 1：

你的英语讲得好极了

一位英国老妇到中国旅游观光，对接待她的导游小张评价颇好，认为她服务态度好、语言水平也很高，便夸奖导游小姐小张说："你的英语讲得好极了！"导游小姐小张按照中国人的习惯，谦虚地回应说："我的英语说得不好。"

英国老妇一听生气了，心想："英语是我的母语，难道我都不知道英语该怎么讲？"她越想越气，第二天坚决要求旅行社给她换导游。这件事在旅游行业乃至所有的窗口行业引起极大反响。

训练要求：

1. 讨论：造成案例中现象的原因是什么？

2. 分组训练：2 人一组，1 人扮演英国游客，1 人扮演导游小张，面对外宾的表扬，应怎样得体地回答？

3. 规范地演示这个过程，最后由同学评议，老师点评。

情景2：

“喂！”

一位年轻人去风景区旅游。那天天气炎热，他口干舌燥，筋疲力尽，不知距目的地还有多远，举目四望，不见一人。

正失望时，远处走来一位老者，年轻人大喜，张口就问：“喂，老头儿，这儿离青海湖还有多远呀？”老者目不斜视地回了两个字：“无礼！”

年轻人听了以为是“五里”，立刻精神倍增，快速向前走去。他走呀走，走了好几个五里，青海湖还不见踪迹，他恼怒地骂起了老者。

训练要求：

1. 讨论：这位年轻人的问题出在哪里？

2. 分组训练：2人一组，根据景区的情景，让每位同学扮演不同角色，通过其处理该过程中可能发生事情的言行，判断其礼仪运用能力。

3. 规范地演示这个过程，最后由同学评议，老师点评。

思政园地

职场商务礼仪与个人形象塑造主题沙龙成功举办

在日益频繁的商务活动中，行为、言谈举止等各种礼仪细节，越来越受到人们的关注。礼仪是一种修养，能帮你赢得陌生人的友善、同事的尊重。职场人应该如何塑造职业形象呢？行为举止、座位排序、会面交往及职场沟通礼仪有哪些讲究呢？

2023 年 4 月 21 日 15：00~16：00，阿里云创新中心（重庆）与重庆渝高新兴科技发展有限公司、重庆两江新区互联网产业园党群服务中心、氪空间（重庆）创新中心携手重庆朴和服饰特举办职场商务礼仪与个人形象塑造主题沙龙，助力企业树立职场礼仪观念、提升员工自身职业形象。

本次活动由重庆朴和服饰主理人、服装设计师、立体剪裁造型师、形象设计师、服装色彩搭配师尹红英老师主讲。

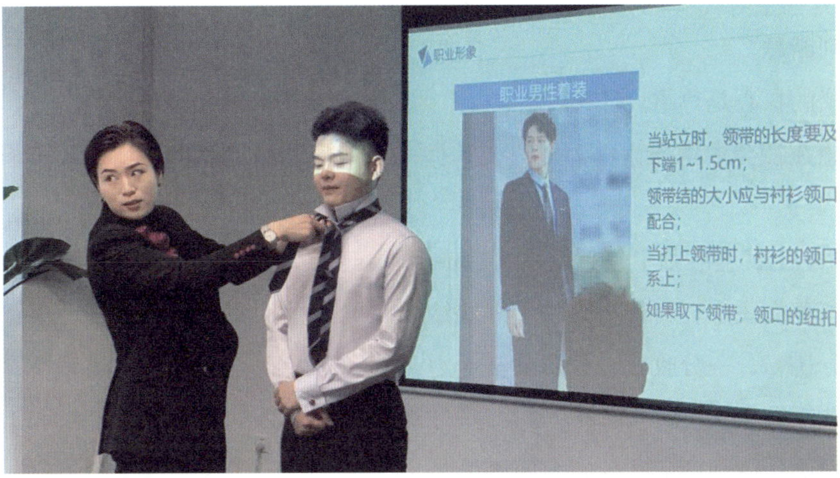

会上主要围绕礼仪概述、职业形象、商务礼仪等方面进行讲解，涉及商务接待与会议接待时的介绍、握手、递接名片、陪同、会谈、乘车、就座、宴请等工作场景，并邀请了参会人员进行互动，通过理论讲解与现场实操互动相结合，大家更加深刻感受和理解了必备的职业商务礼仪。

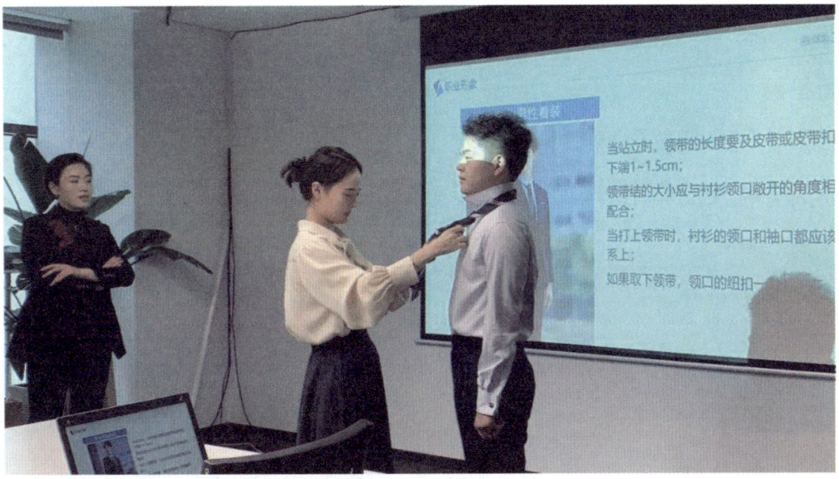

在此次活动中，尹红英老师亲切大方的授课风格和干货满满的课程内容让参会人员如坐春风，大家不仅对商务礼仪规范的理念和操作有了更新的认知，同时对如何强化自身良好的职业素养有了进一步的认识，为提升企业的整体形象打下了良好基础。大家纷纷表示本次授课内容非常贴近工作和生活实际，指导性强，收获颇丰。

课后练习与思考

一、判断题

1. 礼仪的核心是尊重。(　)

2. 要想在社会中增强竞争力，只要掌握一定的专业技能就够了，不需要有良好的礼仪修养。(　)

3. IMPACT 黄金准则中包括简洁（Conciseness）。(　)

4. 在商务交往中，对待小人物不需要给予尊重。(　)

5. 一分耕耘，一分收获，只要勤奋努力，就能学好商务礼仪。(　)

二、选择题

1. 下列语句体现商务礼仪宽容原则的是（　）。

A. 十里不同风，百里不同俗　　B. 海纳百川，有容乃大

C. 言必信，行必果　　D. 仁者爱人，有礼者敬人

2. 商务礼仪的作用是（　）。

A. 塑造形象　　B. 提高效益　　C. 沟通协调　　D. 团结互助

3. 礼仪是人与人之间在接触交往中相互表示（　）和友好的行为。

A. 尊重　　B. 友谊　　C. 关心　　D. 沟通

三、简答题

1. 什么是礼仪？礼仪包括哪些内容？

2. 简述商务礼仪的作用。

项目二

商务礼仪与职业形象

【学前导读】

个人的外在形象是进入商务职场活动的入门砖。良好的个人商务形象能够很好地促进商务活动的顺利进行，是商务职场人士获得成功的重要条件。个人的商务形象不仅体现个人的精神面貌与内在气质，还体现个人的自尊、自信及对他人的尊重，更代表其所在企业的整体形象，透视着企业文化。

本项目将系统学习仪容、仪表和仪态，在各种商务活动中，通过修饰、整理、完善职业形象，塑造完美的商务职业形象。

【知识目标】

1. 掌握修饰仪容的基本要求；
2. 掌握商务着装礼仪的基本要领；
3. 掌握仪表、仪态礼仪规范。

【技能目标】

1. 能够学会化妆的方法与技巧；
2. 能够学会男士和女士的着装要领；
3. 能够学会站、坐、蹲、行等仪态礼仪的规范动作。

【思政目标】

1. 通过学习商务人士的仪容、仪表、仪态礼仪，学生能养成自我审视个人礼仪的习惯，关注个人形象和行为举止，自觉加强个人道德礼仪修养；

2. 坚持知识传授与价值引领相结合，培养学生正确的理想信念、价值取向、政治信仰以及社会责任感。

【思维导图】

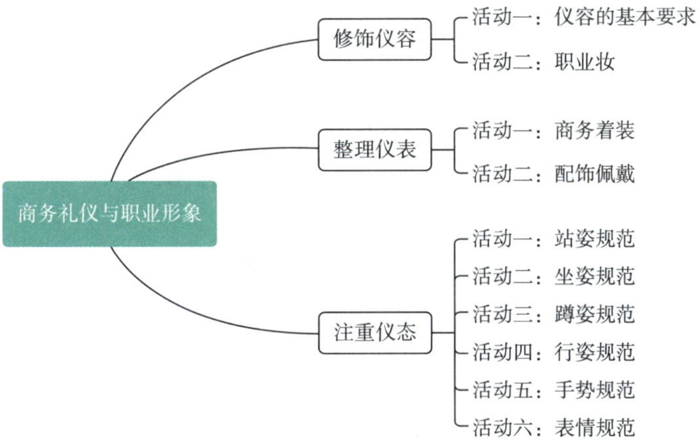

情景导入

素颜惹的祸

小萌是一位宝妈，担任深圳鑫大国有外贸公司黄总监秘书。周末休息时间小萌在家带着娃，这时广州广茂有限公司的陈总来了深圳，临时约谈黄总监签一份合约，黄总监便让小萌急送合约到A商务会所。时间紧迫，小萌心急，没换衣服、梳妆便拿着合约到A商务会所。这时黄总监来电话，由于假期出行高峰堵车，便让小萌先招待陈总。

小萌着急地进入了A商务会所，穿着休闲的家居服，衣服上有一些明显的油渍，面部素颜没精神，皮肤出油、粗糙，头发凌乱，脚上穿着一双运动鞋……陈总从头到脚打量着小萌，顿时觉得鑫大国有外贸公司不注重这一签约，不论小萌说得再好，陈总心里都不认同，便中止约谈离开了。

问题与思考：

1. 陈总中止约谈的原因是什么？
2. 小萌的形象存在哪些问题？
3. 在商务场合应注意仪容方面的哪些问题？

情景一　修饰仪容

活动一　仪容的基本要求

职业场合的仪容礼仪，不仅反映了个人的精神面貌和内在气质，也代表了公司形象，透视出公司的企业文化。职业场合仪容礼仪的基本要求是干净整洁、端庄大方。

商务人士仪容的基本要求主要有以下 3 点。

（1）美观。指干净整洁，头发、面部和衣着整洁。

（2）自然。自然是仪容修饰的最高境界，即“妆成有却无”，没有明显的人工美化痕迹，好似天然的美丽。

（3）协调。全身协调：面部化妆与发型、服饰等部分协调一致，力求达到完美的整体效果。场合协调：妆容、发型与场合气氛要求一致。

知识点 1　清洁修饰

整洁的外表可以让人心情愉悦，面部容光焕发、皮肤健美使其充满了生命的活力，给人以健康自然、鲜明和谐、富有个性的深刻印象。职场人士对仪容越来越重视，良好的形象可以增加一个人的自信。

一、男士的仪容修饰

（1）发型：干净利落。头发是人体的制高点，容易引起人们的注意。勤洗头：头发不粘、不打结、没有发屑、没有汗味等；定期修剪：每半个月至一个月理发一次最为恰当，长度以剪短为宜，一般来说男士前额的头发不要遮住眉毛、侧部的头发不要盖住耳朵。

（2）眼睛：眼睛有神，眼角不留分泌物。若戴眼镜，眼镜要端正、洁净明亮，不戴墨镜或其他色彩的眼镜。

（3）鼻腔：鼻腔要保持洁净，不要当众挖鼻孔，既不卫生，又不文雅。

（4）胡须：男士不蓄胡须，养成在上班之前剃须的习惯。

（5）口腔：男士要保持牙齿整齐洁白、口气清新。

（6）耳朵：耳朵内外无明显的分泌物，保持干净。

（7）皮肤：男士应加强皮肤的清洁，保持面部皮肤的干净清爽。

二、女士的仪容修饰

仪容修饰，在生活中显得非常重要，反映出一个人的精神状态和礼仪素养，是人们交往中的第一形象。天生丽质、风仪秀整的人毕竟是少数，可以用妆容、发型、着装配饰等手段，修饰容貌和形体等方面的不足，扬长避短，使形象得以美化。

（1）发型：干净整洁，头发不油不粘、不凌乱、无异味，过肩长发需扎起来，发型发式应该美观、大方，刘海不能过眉，发色不能过于鲜艳。

（2）眼睛：眼睛有神，眼角不留分泌物。可以适当用眉笔修饰眉型，用睫毛膏、睫毛夹等修饰睫毛，用眼线笔修饰轮廓，使眼睛看着有神。

（3）鼻腔、口腔、耳朵的清洁与男士基本相同。

（4）皮肤：加强皮肤的清洁，保持面部皮肤的干净清爽、水润有光泽。

三、仪容修饰一般应遵循的原则

（1）适体性原则：要求仪容修饰与个体自身的性别、年龄、容貌、肤色、身材、体型、个性、气质及职业身份等相适宜和协调。

（2）TPO 原则：时间（Time）、地点（Place）、场合（Occasion），即要求仪表仪容修饰与时间、环境氛围、特定场合相协调。

（3）整体性原则：仪容修饰先着眼于人的整体，再考虑各个局部的修饰，使修饰与人自身的诸多因素之间协调一致，浑然一体，营造出整体风采。

（4）适度性原则：仪容修饰在修饰程度、饰品数量和修饰技巧上，应把握分寸、自然适度，追求刻意雕琢却又不露痕迹的效果。

知识点 2　皮肤护理

皮肤在人体最外层，需要我们细心呵护，保证健康。尤其是暴露在外的脸部、颈部、手部等皮肤，直接影响人的形象，所以做好日常护理非常重要。日常的皮肤护理主要有皮肤清洁、保湿补水、控油、防晒、防痘、抗衰老、细致毛孔等。皮肤护理分为基础护理、功效护理和保养护理三种。对于不同类型的皮肤需用不同的方法加以护理和保养。

一、皮肤基础护理步骤

皮肤的基础护理可以使自身的肌肤更为健康，在做完皮肤基础护理之后，还需要做好防晒工作，避免紫外线照射出现色素沉着物。

（一）清洁

清洁也就是我们经常说的洗脸。使用适合自己的洗面奶或者香皂，理想的清洁状态是既干净又不紧绷。

皮肤清洁的主要方法：第一，调试合适的水温，使肌肤毛孔舒展，便于杂质、垃圾的排出和皮肤的清洗；第二，使用卫生清洁用品，如肥皂、沐浴露、洗手液或洗面奶等产品，可以有效地清洁皮肤；第三，用卸妆水等专业清洗用品卸妆；第四，皮肤如有伤口，一般用酒精消毒或者其他更专业的清洁措施。

（二）保湿

皮肤角质层容易缺水干燥，油脂腺的活跃能力也在降低，脸上的油脂便会减少，因此皮肤就容易绷紧，在眼下及鼻旁更会出现细纹。做好保湿能够预防细纹，让肌肤维持充足水分，处在一个健康的状态下，也能保持良好的仪容仪表。

知识链接

扫码查看知识锦囊：皮肤护理小知识

二、防晒

紫外线会损伤表皮细胞；活化酪氨酸酶会加速色素合成；暴晒会破坏皮肤的保湿功能，使皮肤变得干燥，让真皮层中的弹力纤维受损，产生细纹。在强光照射下，还会造成肌肤发炎、灼伤。

知识点 3　发型与脸型

发型是仪容极为重要的部分，头发整洁、发型得体是美发的基本要求。整洁得体大方的发型易让人展现出神清气爽的美感与自信。发型与脸型是互补的，若两者之间修饰搭配正确，整个人看起来会精神百倍，将发型与脸型的缺点隐藏，凸显优点。

发型的选择以自然、大方、整洁、美观为基本原则，根据年龄、性别、职业、性格、爱好和脸型特点，选择适合自己的发型。

一、男士的脸型与发型

男士的脸型大体可以分为 6 种（图 2–1），了解脸型对选择发型有很大的帮助，只有不同的脸型搭配适合的发型，才能将颜值和气质方面的优势全部展现出来。6 种不同脸型对应的男士发型见图 2–2。

图 2–1　6 种男士脸型

图 2-2　6 种不同脸型对应的男士发型

二、女士的脸型与发型

女士在选择发型之前，应该先分析研究一下脸型，然后再选择出最适合脸型的发型。6 种女士脸型如图 2-3 所示。6 种女士脸型与发型见图 2-4。

图 2-3　6 种女士脸型

图 2-4　6 种女士脸型与发型

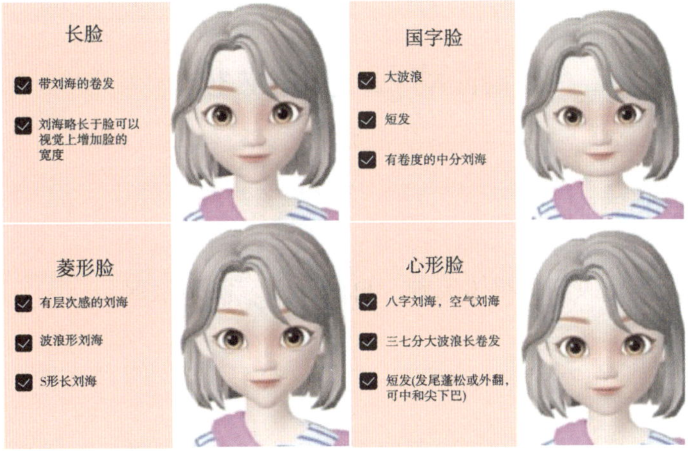

图 2-4　6 种女士脸型与发型（续图）

商务女士应对头发进行日常的精心护理，定期清洗头发并做好护发保养。在商务场合，女士的发型应整洁、干练、美观、大方（图 2–5）。

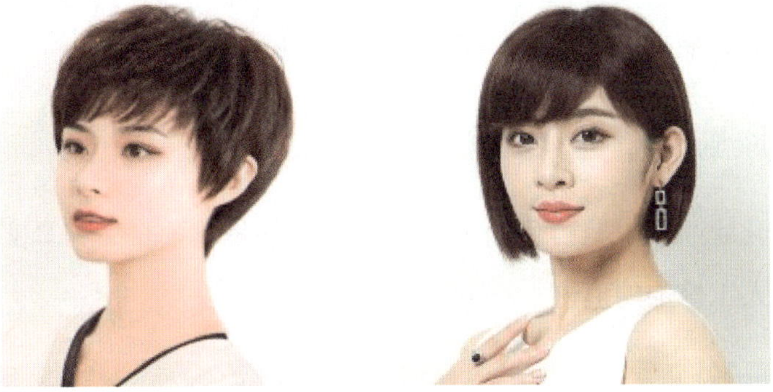

图 2-5　女士商务短发

知识链接

扫码查看知识锦囊：仪容对发式的要求

活动二　职业妆

知识点 1　化妆的原则

化妆应该遵循美化原则、得体原则、自然原则、协调原则。

一、美化原则

在化妆时要注意适度矫正，可以平时多观察自己的脸，找到自己脸部的优缺点，再通过化妆的手法去避短藏拙。

二、得体原则

化妆虽然讲究个性化，但是也要得体，比如：工作时最好淡妆，社交时可浓妆；香水不宜涂在衣服上容易出汗的地方；口红和指甲油最好同颜色等。

三、自然原则

化妆要求美化、生动、具有生命力，但是这些都是基于自然和真实之上的，化妆的最高境界是没有人工修饰的痕迹。

四、协调原则

所有的化妆技巧都是为了最后的整体效果，在化妆时一定要考虑全面，应使妆面协调、全身协调、场合协调、身份协调，比如脸部皮肤与脖颈的过渡、脸型与五官的搭配、面部妆容与发型设计的风格适配等。

知识点 2　职业妆容的化妆技巧

职场中的女性在化妆方面需要注意，很多企业都会要求上班期间化妆。在上班期间你的外在形象如同公司的形象，如果你上班时外在形象很邋遢、不修边幅，客户在没深刻了解公司前，看到你的外在形象如此不整洁，会对公司留下不好的印象。

一、画眉技术

（一）画眉工具

眉笔：适合表现出线条感，在画眉毛的后半部分时使用（图 2–6）。

眉梳：梳理修整眉毛的工具，外观就像一个微型发梳。

眉粉：适合表现眉头虚化的形态，对于初学者来说比较容易控制。

眉钳：如果本身眉形不错，平时用眉钳拔掉稀疏散乱的眉毛即可，这样眉毛看上去会很干净，而且不用天天修理。

眉刀：在眉毛浓密且眉毛轮廓需要进行较大调整时，使用眉刀能够方便地塑造出自己想要的眉形。

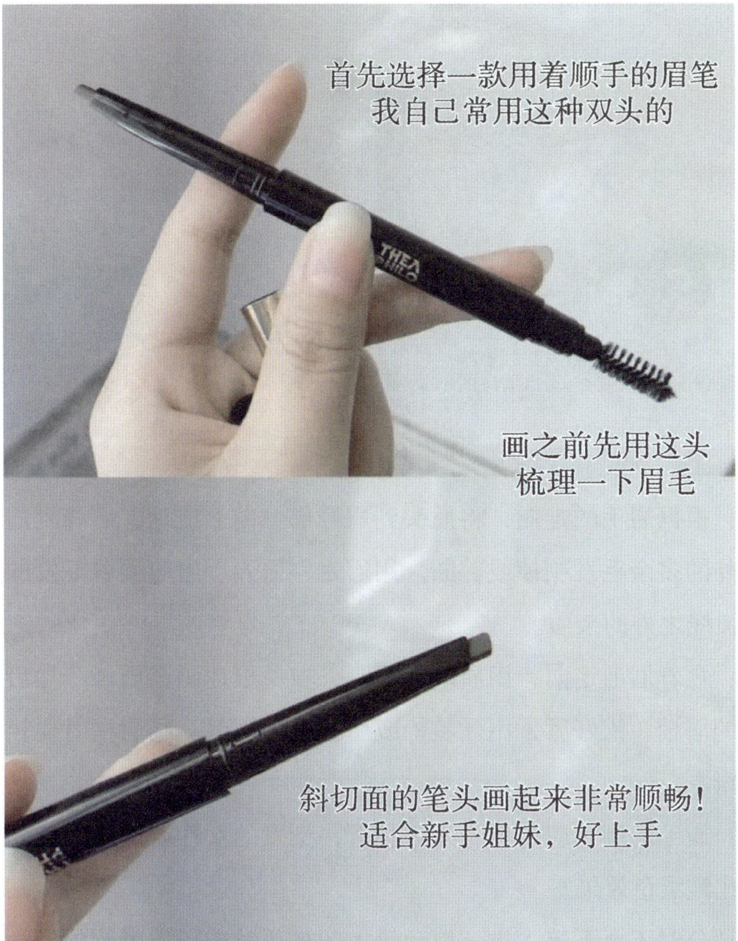

图 2–6　画眉工具

眉剪：适合眉毛比较细且颜色较淡时使用，过长的眉毛先用眉梳将眉头较浓密的眉毛梳起，再用眉剪把露于梳齿外的眉毛剪掉即可。

（二）画眉步骤

无论是何种眉形，画眉前都应先清理杂乱的眉毛，修整眉形的大致轮廓，再用眉笔勾画、着色，使眉形更饱满、生动、清晰，并富有立体感（图 2–7）。

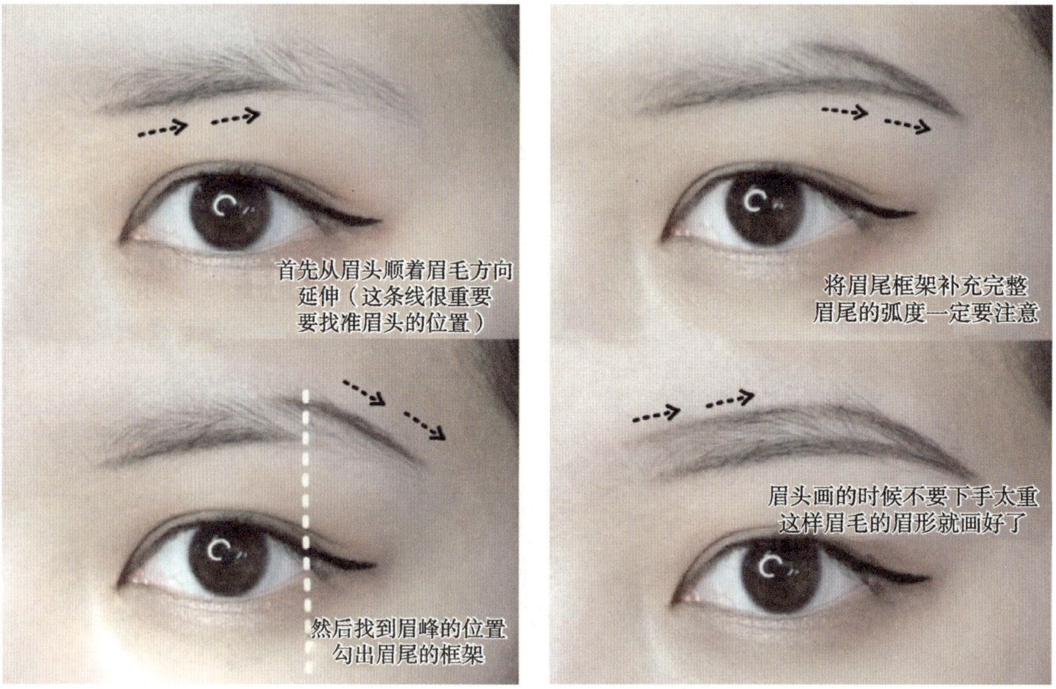

图 2–7　画眉步骤

修理眉毛：根据眉毛的走向，将眉头到眉峰部分向上梳理，眉峰到眉梢部分向下梳理，将眉线之外的多余毛发剃掉或剪断。用眉钳、眉刀、眉剪顺着毛发的生长方向去除长在眉毛自然弧线之外的杂眉。

描画眉毛：顺着眉毛走向，用眉笔从眉头一根一根地画至眉峰，然后用眉刷或眉笔描画逐渐变细的眉梢，描好后，用牙签棉或眉刷梳匀眉毛。画眉梢时要轻拿眉笔，才能画得自然、清新。

选择颜色：眉毛的颜色应与自身发色相近，染发的女性要注意两者间的色差。通常深灰色、棕色比纯黑色效果好。

描画眉头部分时不要下笔太重，以免给人凶神恶煞或双眉紧锁的感觉。通常，眉头与眉梢在同一水平线上。

二、刷睫毛技术

刷睫毛前后变化见图 2–8。

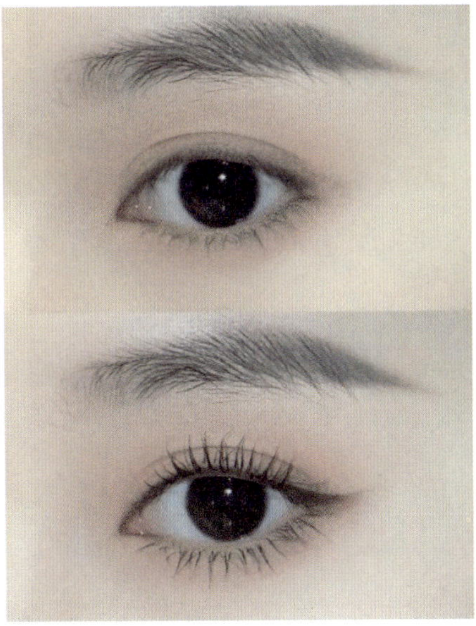

图 2–8　刷睫毛前后变化

（一）夹睫毛

如果想要把睫毛夹翘且有弧度，须将睫毛夹固定在睫毛根部处，轻轻地向上弯曲，睫毛夹向上合并，越靠近睫毛前端用力要越轻（图 2–9）。

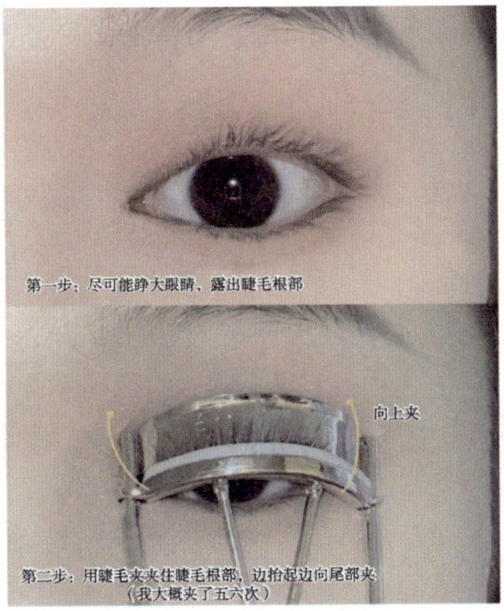

图 2–9　夹睫毛

（二）涂睫毛膏

薄薄地在睫毛上涂睫毛底膏或有保护睫毛功能的纤长液，这样可以将对睫毛的损伤程度降到最低（图 2-10）。

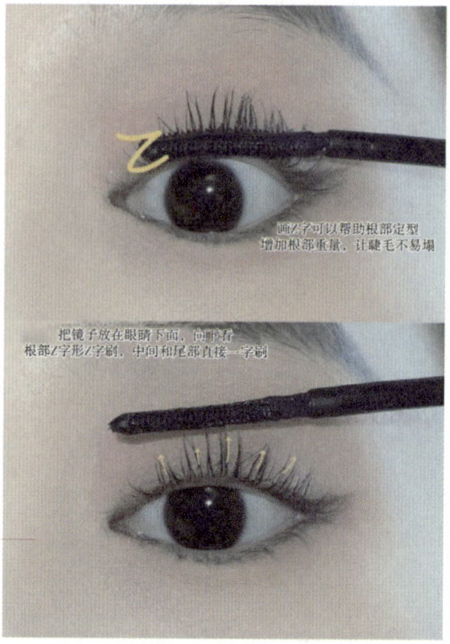

图 2-10　涂睫毛膏

（三）刷上睫毛

眼睛往下看，把上睫毛的根部尽量露出来，保持 2~3 秒，然后往睫毛尾部拉。初学者可以将睫毛挡板或化妆棉轻轻架在眼皮上，以免睫毛膏刷出界。

（四）眼尾睫毛

在睫毛液干之前，再重点涂刷眼尾的睫毛，以放射状的方式涂刷，使眼尾睫毛可以达到更好地放大眼睛的效果（图 2-11）。

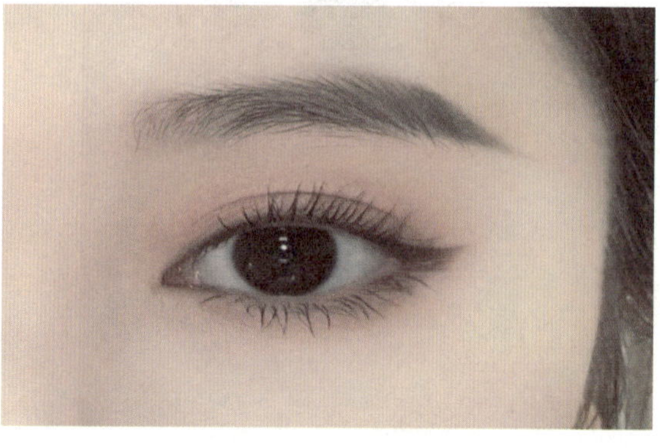

图 2-11　眼尾睫毛

（五）梳理睫毛

用睫毛梳梳理睫毛，避免产生“蟑螂脚”，令睫毛根根分明。

（六）刷下睫毛

仔细刷下睫毛，尽量把动作放轻。轻轻抖动并往外推移睫毛刷，这样可以刷出又长又浓密的下睫毛。初学者可以用睫毛挡板或化妆棉遮掩，以免睫毛膏刷到皮肤上（图 2–12）。

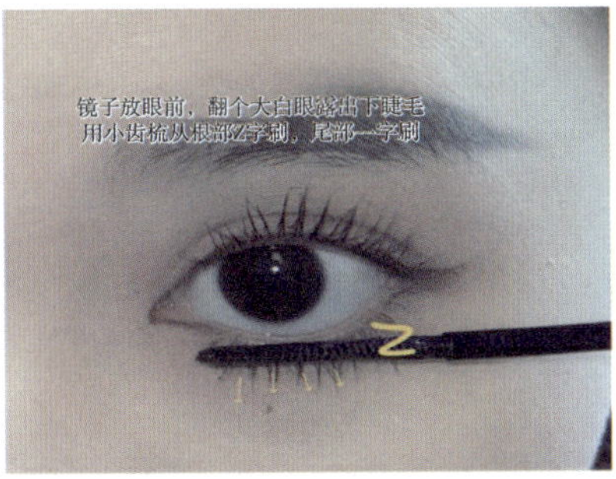

图 2–12　刷下睫毛

三、画唇技术

（一）唇彩和口红的使用

画唇时，先用唇线笔勾出理想的唇形，过大、过小或太厚、太薄的嘴唇，都应适当修饰。然后用口红或唇彩在轮廓内涂上第一层色彩，涂好后用纸巾吸走过多的口红或唇彩，再涂上第二层，这样口红或唇彩就不易脱落。需要注意的是，画唇时要涂得饱满一些，轮廓清晰，嘴角处要涂满；下唇线要比上唇线略长，这样显得自然（图 2–13）。

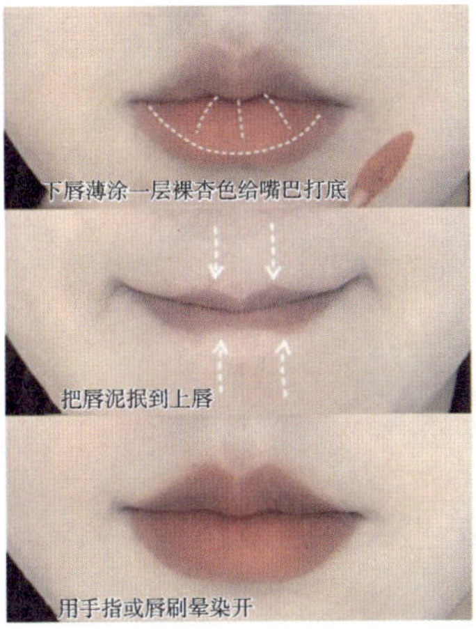

图 2–13　唇彩和口红的使用

（二）让嘴唇显小的技巧

先将口红或唇彩涂于嘴唇中央，使唇峰突出，唇角呈粉红色，然后把涂在嘴唇中央的口红或唇彩用小刷子或棉棒轻轻向两侧晕开，这样能使唇形自然、富有立体感，使嘴唇显得更加小巧（图 2–14）。

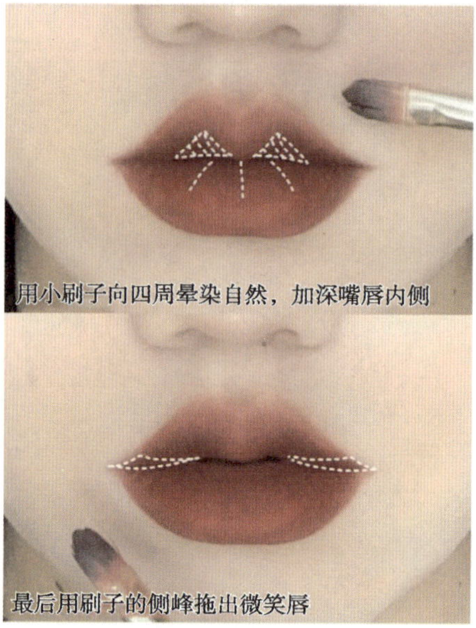

图 2–14　让嘴唇显小的技巧

四、涂腮红技术

腮红的颜色要与眼影、口红的颜色相统一（图 2–15）。

图 2–15　涂腮红的正确示范

涂腮红时内侧不应超过眼睛的中线，下侧不应超过耳朵的中线，方法是用大号毛刷从颧骨向鬓发方向刷，在面颊下侧从鬓发边向颧骨方向刷（图 2-16）。

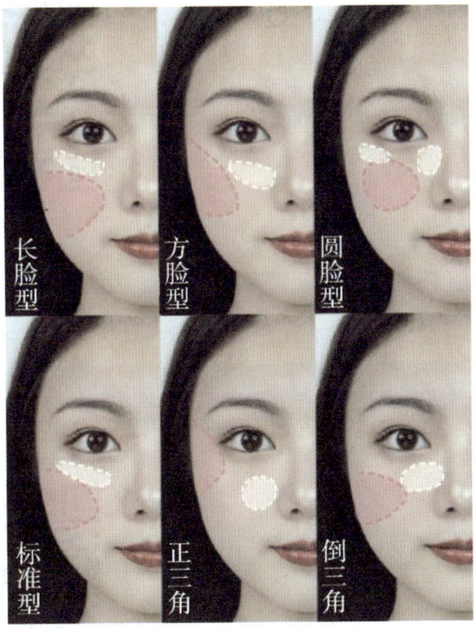

图 2-16　涂腮红的常见方法

腮红不宜涂得太浓，不能让人看出明显的界线，应与眼角处有一指的宽度。涂腮红能使面颊更加红润、面部轮廓更加优美，人看上去更加容光焕发（图 2-17）。

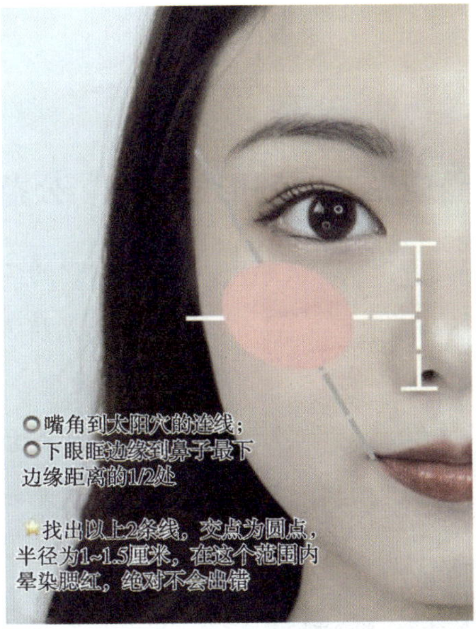

图 2-17　涂腮红的正确步骤

知识链接

扫码查看知识锦囊：底妆技术

知识链接

扫码查看知识锦囊：化妆教程

思政园地

龚怡受邀做“职场形象塑造”公益讲座

为贯彻党的二十大精神，进一步加强企业职工综合素质素养，营造乐学、善学、好学，积极、健康、向上的工作生活氛围，提升幸福感，2022年11月21日，四川省总工会、四川省中华职业教育社特邀成都市女学文化研究会会长龚怡，以“愉悦工作·乐享生活”为主题，为四川省林业和草原调查规划院近60位女性职工做“职场形象塑造”公益讲座。

龚怡会长讲道:“新时代，个人形象的塑造既关乎个人在社会中的发展，也关乎所在企业的形象，每一位职员都是企业最有力的形象代表。”她围绕新时代职场女性的仪容仪表、服装色彩、风格款式搭配、行为举止和言语谈吐等方面展开讲解，并巧妙地采用理论知识讲授和现场互动相结合的形式，通过情景模拟、直观幽默的课件视频、图片展示等方式，重点讲授了如何全面提升、塑造职场女性整体优雅、知性、干练的形象，对展现新时代女性职工良好的精神风貌和职业素养作了深入浅出的讲述与指导。

课后大家纷纷表示：此次专题讲座不仅丰富了大家的精神文化生活，还激发和调动了工作积极性。在以后的工作中，要结合工作实际，把学习成果转化和运用到工作中，立足岗位、主动作为，全面夯实基础性工作，积极营造乐学、善学、好学、积极、健康、向上的工作生活氛围，以实际行动为企业树立良好品牌形象。

情景二　整理仪表

活动一　商务着装

人靠衣裳马靠鞍。一个人的穿着显示出一个人的个性、身份、涵养和心理状态等等。服饰是一种无声的语言。在人与人的交流中，服饰给人留下的印象是深刻、鲜明的。服饰不仅反映了商务人员的审美情趣和修养，还反映了其对他人的态度，因此必须谨慎对待。决定第一印象的要素中，外表形象占据 55%、举止仪态占据 38%、交谈内容占据 7%。

职业着装分为男士职业着装和女士职业着装。在目前的商务活动中，西装是男士最佳的着装选择，而女士的最佳服装是西服裙装，其中以长裙和半长裙为主。同时，我们还要注意不同配件的搭配及相关配饰的选择。男士职业着装的配件有衬衫、领带、皮带、皮鞋、袜子，主要配饰有公文包、手表；女士职业着装的配件有衬衫、皮鞋、丝巾等，主要配饰有胸针、包包等。

知识点 1　商务人员的着装原则与禁忌

一、商务人员的着装原则

商务正装穿搭时一般遵循以下 3 个原则。

（一）“TOP” 原则

T——time，时间；O——object，目的、对象；P——place，地点、场合。时间不同，目的、对象不同，地点、场合不一样，着装要求各异。

（二）“JD” 原则

整洁（J）、得体（D），这是商务着装最起码的要求。

（三）“三色” 原则

正式场合，商务男士身上的颜色不应超过三种，“大量的主色”，配上“局部的副色”，再加“一点点的点缀色”。包括上衣、衬衣、领带、腰带、手帕、裤子、鞋子、袜子等，色彩总量不超过三种（很接近的色彩视为同一种），否则就会显得杂乱无章，失之庄重（以深色系为主）。

知识链接

扫码查看知识锦囊：商务着装建议

二、商务人员的着装禁忌

（一）过于鲜艳

着装过于鲜艳是指商务人员在正式场合的着装色彩较为繁杂、过分鲜艳，如衣服图案过分繁多以及标新立异等。

（二）过于杂乱

着装过于杂乱是指不按照正式场合的规范化要求着装。杂乱的着装极易给人留下不良的印象，容易使客户对企业的规范化程度产生疑虑。

（三）过于暴露

在正式的商务场合身体的某些部位是不适宜暴露的，比如胸部、肩部、大腿。

知识点 2　商务男士着装礼仪

西装目前是全世界商务人士在正式场合的优先选择，与平面型的中式服装不同，西装是立体型的服装，美观服帖，贴合人的身体曲线，可以使穿着者更潇洒、更精神。

男士西装的三个基本要素是西装、衬衫和领带。男士的西装为两件套或三件套，统一面料、统一色彩，是规范化正式场合的男装。穿西装不仅能够体现男士的身份，也能够体现所在企业的规范化。

男士西装的着装要求体现在西装的选择和穿着这两个方面。

一、男士西装的选择

男士在选择西装时，可以从造型、面料、色彩、图案、尺寸 5 个方面来考虑。

（一）造型

男士西装的造型主要有 4 种，分别为欧式、英式、美式、日式，如图 2–18、表 2–1 所示。

欧式　英式　美式　日式

图 2–18　男士西装的造型

表 2–1　男士西装的造型

外观造型	特点
欧式	洒脱大气，呈倒梯形，肩宽、胸饱、领大，多为双排扣形式，后摆不开衩
英式	剪裁得体，多为单排扣形式，后摆两侧开衩
美式	宽大飘逸，线条柔和，自然垫肩，以 2~3 粒的单排扣为主，后摆中间开衩
日式	贴身凝重，领窄短，为“H”形，多为单排扣形式，后摆不开衩

（二）面料

面料的好坏直接影响着西装的质量和档次。目前市场上西装的面料主要有化纤织品、混纺织品和全毛织品三大类。一般来说，毛料是西装的首选面料，包括纯毛、纯羊绒，以及高比例的含毛毛涤混纺面料。高档毛料制作出来的西装具有轻、薄、软、挺等特点。

（三）色彩

西装的色彩要凸显其庄重和正式，不能轻浮和随便，所以西装的色彩应为深色，如藏蓝色、黑色、深灰色等。其中，藏蓝色西装是每一位男士首先必备的，其次是深灰色或棕色。黑色西装更适用于庄严而肃穆的礼仪性活动。按照礼仪规范，男士在正式场合不宜穿色彩过于鲜艳的西装，也不宜选择朦胧色或过渡色的西装。要记住，越是正式场合，就越要穿单色的西装。

知识链接

扫码查看知识锦囊：男士穿着定律

（四）图案

男士推崇成熟和稳重，因此正式的西装一般是没有图案的。唯一例外的是，可以选择以“牙签呢”面料缝制的竖条纹西装，以条纹细密者为佳。

（五）尺寸

男士西装的尺寸一定要大小合身、宽松适度，其尺寸要求具体有以下几点。

（1）肩宽要与肱二头肌外侧相符。

（2）衣服下摆刚好到臀部下缘处。

（3）袖子的长度到手腕处。

（4）系上纽扣以后，衣服与腹部之间有可以容下一个拳头的空间，或双手握于胸前，双肘可以轻松举至水平，虽然背部感受到一定拉力，但不过分紧绷。

（5）西裤要求腰围合适，以方便穿脱为宜。

（6）西裤的长度要求在自然站位下到皮鞋鞋跟的一半，盖住脚面。

二、男士西装的穿着

在穿着西装时，要想显得潇洒、精神、风度翩翩、富有魅力，要注意以下规范。

（一）熨烫平整，不挽不卷

穿在身上的西装应当平整、挺括、干净。西装在穿过之后局部受到张力会变形，因此必须让西装适当“休息”。一件西装最好不要连续穿两天以上，应当定期干洗、熨烫平整、正确悬挂。西装的袖口和裤脚不能挽起来，否则会给人以粗俗之感。

（二）正确搭配衬衫

衬衫是与西装搭配的重点，在选择衬衫时要注意衣领、腰身和长度是否合身。衬衫的衣领多为方领，应保持挺括，并高出西装衣领，以起到保护作用，同时增加美感。衬衫的衣袖要露出西装袖口 1~2 厘米，以显示服装搭配的层次感。不管是在什么场合，衬衫的下摆都要塞到裤内，袖口也要系上纽扣。

为了保持衬衫的整洁，最好每天清洗，尤其是领子和袖口，一定不能有污渍。一般来说，不能再在衬衫里面穿较厚的棉毛衣衫，如果天气寒冷必须增添衣物，只能在衬衫外面套一件西装背心或羊毛衫，且不能臃肿。

对于衬衫与西装的色彩搭配，衬衫一般以单色为宜，且根据西装颜色的不同而有所不同。

（三）系好领带

领带被称为西装的“灵魂”，是男士衣着品位和绅士风度的象征，凡是正规场合，穿西装必须系领带，如图 2-19 所示。领带一定要保持干净、工整，如果领带有污渍、破损，或歪斜、松弛，哪怕西装再好、衬衫再白，也会使人感到不舒服。

图 2-19　常见领带

领带的色彩、图纹要根据西装的色彩来搭配，以达到相映生辉的效果。一般来说，杂色西装应配单色领带，单色西装应配花纹领带。选择领带时，一般应选择色彩保守一些的，至少应该有酱红色、蓝色、细花纹的领带各一条。领带的图纹一般是小图案（黄豆大小）、圆点、简洁的图形、隐形图案、细条纹等。

（四）系好纽扣

西装有单排扣和双排扣之分。在穿着单排扣西装时，如果是单粒扣，可系可不系，系上端庄，不系潇洒；如果是双粒扣，最常见的系法为系最上面一粒，或者全部不系；如果是三粒扣，全部系上显得庄重，全部不系表示随意，系中间一粒表示商务和休闲，系上面两粒表示郑重、正式。

在穿着双排扣西装时，一般要把所有的纽扣都系好，也可以只系最上面一粒纽扣，表示轻松和时髦，但不能一粒纽扣都不系，如图 2–20 所示。在站立时，要系上纽扣，但就座时可以将纽扣解开。

图 2–20　纽扣

（五）口袋少装东西

为了保证西装在外观上不走样，西装口袋里应少放或不放东西，对待上衣、背心和裤子都应如此。其实，西装的不同口袋发挥着不同的作用。上衣左侧的外胸袋除可以插入一块用于装饰的真丝手帕以外（如图 2–21 所示），是不能再放其他物品的。真丝手帕只起装饰作用，不能用于擦拭嘴巴或手。上衣内侧的胸袋可以用来放钱夹或名片，但不能放过大、过厚的物品。

上衣外侧下方的两个口袋只起装饰作用，原则上不放任何物品。裤子的两侧口袋、后兜也不能装任何物品，以求臀围合适、裤型美观。需要携带的东西尽可能放在公文包里。

图 2–21　口袋的美观性

（六）穿好鞋袜

所谓“西装革履”，就是说在正式的商务场合，穿西装就一定要穿皮鞋，原则是黑色或者深色皮鞋，切忌穿旅游鞋、轻便鞋、布鞋和凉鞋。在穿皮鞋时，一定要保持鞋面清洁光亮。在参加商务活动之前一定要仔细擦拭皮鞋，这是对商务交往对象的尊重。

袜子要与皮鞋配套，最好选择深色、单色，以黑色为佳，切忌穿白色、对比鲜明的彩色袜子和尼龙袜。忌穿白色袜子是商务男士着装的基本规则，因为白色袜子与黑色皮鞋对比过于鲜明，很容易将对方的注意力吸引到脚部，不雅观。一般来说，袜子的颜色要比西装颜色稍微深一些，使其在皮鞋与西装之间显示出过渡的层次感。

要注意袜子的长度，在坐着的时候，袜子应遮盖裤脚和鞋子之间的部分，以免在谈话时露出皮肤或浓密的腿毛。

（七）拆掉袖口的商标

在西装上衣左袖口处通常会有一块商标，有时可能还有一块纯羊毛标志。在穿之前就要将它拆掉，表示此西装已被启用。如果没有拆除，会让人觉得在故意显摆。

（八）选择配饰

男士的整体形象并非单靠西装穿出来的，而是由西装与配饰精心组合出来的。男士的配饰不宜过多，关键是要讲究质量和品位。男士的配饰主要有 6 种，如表 2–2 所示。

表 2–2　选择配饰

男士的配饰	说明
手表	手表能够反映男士的品位与身份，男士应在支付能力范围内选择高质量且与西装相配的表，一般要求造型简约、没有过多装饰、颜色较保守、表身平薄
皮带	皮带要求质量上乘，与皮鞋、公文包同色，首选黑色，且扣件要简洁、牢固
公文包	男士多选择手提式长方形的皮质公文包，面料以牛皮、羊皮为最佳，色彩以深色（如深棕色或黑色）为宜，尽量少选择带花纹或文字的公文包
皮夹	选择小巧的皮夹，以免口袋鼓起变形，皮夹里的物品是必需品，不要把无用之物放在里面
手帕	手帕要折叠雅致，放在西装的左上外胸袋中。手帕不但可以增加男士的情调，还可在出现尴尬时用作掩饰
首饰	男士佩戴最多的首饰是结婚戒指。在正规场合，商务男士佩戴的首饰越少越好

知识点 3　女士职业套装的着装要求

女士的职业套装是西装套裙，简称套裙，是指上装为西装、下装为开衩直筒裙的组合搭配方式（见图 2–22），其结合西装的潇洒、刚健与裙子的柔美和雅致，能产生刚柔并济、相得益彰的效果，凸显女士的韵味。女士西装套裙的着装要求体现在西装套裙的选择和穿着两个方面。

图 2–22　女士职业套装

一、西装套裙的选择

女士在选择西装套裙时，可以从面料、色彩、尺寸、图案、点缀等方面来考虑。

（一）面料

西装套裙在外观上讲究匀称、平整、光洁、柔软、悬垂、挺括，一般情况下，可以选择薄花呢、人字呢、女士呢、华达呢、凡立丁、法兰绒等纯毛面料，也可选择高档的府绸、丝绸、亚麻、麻纱、毛涤以及一些化纤面料。上装与裙子使用同一种面料，这样才能浑然一体，给人以高雅、脱俗的印象。

（二）色彩

西装套裙的色彩以冷色调为主，以体现女士的典雅、清新、端庄与稳重，如黑色、藏青色、雪青色、灰褐色、灰色等，不宜选择过于鲜亮耀眼的色彩，同时也要与流行色有所区分。

西装套裙的全部色彩不要超过三种，不然会显得杂乱无章。

（三）尺寸

西装套裙的尺寸要合理，上装和裙子都不能过短或过长。裙子的下摆应恰好到小腿肚子最丰满之处，这是最标准、最理想的裙长。西装套裙的上装分为紧身式与松身式两种，其中紧身式上装更正式，其肩部平直、挺拔，腰部收紧，长度不超过臀部，整体上呈倒梯形，线条硬朗而鲜明。上装的袖长以恰好盖住手腕为宜。

（四）图案

按照常规，女士在正式场合穿着的套裙应不带任何图案，但如果本人喜欢，可以选择以格子、圆点、条纹为主要图案的套裙。其中，以方格为主体图案的格子呢制成的套裙显得静中有动，可以使女士表现得更富有活力。

（五）点缀

西装套裙不宜添加过多的点缀，且点缀要简单、精致。可适当采用装饰扣、包边、蕾丝等作为点缀，以增强西装套裙的整体效果。

二、西装套裙的穿着

恰当的西装套裙能够给人以精明干练、富有权威的感觉，完美地展现女性魅力。女士在穿着西装套裙时应遵循以下礼仪规范。

（一）穿着到位

女士在穿西装套裙时，上装的衣扣要全部系上，衣领要翻好，口袋的盖子要拉出来盖住口袋，切忌将上装搭在身上或披在身上；裙子要穿得整整齐齐，上下对齐之处务必要仔细对齐。

衬衫的下摆要塞入裙腰之内；衬衫的纽扣要一一系好，除了最上端的纽扣按照惯例可以不系，其他纽扣都不能随意解开；衬衫不能直接外穿。

（二）协调配饰

女士高层次的穿着打扮应讲究着装与配饰的风格统一、相辅相成。女士在穿西装套裙时，配饰以少为宜，要合乎身份。一般来说，如果佩戴首饰，最多不超过3种，每种不能多于两件，且不能佩戴珠宝以及夸张或张扬的首饰。

配饰主要有戒指、项链和耳环，要求同款、同质、同色。其中，戒指要与人的指型相匹配；项链要与自己的体型、脸型、脖颈长度和衣服颜色相匹配；耳环要与服装、脸型、身材、发型相匹配，还要考虑职业和工作环境。

（三）搭配得当

在考虑西装套裙的搭配问题时，女士应主要考虑衬衫、内衣、鞋子和袜子等方面。

（1）衬衫。西装套裙的衬衫面料要求轻薄而柔软，熨烫平整，颜色与套装相搭配，单色最佳。

（2）内衣。内衣要让人感觉舒适，颜色最好为单色，且与外部的套装颜色保持协调，切不可对比鲜明。

（3）鞋子。鞋子尽量选择真皮皮鞋，款式大方、简便，无须太多修饰色彩，鞋跟不能太高太尖，以中跟为宜，鞋子的颜色要与套装的色彩相匹配。

（4）袜子。袜子以丝袜为主，连裤袜或长筒袜是西装套裙的标配。袜子的颜色一般为肉色、无色，如果天气较冷，也可以穿半透明的黑色、咖色连裤袜。长筒袜一定要比套裙长，袜口不能暴露在外边，以防出现“三截腿”（穿半截裙子、半截袜子，袜子和裙子之间露出一截腿肚子），让腿显得又粗又短，给人留下缺乏服装品位的印象。

活动二　配饰佩戴

首饰是指那些功能专一的装饰品，如戒指、耳环、项链、胸针等。

一、首饰的礼仪规范原则

（一）符合身份，讲究“首饰三不戴”

（1）有碍于工作的首饰不戴。

（2）炫耀财力的首饰不戴。

（3）过于突出个性的首饰不戴。

（二）男女有别

从某种意义上讲，首饰实际上是女性的“专属”，除了结婚戒指等极少数首饰，男性通常不宜在正式场合佩戴首饰。

（三）遵守成规

（1）以少为佳。一般而言，身上的首饰总量不宜多于3种，每种不宜超过2件。

（2）同质同色。尽量选择质地、色彩相近的首饰。

（3）风格统一。首饰应当与其他衣饰的风格协调一致。

二、首饰的具体佩戴方法

（一）戒指

（1）拇指通常不戴戒指，其余4指戴戒指的寓意：食指表示求爱或求婚，中指表示正在热恋中，无名指表示已婚，小拇指表示是单身或独身主义者。

（2）一根手指不要戴多枚戒指，一只手不要戴两个以上的戒指。想在两根手指上戴戒指时，最好选择相邻的两根手指。

（3）戴薄纱手套时如果要戴戒指，一般应戴在手套里面，只有新娘可以戴在手套外面。结婚戒指一般戴在左手无名指上。

（二）项链、耳饰、手镯、手链

（1）项链男女都可以佩戴，但男士所戴的项链一般不外露。

（2）耳饰有耳环、耳链、耳针、耳坠等，讲究成对使用，也就是说两只耳朵上均佩戴一个。在工作场合，不要一只耳朵上戴多个耳环。

（3）手镯和手链都是佩戴于手腕上的饰物，但佩戴的方法有所不同。一般情况下，手镯可以戴一只，也可同时戴两只。戴一只时，通常戴在左手上，表明佩戴者已经结婚；戴在右手上，则表明佩戴者是自由而不受约束的。戴两只手镯时，可一只手戴一只，也可同时戴在左手上。在工作场所通常不戴手镯，尤其是在窗口行业，如民航售票处、商店、餐饮业等。

（4）手链男女均可佩戴，但仅戴一条，且戴于左手。一只手同时戴两条手链，双手同时戴手链，手镯、手链同时佩戴，都是不适宜的。另外，手表与手镯、手链也不能同时戴在一只手上。

（三）胸针、手表

（1）胸针男女都可以佩戴。穿西装的时候，应将胸针别在左侧领子上。穿无领上衣时，应将胸针别在左侧胸前。在工作中，如果要求佩戴身份牌或本单位证章、徽记上岗的话，就不应再佩戴胸针。

（2）在正规社交场合，手表往往也被视为首饰，是一个人地位、身份、财富状况的体现。

知识链接

扫码查看知识锦囊：首饰佩戴小知识

（四）腰带、围巾、帽子、手套的穿戴要求

（1）腰带也可以起装饰作用。男士的腰带一般比较单调，质地大多是皮革，没有太多装饰。女士的腰带样式很丰富，质地有皮革、编织物和其他纺织品等。

（2）围巾一般在春冬季节使用比较多，要和衣服、季节相协调。厚重的衣服可以搭配轻柔的围巾，但轻柔的衣服不能搭配厚重的围巾。围巾和大衣适合在室外或部分公共场所穿着，到了室内应及时摘掉和脱掉，否则会让人感到压抑。

（3）帽子可以起到御寒、遮阳和装饰的作用。一般男士进入房间后就应摘掉帽子，而女士的限制少一些，在公共场所也可以不脱帽。但自己作为主人在家里宴请客人时不宜戴帽子。

（4）在西方的传统服饰中，手套曾经是必不可少的配饰。现在，大多数时候，手套除了御寒，无非就是用于保持手的清洁和防止手被太阳暴晒。

思政园地

习礼仪 展形象 强服务——陈爱清党员工作室开展公益礼仪培训

为深入学习贯彻党的二十大精神、助力全国文明城市的创建工作、全面提升福鼎市民的文明素养、提高一线工作人员的礼仪形象、为广大群众和社区工作人员提供更加优质的服务，2023 年 6 月 28 日下午，福鼎职业中专学校福鼎市陈爱清党员工作室主动与福鼎市妇联、桐山街道新时代文明实践所、智汇桐山人才驿站、福鼎市女企业家联谊会联合开展“习礼仪、展形象”公益礼仪培训班，福鼎市陈爱清党员工作室领衔人陈爱清老师受邀担任主讲。

培训会上，陈爱清老师在形态矫正、神态训练、社交礼仪、商务礼仪、讲解技巧、服饰礼仪、搭配技巧等方面为学员们进行讲解，帮助学员们塑造一个阳光、干练的形象。

活动伊始，陈爱清老师就如何理解礼仪、礼仪的重要性、在日常生活中如何践行礼仪等各方面作了阐述，帮助大家深化对礼仪的认知，引导青年把文明礼仪渗透到日常工作和社交生活的方方面面。随后，陈爱清老师围绕社交礼仪、商务礼仪、文明用语等内容进行详细解读，并通过互动演练、情景模拟、现场示范等形式，对坐姿、站姿、走姿、手势、穿着、搭配等细节进行深入讲解，并帮助学员实时矫正。

整个培训活动生动有趣，学员们积极参与到每一个练习当中。陈爱清说："每一位市民都不是孤立的个体，而是文明城市的重要一分子。创建全国文明城市，需要每一位市民知礼、明礼、习礼、达礼。培训中我尽量营造比较轻松愉悦的氛围，在这种氛围中去学习，大家接受度会更高。希望今天的活动对大家有所帮助。"

情景三　注重仪态

仪态是指人在行为中的姿势和风度。姿势是指身体所呈现的样子，风度则属于内在气质的外化。每个人总是以一定的仪态出现在别人面前，一个人的仪态包括他所有的行为举止：一举一动、一颦一笑、站立的姿势、走路的步态、说话的声调、对人的态度、面部的表情等等。而这些外部的表现又是他内在品质、知识、能力等的真实流露。

仪态在社交活动中有着特殊的作用。潇洒的风度、优雅的举止，常常令人赞叹不已，给人留下深刻的印象、受到人们的尊重。在与人交往中，我们可以通过一个人的仪态来判断他的品格、学识、能力以及其他方面的修养程度。

活动一　站姿规范

站立是大家日常生活中很重要的姿势，站姿是日常交往中最基本的礼仪。正所谓站有站相，坐有坐相，站姿在我们的生活中是个人内涵的代表。

标准站姿要领：

（1）头——下颌放平，双目正视前方；

（2）肩——双肩自然放松并略略后倾；

（3）腰——挺胸直腰，但肌肉不要收；

（4）腹、臀——收腹，臀部肌肉略微向上收，但不要后撅；

（5）臂——两臂放松下垂，位于身体两侧；

（6）腿——两腿均衡受力，保持身体平衡，脚跟并拢。

男士和女士正确站姿示范见图 2–23、图 2–24。

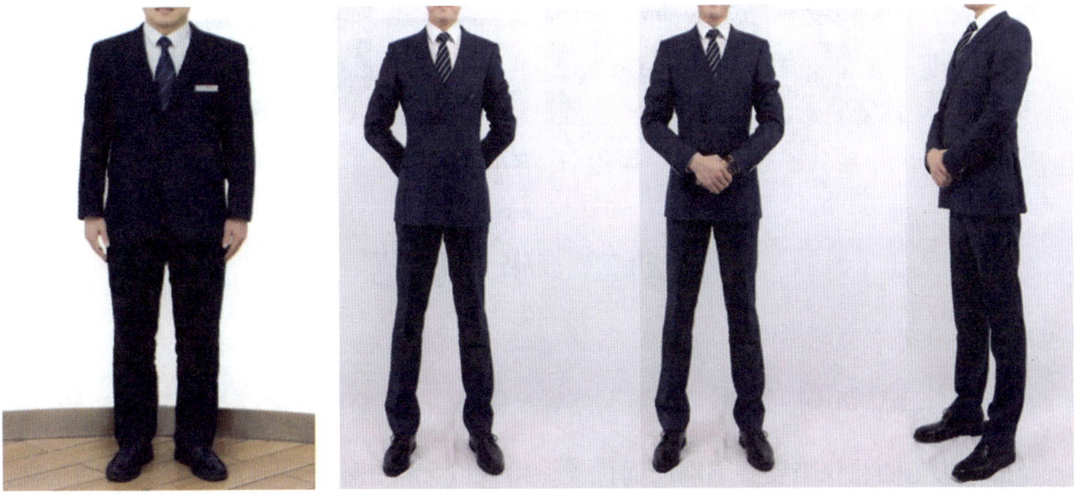

图 2–23　男士站姿

图 2-24　女士站姿

活动二　坐姿规范

一、坐姿规范和要求

正确规范的礼仪坐姿要求端庄而优美，给人以文雅、稳重、自然大方的美感。坐，作为一种举止，有着美与丑、优雅与粗俗之分。

正确的礼仪坐姿要求“坐如钟”，指人的坐姿像钟般端直，端直指上体的端直。

（一）入座时要轻、稳、缓

走到座位前，转身后轻稳地坐下。如果椅子位置不合适，需要挪动，应当先把椅子移至欲就座处，然后入座。而坐在椅子上移动位置，是有违社交礼仪的。

（二）双膝自然并拢，双腿正放或侧放，双脚并拢或交叠或呈小“V”字形

男士两膝间可分开一拳左右的距离，脚态可呈小八字步或稍分开以显自然洒脱之美，但不可尽情打开腿脚，那样会显得粗俗和傲慢。如长时间端坐，可双腿交叉重叠，但要注意将上面的腿向回收，脚尖向下。

（三）坐在椅子上，应至少坐满椅子的 2/3，宽座沙发则至少坐 1/2

落座后至少 10 分钟内不要靠椅背。时间久了，可轻靠椅背。

（四）离座时要自然稳当，右脚向后收半步，而后站起

（五）女子入座时，若是裙装，应用手将裙子稍稍拢一下，不要坐下后再拉拽衣裙，那样不优雅

正式场合一般从椅子的左边入座，离座时也要从椅子左边离开，这是一种礼貌。女士入座要娴雅、文静、柔美，两腿并拢，双脚同时向左或向右放，两手叠放于左右腿上。如长时间端坐可将两腿交叉重叠，但要注意上面的腿向回收，脚尖向下，以给人高贵、大方之感。

知识链接

扫码查看知识锦囊：女士坐姿小知识

二、女士的基本坐姿

（一）标准式坐姿

要领：轻缓地走到座位前，转身后两脚呈小丁字步，左前右后，两膝并拢的同时上身前倾，向下落座。

穿裙服落座时要用双手从上往下把裙子拢一下，以防坐出皱纹或因裙子被打折坐住而使腿部裸露过多。坐下后，上身挺直，双肩平正，两臂自然弯曲，两手交叉叠放在两腿中部，并靠近小腹，两膝并拢，小腿垂直于地面，两脚保持小丁字步（图 2-25）。

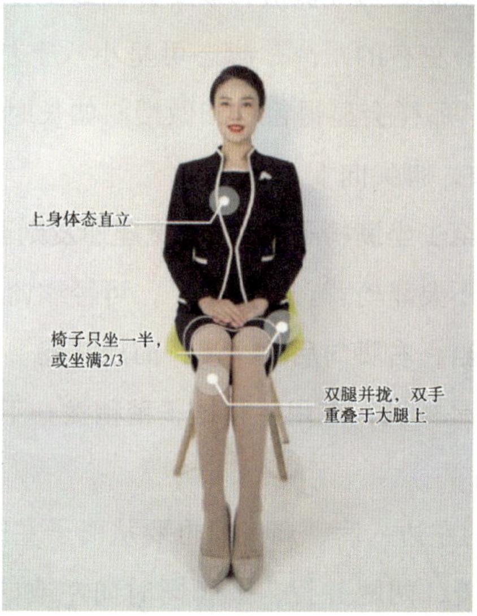

图 2-25　女士标准式坐姿

（二）侧点式前伸坐姿

要领：双膝和两脚踝都并拢，将腿向左或向右斜放，其他动作和标准式一致（图 2-26）。

图 2-26　女士侧点式前伸坐姿

（三）侧点式交叉坐姿

要领：在侧点式前伸坐姿的基础上，右脚后缩，左脚交叉，两踝关节重叠，两脚尖着地（图 2–27）。

图 2–27　女士侧点式交叉坐姿

（四）侧挂式坐姿

要领：左小腿后屈，脚绷直，脚掌内侧着地，右脚提起，用脚面贴住左踝，膝和小腿并拢，上身右转（图 2–28）。

图 2–28　女士侧挂式坐姿

（五）前后交叉式坐姿

要领：在标准式坐姿的基础上，腿向前，一条腿提起，腿窝落在另一条腿的膝关节上边。要注意上边的腿向里收，贴住另一条腿，脚尖向下收起（图 2–29）。

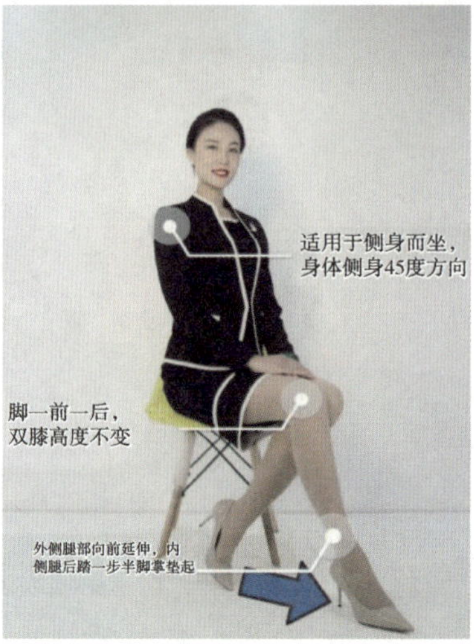

图 2–29　女士前后交叉式坐姿

三、男士坐姿

（一）头部

头正稍抬，下颌内收，双眼平视。

（二）躯体

双肩自然下垂；躯干竖直，可向椅背后靠。

（三）三种脚位

（1）双脚自然平行停放，双膝弯曲 90 度至 120 度（图 2–30）。

图 2–30　脚位 1

（2）双脚脚踝部分自然小交叉、往前停放在椅前，或曲回停放在椅下（图 2-31）。

图 2-31　脚位 2

（3）两条腿叠放，形成二郎腿姿（图 2-32）。

图 2-32　脚位 3

（四）脚位禁忌

（1）分腿、前伸、平放（图 2-33）。

图 2-33　脚位禁忌 1

（2）一腿弯曲，一腿平伸（图 2–34）。

图 2–34　脚位禁忌 2

（3）采取二郎腿脚位时，双腿不停抖动（图 2–35）。

图 2–35　脚位禁忌 3

（4）双脚或单脚抬放在椅面上。

（五）手位标准

（1）自然相握垂放在双腿上。

（2）双手自然平放在腿上。

（3）自然垂放在椅子扶手上。

（4）自然平放在桌面上。

（5）需谨慎使用的手位：双手抱胸；双手托面，肘部垂放在桌面或者椅子扶手上。

（六）手位禁忌

（1）双手抱头。

（2）双手叉腰。

（3）双手后背。

活动三　蹲姿规范

蹲姿在商务工作中用得相对不多，但最容易出错。人们在拿低处的物品或拾起落在地上的东西时，不妨使用下蹲和屈膝的动作，这样可以避免弯曲上身和撅起臀部，尤其是着裙装的女士下蹲时，稍不注意就会露出内衣，很不雅观。

一、蹲姿基本动作要领

下蹲前：双手手背抚裙，臀部收紧，腹部微收，抬头挺胸并且面带微笑。

下蹲时：在上身保持直立的情况下，一脚在前，一脚在后，两腿向下蹲，前脚全脚掌着地，小腿基本垂直于地面，后脚脚跟提起，脚尖着地，双手自然抚裙下蹲，注意速度不宜过快。

下蹲后：双手放裙口，主要作用是抚裙以免走光，以后腿支撑身体，面带微笑。穿低领衣服的话可以用一只手适当捂住胸口（图 2–36）。

图 2–36　蹲姿基本动作要领

二、基本蹲姿

（一）高低式蹲姿（图 2–37）

图 2–37　高低式蹲姿

（二）服务式蹲姿（图 2–38）

图 2–38　服务式蹲姿

（三）拾物式蹲姿（图 2–39）

图 2–39　拾物式蹲姿

三、蹲姿禁忌

（一）不要突然下蹲

蹲下来的时候，不要速度过快。当自己在行进中需要下蹲时，要特别注意这一点。

（二）不要离人太近

在下蹲时，应和身边的人保持一定距离。和他人同时下蹲时，更不能忽略双方的距离，以防彼此“迎头相撞”或发生其他误会。

（三）不要方位失当

在他人身边下蹲时，最好是和他人侧身相向。正面对着他人，或者背对他人下蹲，通常都是不礼貌的。

（四）不要毫无遮掩

在大庭广众面前，尤其是身着裙装的女士，一定要避免下身毫无遮掩的情况，特别是要防止大腿岔开。

（五）不要蹲在凳子或椅子上

活动四　行姿规范

行姿是站姿的延续动作，是在站姿的基础上展示人的动态美。协调稳健、轻松敏捷的行姿能够展现出商务人士朝气蓬勃、积极向上的精神风貌和职业素养。

一、行姿礼仪基本要领

正确而自然、优雅有风度、轻捷有节奏。起步时，上身略向前倾，身体重心落在前脚掌上。

行走时，身体直立，昂首挺胸，收腹立腰，目光平视，下颌微收，表情自然平和，双肩平稳，手臂伸直放松，手指自然弯曲。摆动时，手臂以身体为中心前后自然摆动，摆幅一般在 30 度至 45 度，腿部伸直，重心稍前倾，脚尖微向外或向正前方伸出，两腿有节奏地向前交替迈出，脚步要轻并且富有弹性和节奏感。

标准步幅为一脚至一脚半，即前脚脚跟与后脚脚尖之间的距离为本人脚长度的 1~1.5 倍。男士行走时，两只脚踩出的是两条平行线，且步履要雄健有力、不慌不忙，展现雄姿英发、英武刚健的阳刚之美；女士行走时，两脚的脚后跟尽可能踩在同一条线上，且跨步要轻捷优雅、步伐适中，展现出温柔、矫健的阴柔之美（图 2–40）。

图 2–40　行姿礼仪基本要领

二、变向行姿礼仪

变向行姿礼仪是指在行走中，需转身改变方向时，注意要让身体先转，头随后转，并同时向他人告别、祝愿、提醒、寒暄等时的行走姿态礼仪，具体包括以下几种形式。

（1）后退步。与客户告辞或退出上司的办公室时，不宜立即扭头就走，给人以后背。标准的做法是：目视他人，双脚轻擦地面，向后小步幅地退三四步，然后先转身，后扭头，轻轻地离去。

（2）侧行步。在楼道、走廊等道路狭窄的地方需要为他人让行时，应采用侧行步，即面向对方，双肩一前一后，侧身慢行。这样做，既可以表示“礼让三先”，也可以避免与他人争抢道路，发生身体碰撞或将自己的背部正对着对方。

（3）引导步是走在前面给宾客带路的步态。引宾时，要尽量走在宾客的左侧前方，整个身体半转向宾客方向，左肩稍前，右肩稍后，保持两三步的距离。遇到上下楼梯、拐弯、进门时，要伸出左手示意，提示客人先上等。

（4）前行转身步是前行中要拐弯时，在距所转方向远侧的一脚落地后，立即以该脚掌为轴，转过全身，然后迈出另一脚。向左拐时，要右脚在前时转身；向右拐时，要左脚在前时转身（图 2–41）。

知识链接

扫码查看知识锦囊：行姿规范

活动五　手势规范

手势作为肢体语言的一种，能很直观地表达我们的情绪和态度，对我们说话也有一定的辅助，但是一些手势有其特定的含义，使用得当才能为您助力。

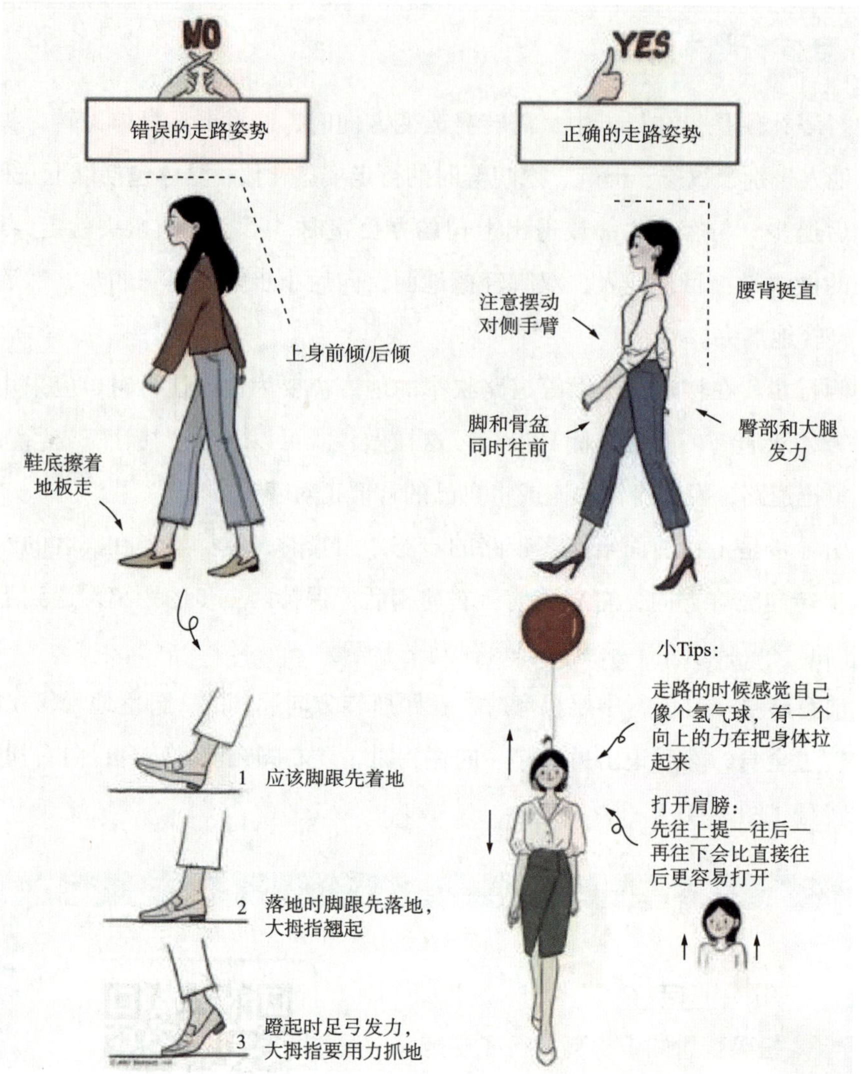

图 2-41　错误行姿礼仪 vs 正确行姿礼仪

人在紧张、兴奋、焦急时，手都会有意无意地表示着。作为仪态的重要组成部分，手势应该得到正确的使用。手势也是人们交往时不可缺少的动作，是最有表现力的一种“体态语言”。俗话说：“心有所思，手有所指”，甚至可以说手就是人的第二双眼睛。

一、手势和手位

以下是 8 个基本引领手势，不分男女。引领手势的主导手为右手，手心向上 45 度延伸。

“一手位”是指要客走楼梯上行时的礼貌提示及手势指引（图 2–42）。

图 2–42　一手位

“二手位”是指为要客提供礼貌指示及指引方向的手位（图 2–43）。

图 2–43　二手位

“三手位”是指要客走楼梯下行时的礼貌提示及手势指引（图 2-44）。

图 2-44　三手位

“四手位”是指为要客提供礼貌指示及高位指引方向的手位（图 2-45）。

图 2-45　四手位

“五手位”是指为要客提供礼貌指示及中位指引方向的手位（图 2–46）。

图 2–46　五手位

“六手位”是指为要客提供礼貌指示及低位指引方向的手位（图 2–47）。

图 2–47　六手位

“七手位”是指为要客提供礼貌指示及正前方指引方向的手位（图 2–48）。

图 2–48　七手位

“八手位”是指为要客示意低处物品时的手势（图 2–49）。

图 2–49　八手位

二、运用手势注意事项

（一）幅度适中

一般要求手势的幅度不要太大，但也不要畏畏缩缩。手势的高度上界一般不超过对方的视线，下界不低于自己腰部；手势左右摆动的范围不要太大，应在胸前或右方。

（二）频率适中

在与要客交谈的时候，避免指手画脚、手势过多。一般情况下，手势宜少不宜多，恰当地表达出你的意思和感情即可。因为手势过多会给人留下装腔作势、缺乏修养的印象。

（三）避免不礼貌和不雅的动作

比如：与要客交谈，谈到自己时，不要用手指指自己的鼻尖，可用手掌按在自己的胸口上；与要客交谈，谈到他人时，如此人在场，不能用手指着此人，更忌讳在背后对人指指点点等不礼貌行为；接待要客时，避免抓头发、摆弄手指、抬腕看表、掏耳朵、抠鼻孔、剔牙、咬指甲、玩饰物、拉衣服袖子等动作。这些动作看似细小，但是会让人非常反感。

活动六　表情规范

一个人的思想、情绪都能从面部表情上找到答案。在社会交往中，我们应该充分利用面部表情这面“镜子”，把自己的文明、礼仪修养表现出来。

一、眼睛的礼仪

眼睛是心灵的窗户，我们要通过它把你对对方的尊重、热情、友好表示出来。如听人谈话时，眼睛要凝视对方的脸，不要东张西望、左顾右盼；而当你做演讲、主持节目或者给学生上课时，你对观众、听众的注视，则显示了你的谦逊、友好。但是，凝视不是死死盯住别人，它是一种充满友善的、深情的注视。

死盯住别人则是一种无礼甚至低俗的表现。在社交活动中，用眼睛看着对方的三角部位，这个三角是以两眼为上线，嘴为下顶角，也就是双眼和嘴之间，当你看着对方这个部位时，会营造出一种社交气氛，别人会感到你有诚意（图 2-50）。

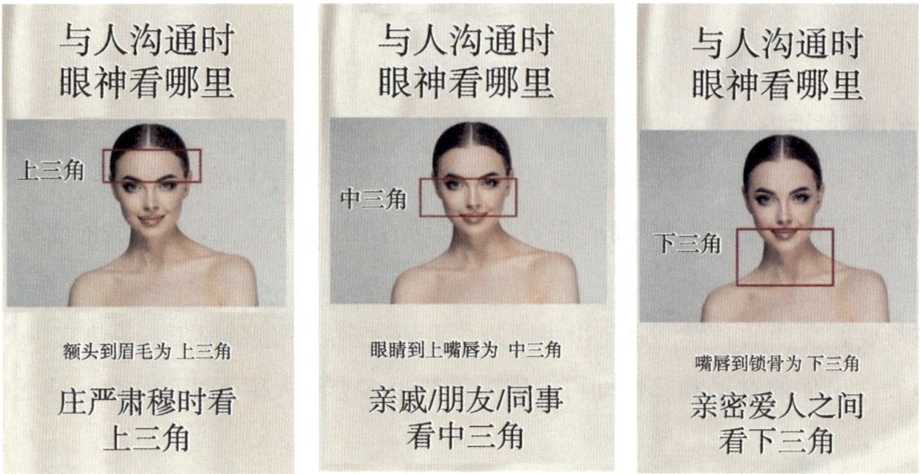

图 2-50　眼睛的礼仪

二、微笑礼仪

微笑是面部表情中最能感染人的一种方式，可以表现出温馨、亲切，能有效地缩短双方的距离，给对方留下美好的心理感受，从而形成融洽的交往氛围。

微笑要发自内心，不要假装。与人陌路相逢，向他微笑一下，让他感受到你的友好；客人到你家或你到别人家拜访，微笑表现了你的欢迎和尊敬；谈话开始时，微笑奏响了美妙的交际序曲；谈话结束时，微笑是友谊深厚、交际圆满的尾声。因此，与人交往，要常保持微笑，让人感受到你的友好和尊敬（图 2-51）。

图 2-51　微笑礼仪

三、其他部位礼仪

（一）眉毛

眉毛与眼睛离得最近，它同眼睛一样能传递信息，表露人的真情实感。所以，为了体现良好的形象和修养，在日常交往中，双眉要经常保持自然平直的状态，不要随便皱眉、挑眉梢、改变眉的位置。

（1）双眉平展。表示内心的平和。

（2）眉头紧皱。表示内心的不满、为难、厌烦或者思索、考虑。

（3）眉梢微挑。对眼前的事物表示询问和怀疑。

（4）双眉向上斜立。表示非常生气、愤怒和仇恨。

（5）眉梢耷拉。代表无奈、遗憾或毫无兴趣。

（二）嘴部动作

不同的嘴部动作通常表示不同含义。嘴传情达意的能力仅次于眼睛。在社交活动中，谈话时上下唇应自然开合，尽量少努嘴和撇嘴。站立、静坐或与他人握手时，嘴可以微闭，不要露出牙齿，保持微笑状。

（1）噘嘴。表示轻微的不高兴或不满。

（2）微露牙齿的双唇。表示对对方的友善。

（3）努嘴。表示怂恿或支持、撺掇、嘲讽。

（4）咂嘴。表示赞叹或惋惜。

（5）撇嘴。表示轻蔑或讨厌。

（6）紧闭的双唇。紧闭双唇是抑制愤怒的表现。

（三）下巴

我们每个人下巴的动作往往都会有一定的特殊意义，比如说下巴收缩、抬高都会给人不同的印象，所以人与人在初次见面的时候可以通过这些细小的动作和微表情来判断一个人。

（1）收起下巴。表示忍耐。

（2）收缩下巴。表示听从、驯服。

（3）耷拉下巴。表示无精打采、困乏。

（4）突出下巴。表示有敌意，有攻击的可能性。

（5）前伸下巴。表示目中无人，自大。

思政园地

龚怡受邀为华安财产保险公司四川分公司开展专题讲座

为贯彻党的二十大精神，进一步加强四川企业职工综合素质素养，营造乐学、善学、好学、积极、健康、向上的工作生活氛围，提升幸福感，特别邀请了成都市女学文化研究会会长龚怡为华安财产保险公司四川分公司女性职工开展“绽芳华·庆三八——优雅女性职场形象塑造”专题讲座。

通过龚怡会长的知识讲授，在场学员纷纷表示，当天的沙龙培训极大地提高了她们对职场形象塑造的认识，对提升女性职业形象起到了非常积极的指导作用。

良好的仪态礼仪修养，不仅是对别人的尊重，也是对自己的尊重和自信。不断提升自己的气质和风度是我们人生的必修课，它能让我们成为更好的自己。

活动主办方还将在提升课程质量、扩大社会覆盖面上下功夫，组织职业教育领域知名专家、业界精英和优秀教师，打造一批涵盖党的二十大精神宣讲、机关公文写作、手机公务（生活）摄影、亲子课堂、家庭教育等的精品课程，采取“走出去”和“请进来”相结合的方式，在送课的同时邀请机关、企业、社区走进校园，发挥职教优势、服务美好生活，努力提升职业教育的社会认知度和群众认可度，营造全社会关心支持职业教育的良好氛围。

情景训练（一）

训练任务：仪态训练

训练课时：2 课时

训练要求：实训室

1. 学生分组，每组 5~6 人。

2. 学生分组练习，教师指导。

3. 学生分组考核，并用手机等设备记录学生考核过程。

4. 学生小组之间自评、互评，教师总结点评。

训练过程：

实训内容	实训目的	操作要点	注意事项
站姿	掌握站姿的要领	1. 挺胸，双肩放松、打开，双臂自然下垂，置于身体两侧。 2. 立腰、收腹、收紧臀部和背部肌肉，感觉整个身体在向上延伸	1. 女士脚跟并拢，脚尖分开不超过 45 度，两膝并拢；男士双脚分开站立与肩同宽。 2. 双眼平视前方，脸部肌肉自然放松。 3. 练习不同的站姿
坐姿	纠正坐姿	1. 双眼平视，下颌内收，双肩自然下垂，躯干竖直。表情自然亲切，目光柔和，嘴微闭。 2. 双肩平正放松，两臂自然弯曲，双手放在膝上，也可放在椅子或沙发扶手上	1. 入座轻而稳，女士着裙装或大衣时要先轻抚裙摆，而后入座。 2. 注意左进左出，坐座位的 2/3。 3. 练习不同种类的坐姿
行姿	掌握行姿的要领	1. 上身正直，两肩相平。 2. 双臂自然摆动，前摆向内折约 35 度，后摆向后约 45 度。 3. 两腿直伸轻迈，步伐从容，步态平稳。 4. 步幅适中均匀，以 1.5~2 个脚长为宜	1. 行进的速度应当保持均匀、平稳，不要忽快忽慢，行走中脚后跟不要擦地。 2. 防止八字步，杜绝低头驼背。 3. 不要摇晃肩膀、扭腰摆臀、左顾右盼
蹲姿	学会正确的蹲姿	1. 下蹲时左脚在前，右脚在后。 2. 左小腿垂直于地面，全脚掌着地。 3. 大腿靠紧，右脚跟提起，脚尖着地。 4. 左膝高于右膝，上身稍向前倾	1. 单腿弯曲下蹲，不要弯腰低头。 2. 尽可能避免后背朝人，应侧面朝人

情景训练（二）

训练任务：化妆技巧训练

训练课时：2 课时

训练要求：实训室

1. 学生分组，每组 5~6 人。

2. 学生分组练习，教师指导。

3. 学生分组考核，并用手机等设备记录学生考核过程。

4. 学生小组之间自评、互评，教师总结点评。

训练过程：

实训内容	操作内容	注意事项
基本化妆	1. 涂化妆水：用棉球蘸取化妆水，在脸部擦拭。 2. 涂粉底霜：用手指或手掌在脸上点染晕抹。 3. 上粉底：用手指或手掌在脸上点染晕抹，不宜过厚。 4. 扑化妆粉：用粉扑自下而上均匀扑	1. 眼妆要自然、不露痕迹，涂腮红宜轻匀。 2. 操作内容可酌情舍弃或变动次序。 3. 此操作标准仅适合简单、快速的淡妆或工作妆，用时 10 分钟左右
眼部化妆	1. 涂眼影：用棉花棒蘸眼影在眼周、眼尾、上下眼皮、眼窝处点抹。 2. 描眉：用蓝灰色打底，用棕色或黑色描出合适的眉形，直线眉使脸显短，曲线眉使人显得温柔。 3. 描眼线：用眼线笔沿睫毛底线描画	
涂腮红	用腮红轻染、轻扫两颊，以颧骨为中心向四周涂匀；长脸型横打腮红，圆脸型和方脸型竖打腮红	
涂口红	1. 用唇线笔描上下唇的轮廓，起调整色泽、改变唇形的作用。 2. 涂口红	

【课后练习】

一、选择题

1. 对于男士的面容修饰，下列说法不正确的是（　　）。

A. 男士的面部修饰以干净、自然为基调

B. 早晚用洁面产品认真清洗面部

C. 洁面后应及时补充水分，可使用爽肤水或柔肤水

D. 每日至少使用一次磨砂膏或去角质霜等来彻底清理面部皮肤

2. 标准坐姿的要领：左进左出，落座轻缓无声，坐座位的（　　）。

A. 2/3　　B. 1/3　　C. 1/4　　D. 2/4

3. 关于商务女士的化妆，下列说法不正确的是（　　）。

A. 女士化妆可以增添自信，缓解压力

B. 职场女士保持素颜，是对同事、客户的礼貌和尊重

C. 商务女士所化妆容应与所在的环境、场合、气氛协调一致

D. 商务女士所化妆容应与其发型、服饰协调一致

4. 双排扣西装的扣子应（　　）。

A. 扣最上面的扣子　　B. 全部扣上

C. 扣最下面的扣子　　D. 以上都对

5. 在商务场合，关于男士佩戴的饰物，下列说法不正确的是（　　）。

A. 商务男士佩戴的饰物越少越好

B. 男士选择的真丝手帕，要折叠雅致，放在西装的右上外胸袋中

C. 商务男士佩戴最多的首饰是结婚戒指

D. 在入职前了解公司和所在职位佩戴饰物的规定

二、判断题

1. 男士穿着西装可以根据场合选择系扣和不系扣。（　　）

2. 女士在商务场合宜穿着得体的西装套裙。（　　）

3. 外表形象表现的是一个人从内到外人格魅力的升华。（　　）

4. 商务男士宜选择藏蓝、黑、浅灰等颜色的西装。（　　）

5. 商务人士在下蹲时宜采用高低式蹲姿，用身体正面对着有人的方向。（　　）

三、简答题

1. 仪容修饰一般遵循哪些原则？

2. 化妆的原则有哪些？

3. 商务人士的着装禁忌是什么？

项目三

商务办公礼仪

【学前导读】

如何从容地走向职场，在职场中与人良好相处，是每个商务人士必须重视的事情。对于职场新人来讲，从面试到入职，再到掌握办公室的礼仪规范，都是非常重要的过程。在办公室拥有良好的礼仪规范能充分体现出个人的自信和文化素养。

【知识目标】

1. 掌握面试礼仪、入职礼仪；
2. 掌握办公室仪表礼仪、语言举止礼仪、与人相处礼仪；
3. 掌握办公室礼仪禁忌。

【技能目标】

1. 具备面试的能力；
2. 能够在办公室有得体的仪表修饰、良好的言行举止；
3. 能够规范与人相处，规避办公室的礼仪禁忌。

【思政目标】

1. 融入“爱国情怀”“敬业精神”等方面的育人内容，使学生树立远大的理想目标，端正为人、做事、求知的态度。

2. 通过对正面、负面的面试沟通方式进行情景展示，凸显面试时应特别注意的问题，让学生深刻体会个人素养在求职中的重要性，引导学生摆正心态、虚心上进，避免脱离实际盲目攀高，树立正确的就业观。

【知识导图】

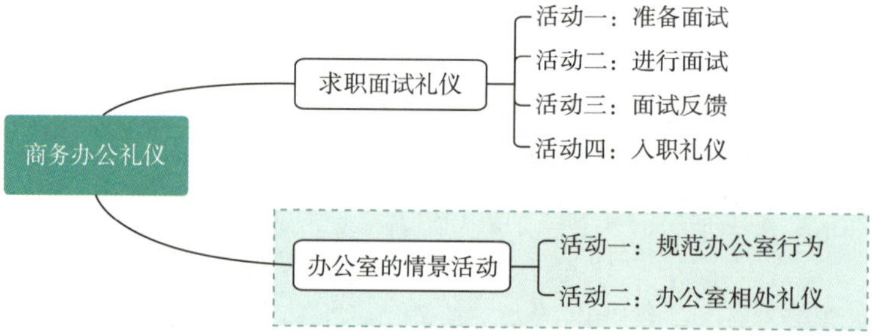

情景导入

“美丽”的面试

一次某公司招聘文秘人员，由于待遇优厚，应聘者很多。中文系毕业的小张同学前往面试，她的背景材料可能是最棒的：大学四年，在各类刊物上发表了3万字的作品，内容有小说、诗歌、散文、评论、政论等，还为6家公司策划过周年庆典，英语口语表达极为流利，书法也堪称佳作。小张五官端正，身材高挑、匀称。面试时，招聘者拿着她的材料等她进来。小张穿着迷你裙，露出藕段似的大腿，上身是露脐装，涂着鲜红的唇膏，轻盈地走到考官面前，不请自坐，随后跷起了二郎腿，笑眯眯地等着问话。孰料，三位招聘者互相交换了一下眼色，主考官说：“张小姐，请回去等通知吧。”她喜形于色：“好！”挎起小包飞跑出门。

问题：小张能等到录用通知吗？为什么？假如你是小张，你打算怎样准备这次面试？

情景一　求职面试礼仪

活动一　准备面试

要想在面试中获得工作的机会，在面试前，求职者应该做好充分的准备工作，例如，熟悉公司的背景、产品或服务等信息，并准备好相关的材料，例如简历、证书等。

除此之外，面试前的准备工作还包括以下几点。

一、心理

很多求职者由于自信心不足，在面试时容易产生紧张心理，导致手足无措、反应迟钝，给面试官留下不好的印象。要想提升自信心，可以从以下两个方面来做。

（1）充分认识到自己的竞争优势，在心理上树立必胜的信念，培养自己的自信心。

（2）保持一颗平常心，坦然面对失败。要把面试看作锻炼的机会，即使失败也可以获得经验、增长见识。以这样的心态来看待面试，紧张情绪会得到缓解。

二、电子简历

随着互联网的普及、网络招聘的流行，电子简历的使用者越来越多。对于人力资源管理者来说，电子求职简历极大地缩短了招聘周期，降低了招聘成本，提高了招聘效率；而求职者通过网络发送电子简历，可以更快捷地获得招聘方的反馈信息，节省时间和费用，使求职变得更有效率。

正是因为电子简历的便捷性，企业在招聘时会收到大量简历。因此，求职者要想让自己的简历从竞争者中脱颖而出，引起面试官的注意，需要有针对性地突出重点和做好求职的细节处理。

求职简历的内容主要有个人基本信息、教育背景、工作经历和求职意向等，如表 3–1 所示。

表 3–1　求职简历的内容

求职简历的内容	具体信息
个人基本信息	包括姓名、性别、年龄、籍贯、政治面貌、毕业院校及专业、家庭住址、电话号码和 E–mail
教育背景	按照时间顺序倒序填写，先写自己的最高学历，方便招聘方了解自己的文化水平
工作经历	从最近的工作经历写起，列出曾经就职过的公司名称、担任过的职务、主要工作内容，以及在各公司就职的起止时间。如果是应届毕业生，求职者可以把在校期间参加的社会实践、兼职、学校社团活动和担任过的学校职务等经历写上去
求职意向	写出自己的求职目标和期望获得的工作职位

活动二　进行面试

在求职面试中，礼仪是非常重要的一环。通过合适的着装、准时到达、做好准备、注意言谈举止和保持礼貌与谦逊，求职者可以向面试官展示自己的职业素养和专业形象，增大获得工作机会的可能性。

按照求职者参加面试的流程，面试过程礼仪可以分为进场礼仪、面试中礼仪和面试结束时礼仪。

一、进场礼仪

（一）准时入场

守时是一种礼貌，是尊重对方的一种表现。面试都有商定的时间，风雨无阻地准时踏入面试场所，意味着求职者是一个有诚意的、讲究信誉的、牢靠的人，同时还是一个讲求效率的人，更是一个懂礼貌的人。最好是提前一些时间到达面试地点，这样可以有时间稳定心情、调整心态、整理思路并熟悉环境。

（二）进门礼仪

进入面试室前，无论门是开着还是关着，求职者都要用面试官可以听清的力度有节奏地敲门三声，得到允许后方可进入；进门时要轻轻地把门关上，切不可没有控制地随手关门，发出巨大的撞击声。

进入面试室时，身体要稳健挺拔，步伐要坚定有力、富有节奏，摆臂舒展大方，展示出阳光的心态与良好的气质。如果身边有同行人员，如公司职员或接待人员，求职者要走在他们斜后方 1 米左右的位置。

如果面试官没有示意就座，不能急于坐下。切忌有不良站姿等。

二、面试中礼仪

面试中礼仪有很多要求和规范，具体体现在表情、仪态、语言沟通等方面。

（一）表情

在面试过程中，求职者要时刻注意自己的表情管理。

目光：求职者与面试官交谈时，要以亲切的目光注视对方，以示尊重，不要直盯着面试官，也不要东张西望，目光也不要游移不定。

另外，也不要不停地看手表或扫视室内摆设，否则会给面试官留下不耐烦的印象。

微笑：求职者在面试时面带微笑，不仅可以表示友善，拉近与面试官的距离，创造良好的面试氛围，还可以展现自信和魅力，更易赢得面试官的认可。

（二）举止有礼

1. 步态要稳健

沉着而坚决的步态能表达一个人的信念和士气。步幅不宜过大，身体不要过度摇摆，步速可慢一点。这时应神情自然，保持微笑，看着面试官的眼睛，不能东张西望或面露怯意，甚至不敢抬头。要以友好、谦和的表情迎向面试官们。

2. 招呼要热忱

必须热忱地向在座的面试官们打招呼，切不能一声不吭或只是点头致意就忙着找座位坐下。

3. 握手要专业

握手作为最重要的一种身体语言，在面试中特别关键。专业化的握手是留下好印象的最正确途径。不少企业把握手作为考察一个应聘者是否专业、自信的根据。最好等主考官先伸出手。握手时伸出的手不能太高，整个手臂呈 L 形（90 度）。手心略朝上，以示谦恭，双眼正视对方，握手时的力度适中，所用的力度应与对方一致并传递出坚决的信息，不要用力摇摆，上下晃动一下就够了。握手应当能够传递出热忱友好的信息，要有“感染力”。这期间，必须保持微笑、目光接触。握手时用一只手即可，手必须洁净、暖和且无汗。

4. 坐姿要讲究

在坐下之前肯定要站着等待，要等面试官们指给你就座的地方方可入座，坐下时应表示感谢。动作应稍慢，身体稍向前倾，面带微笑。一般以坐满椅子的 2/3 为宜，上身挺直，身体要略向前倾，保持轻松自如的姿态，这样既能表现出对面试官们的友善和亲切，又能表现出你的主动性和竞争性。不要弓着腰，也不要把腰挺得很直，这样反倒会给人留下死板的印象。

最后，要保持不卑不亢的心态。记住：面试是一个双向选择的过程。面试官们依据你的表现不断地进行权衡、选择和推断；而你也在了解并有权选择你的应聘单位。

（三）语言沟通

在面试过程中，求职者要从以下几个方面关注语言沟通的礼仪。

1. 说话讲礼貌

求职者在面试过程中要多用礼貌用语，称呼得体，并尽量注意语言的感情色彩。

在回答面试官的问题时，语言要友善和谦逊，这样既表现了对面试官的尊重，又彰显了个人的涵养。

2. 注意语速、语调、语气

言谈的语速、语调和语气可以反映出一个人的气质、性格和修养，也会影响语言表达的效果。

求职者在面试时，语速要适中、谦恭，使面试官感到通情达理、坦诚自然、有人情味，切忌咄咄逼人、傲气十足。

3. 语言简洁

在说话和表达自己的想法时，一定要把语言组织得准确、简洁，针对问题干脆回答，切忌模棱两可。

4. 灵活应对

求职者经常会遇到面试官提出的棘手问题，这时机智而巧妙的应答不仅可以展现出自身的广博学识和敏捷思维，还能创造出一种融洽的面试氛围，让面试环节更和谐而顺畅地进行下去。

5. 学会倾听

倾听可以表现出求职者对面试官所说的话有很大的兴趣。在面试过程中，面试官说的每一句话都很重要，求职者应当集中精力认真聆听，记住面试官所说的重点内容。在聆听面试官讲话时，求职者要自然流露出敬意，展现自己的修养和礼仪风范。

在倾听时，求职者要做到以下几点：身体稍微前倾，以示对面试官所说的话的重视；目光注视面试官，面带微笑；适当做出一些身体反应，如点头、会意地微笑、适时提出相关问题等。

求职面试小锦囊

只看一眼就被否决的 9 种求职者

（1）开口言钱者；（2）纠缠不休者；（3）沟通不畅者；（4）面试迟到者；5. 穿着邋遢者；（6）自吹自擂者；（7）没有诚意者；（8）弄虚作假者；（9）简历啰嗦者。

三、面试结束时礼仪

面试的时间长短要根据面试内容而定，当面试官想要结束面试时，往往会说一些暗示的话，如“很感谢你对我们公司的关注”“感谢你对我们招聘工作的关心”“我们做出决定后一定会通知你”等，求职者在听到这些话时要主动告辞，微笑着轻声起立，把座椅推回到原来的位置，并对面试官表示感谢。在走出房间时，先打开门，然后转过身来向面试官鞠躬，再次表示感谢，并把门轻轻关上。

活动三　面试反馈

很多求职者只是在面试过程中小心翼翼，但忽视了面试结束后的环节。其实，面试结束并不意味着求职过程的结束，也不意味着求职者就可以安静地等待聘用通知的到来。面试结束后的工作也很重要。

一、致谢

为了加深招聘单位对自己的印象，求职者最好在面试后的两三天内给招聘单位打个电话表示谢意，并重申对该职位的兴趣，以及自己可以在工作中做出应有的贡献等。感谢的电话要简短，最好不要超过 5 分钟，在电话中也不要询问面试结果，因为这个电话只是为了表示礼貌，使对方加深印象而已。

二、查询结果

一般情况下，面试结束后，面试官们要进行讨论，并把讨论结果送交人事部门汇总，因此求职结果要等待 3~5 天才能获知，求职者在这段时间一定要耐心等候，不能过早探询求职结果。如果在面试两周后，或到了面试官约定的通知时间尚未收到通知，求职者可以打电话询问，打电话的时间必须在工作日，且尽量避免周一上午和周五下午。

三、以平常心对待求职结果

求职结果无非两种，要么被录用，要么不被录用。如果不被录用，说明可能是自己还存在不足之处，这时一定要冷静面对，经得起失败和挫折，表现出良好的素养，切忌失态；如果被录用，也不要得意忘形，而要静下心来思考如何在工作中展现自己的真才实学。

四、接收录用通知

在收到录用通知后，一定要确认好去公司报到的具体时间、地点和联系人，提前做好准备，准时报到。在入职前了解公司和所在职位的工作，这样可以帮助自己掌握公司的整体情况和具体工作的情况，对自己从事新工作、进入新环境有很大帮助。

活动四　入职礼仪

作为职场新人，进入新的工作环境，在展示自己工作能力的时候，不能忽略了在职场上的基本礼仪和优秀员工应具备的素质。

一、了解、遵守企业文化

每家公司都有自己的制度和相关规则、企业文化。要想迅速融入环境，就要熟记这些制度、规则，并严格遵守。

二、有组织能力

组织能力是十分重要的，许多部门需要在物资供应、工作程序、贸易往来，以及财政机遇等诸多方面予以组织或重新组织。

三、具有良好的沟通能力

能够细心地听取他人的意见，能够用平和的语言对事物做出准确描述，这些将具有不可估量的价值。

四、善于学习

学习能使人增长才干，更好地协助公司达到其所期望的目的。新员工既有的知识很有限，必须在实践中不断地学习多方面的知识，才能适应工作需要。

知识回顾

面试进场礼仪

守时是职场中最基本的要求之一，求职者要掌握好面试时间，最好提前10分钟左右到达。求职者到达面试地点后，听从招聘单位接待人员的安排，有序排队等候面试；轮到自己面试时，先将手机调至静音或关机状态，再进入面试室。

进入面试室时，求职者要注意自己的走姿，身体要稳健、挺拔，步伐要坚定有力、富有节奏，摆臂舒展大方，展示出阳光的心态与良好的气质。如果身边有引领人员，求职者要走在他们斜后方 1 米左右的位置。

进入面试室前，无论门是开着还是关着的，求职者都要用面试官可以听清的力度有节奏地敲门三下，得到允许后方可进入；进门后要轻轻把门关上，切不可不管不顾，让门自动弹回，发出撞击声。

进门之后，求职者要面带微笑，礼貌地跟面试官打招呼，说“您好”“早上好”等，打完招呼后直接表明自己的来意。

情景二　办公室的情景活动

活动一　规范办公室行为

办公室礼仪是指办公人员在工作中尊敬他人、讲究礼节的规范和程序。办公室是日常办公的地方，一个人良好的办公室礼仪能体现出其良好的素质和个人修养。良好的办公室礼仪不仅能树立个人和公司的良好形象，还与个人的事业发展息息相关。

知识点 1　办公室仪表礼仪

一、头发

办公室工作人员的头发要经常清洗，保持清洁，做到无异味、无头皮屑。男士的头发前边不能过眉毛，两边不能过长；女生在办公室时尽量不要留披肩发型，刘海不能过眉毛。

二、指甲

指甲不能太长，应注意经常修剪，女士涂指甲油要尽量用淡色。

三、面部

女士要化淡妆上岗；男士不能留胡须。

四、口腔

口腔要保持清洁，上班前不能喝酒或吃有异味的食品。

五、服饰

服饰要协调，以体现权威、声望和精明强干为宜。男女着装都要庄重大方、整洁文雅。男士可以西服为主，也可穿商务休闲夹克，以黑、灰、蓝、白为主色调，注意不要穿印花或大方格的衬衫，可以有少量颜色搭配、镶嵌，但不能花哨。男士不能在办公场所随意脱解衣物，不能戴帽子和墨镜，不能穿背心、短裤、凉鞋或拖鞋，更不能赤脚、赤膊。女士则最好穿西服套裙、连衣裙或长裙。年轻女性的裙子不能过短，中老年女性的裙子以盖住膝盖为宜。女士不宜穿过于短、小的衣服。工作场合的服装应清洁、方便，不应有过多修饰。

知识点 2　办公室言谈举止礼仪

一、办公室举止礼仪

（一）准时到岗，养成守时的习惯

不管打卡还是开会，总是迟到几分钟的人会给上级留下拖拖拉拉、不敬业、不干练的印象。准时守约是职场人士的基本素质。

（二）体态优雅

办公室人员的行为举止应稳重、自然、大方、有风度；走路时应身体挺直、步速适中、稳重、抬头挺胸，以给人留下正直、积极、自信的好印象；不要风风火火、慌慌张张，让人感觉缺乏工作能力；坐姿要优美，腰挺直、头摆正，不要趴在桌子上或歪靠在椅子上；有人来访时，应点头或鞠躬致意，不能不理不睬。

（三）保持安静

在办公室讲话时声音要轻，不能在办公室、过道里大声呼喊；不要用力开关门窗、推拉抽屉，以免影响别人工作。

（四）爱护公共财产、不公为私用、不滥用手中权力

办公区的设施设备是为工作所设的，不可把办公设备带回家，不可在办公室复印自己的资料、打私人电话等，也不可擅自使用他人的私人物品。

（五）办公时间不要离开办公桌，不要看书报、吃零食、打瞌睡，不要坐在办公桌上办公或将腿跷到办公桌上，更不要当众化妆

（六）到别人的办公室拜访时同样要注意礼貌

一般需要事先联系，准时赴约，经过许可后方可入内。在别人的办公室停留的时间不宜太久，初次造访以 20 分钟左右为宜。

二、办公室语言礼仪

（一）不要人云亦云，要学会发出自己的声音

如果你经常人云亦云，那么你在办公室就很容易被忽视，在办公室的地位也就不会很高。

（二）不要在办公室里当众炫耀自己

就算你的专业技术过硬，是办公室的“红人”，上级也非常赏识你，也不能当众炫耀。

（三）不可公开谈论薪资、探听同事的薪资

同事之间的薪资往往有差别，打听别人的薪资或说出自己的薪资有可能既得罪上级，又惹恼同事。

（四）应对同事使用正式的称呼，不可呼其小名和外号，也不能使用昵称

对上级和前辈可以用“先生”或其职务来称呼，最好不同他们在大庭广众之下开玩笑。

（五）不要把办公室当作诉说心事的地方

虽然这样能够很快拉近人与人之间的距离，使你们的关系变得友善、亲切起来，但心理学家调查研究后发现，事实上只有很少的人能够严守秘密。

情景导入

办公室发火的代价

随着通信科技的发展和大数据技术的应用，在办公场合已经越来越少使用固定座机电话，办公职员也习惯使用微信等即时通信工具或者腾讯会议、钉钉等办公平台。但个人信息泄露也比较严重，常接到各类直呼其名的诈骗电话或者广告推广电话。

某公司财务处的会计小芳，性格温柔，对待同事脾气也好。某天早上上班后，手机连续接到 4 个来自全国各地直呼其名的财务软件推广电话，很影响她的账目核算，心里正生闷气。

这时手机铃声又响起来了。小芳看到是陌生号码，以为又是推销电话，立刻就按掉了。接着手机铃声又响了，还是这个号码，小芳又立刻按掉了。过了 1 分钟，手机铃声再次响起，还是这个号码。

小芳也发火了，迅速拿起手机，还没等对方说话，立刻大声吼起来“都说了，我们不用买软件了，还在拼命打电话，催命啊……”噼里啪啦说了一通难听的话。

等她说完了，对方才用很平稳的语气和她说他是税务局的 ×× 科长，他们昨天送过去的税务资料出现纰漏，需要补充材料，因递送时间比较晚，下午是最后的期限了，要抓紧修改，以免影响公司的信用和征税。

这时小芳才连忙道歉和解释，但也给对方留下了不好的印象，也为公司带来了不良的声誉。

小芳后续也不当回事，没有向同事们解释为什么会发火。同办公室的同事们也私下纷纷议论，认为小芳平时的温柔都是装出来的，其实很暴躁，关系逐渐疏远。公司的高层领导也有同样的认识，后续重要的任务也不放心交给小芳去独立处理。

思考：

1. 小芳在办公室的行为是否有错呢？换作是你，你当时会怎么处理？后续会做什么样的解释呢？

2. 每个人都有自己的性格，也难免有发脾气的时候，在办公室作为同事彼此间应该如何融洽相处？

活动二　办公室相处礼仪

办公室是个特殊的环境，在这里，大家既是同事又是朋友。如果处理不当，把握不好一个“度”，很多看起来不起眼的“小事情”，反而会影响人际关系，以至于影响一个集体正常的工作氛围和团队合作。

知识点 1　办公室问候礼仪

一、日常见面的礼仪

同事之间在工作中经常见面，一声亲切的问候和友善的微笑不但可以缓解紧张的工作氛围，还可以消除彼此之间的误会，增强相互之间的信任，营造和谐的气氛。

一般来说，每天早上在办公室看到同事时，都要面带微笑地打个招呼，说一声“你好”“早上好”，再次遇到时可以点头致意，不能视而不见。

问候时的称呼要根据情况而定。一般来说，上司在称呼下属时可以用“姓氏 + 职位”，也可以用全名，有时也可以直呼“小王”“小李”等；下属在称呼上司时就要以“姓氏 + 头衔”来表示尊重；同事之间在称呼时一般可以用“姓氏 + 职位”或直呼全名。

二、离开办公室的礼仪

如果在工作期间要离开办公室，一般要向上司说明情况，询问是否还有其他事宜，然后再离开。同时还要向周围的同事打招呼，告诉他们自己要去做什么，什么时间回来，这样当有人来找自己时，同事可以很方便地找到自己或通知自己。

三、常用的礼貌用语

在日常工作中，要多用“请”“谢谢”“对不起”等礼貌用语，这样可以使自己的人际关系更加和谐与融洽。

知识点 2　与上司、同事、异性相处礼仪

学会与上司相处是商务人士的一门必修课，掌握了与上司相处的礼仪与技巧，能在工作中更加游刃有余。

一、与上司相处的礼仪

（一）察言观色

在与上司相处的过程中，要善于观察上司的言谈举止，从而准确、及时、灵活地处理好各种事务。

（二）表现谦虚

作为下属，要在职场中表现出谦虚的态度和行为，不能表现张扬、顶撞上司，同时，在与上司的日常来往中也要谦虚、礼貌。

（三）不卑不亢

虽然上司与下属在身份和职位上有差别，但在人格上是平等的，因此在接受棘手的工作或完成困难的任务、受到表扬或批评、升职加薪或降职降薪、与上司想法不一致或不谋而合时，都要不卑不亢。在上司看来，对上司一味附和、唯唯诺诺的下属是缺乏主见和独立意识的；在上司面前自高自大、目中无人的下属则是不可靠的。

（四）委婉表达

在公务处理上，向上司委婉地表达自己的想法，这样既不会伤上司的面子，又能合理地维护自己的发言权。

（五）正确汇报

前往上司办公室汇报工作时，首先要告诉秘书（如果没有则可直接敲门），在进门前先轻轻敲门，未经允许不得进入办公室。上司允许进入办公室后，要顺手把门轻轻掩上，走到上司的办公桌前站好，等候上司问话。如果上司没有允许入座，不能径直落座，在上司允许入座后，在上司示意的座位坐下。

在汇报工作时，要注意自己的仪表、仪态，汇报的内容要精练，实事求是，不可歪曲或隐瞒事实，同时说话要清晰，语调和声音大小要恰当。

另外，在汇报时不能在上司面前随意评论同事的是非优劣，上司说话时不能随便插话。汇报结束后，应先起立，向上司告辞，在得到允许以后，轻轻走出办公室，并随手轻轻关上门，径直回到自己的座位上继续工作，千万不要随意传播自己在上司办公室听到或看到的情况。

二、与同事相处的礼仪

同事之间的关系是以工作为纽带的，与同事良好相处，不仅可以营造轻松的工作氛围，还可以提高同事之间的合作效果，提升整体的工作效率。一般来说，与同事的相处要遵循下列礼仪规范。

（一）尊重同事

尊重同事，才能得到同事的尊重，这是不变的职场法则。尊重同事主要体现在以下几个方面。

尊重同事的隐私，如果散布关于同事的流言蜚语，引起不必要的争端，会影响同事之间的和谐相处，甚至会引发冲突，造成人身伤害。

包容同事的缺点，给同事面子，维护对方的尊严，这样自然就能得到同事的喜欢，加深彼此之间的关系。

不钻牛角尖，只要不是原则性的问题，就没有必要斤斤计较。

（二）委婉拒绝

在职场中，同事请求帮忙办事是很常见的事情，这时要认真对待同事的请求，不能马虎应付。如果自己无法帮助，要懂得合理拒绝。如用“不”“不行”“做不到”等语言来拒绝时，会给同事留下冷漠的感觉，让人觉得不近人情，不利于同事之间的和谐相处。

要想既能达到拒绝同事的目的，又能很好地维系彼此的关系，可以使用以下方法（表 3-2）。

表 3-2　委婉拒绝同事的方法

委婉拒绝的方法	说明
但是法	首先肯定对方的意见，然后转说“但是……”阐述对方没有考虑到的几种情况，说明自己的具体意见。这样，自己并没有明确拒绝对方，就已经达到了拒绝的效果
商量法	在拒绝对方时不使用过于生硬的语句，而是以商量的口吻，例如“你看这样是不是更好一些”“我们能否换个角度考虑问题”
让对方自我否定	通过帮助对方分析其不合理之处，指出可能出现的不良后果，让对方主动收口
借助别人的力量	当自己无法直接拒绝时，可以借助别人的力量拒绝，但注意不要给对方留下缺少诚意、推诿卸责的印象

（三）帮助解决纠纷

在工作过程中，当其他同事之间因为工作产生矛盾、发生争吵时，要积极劝阻。实事求是、心平气和地劝说，千万不能粗暴对待，横加指责，否则只会火上浇油，加深同事之间的矛盾和隔阂。如果劝说无效，可将相关情况如实报告给有关部门，并协助该部门了解落实情况，迅速解决纠纷。

（四）与异性相处的礼仪

在工作中，男女同事要相互尊重，注意男女平等。男女同事在交往中要把握好尺度，具体而言要注意以下几点。

（1）不在隐蔽空间或私密空间共处，例如，男女同事同在办公室时不要锁上房门。

（2）行为举止要讲究分寸，例如，男士不可随便触碰女士等。

（3）语言要掌握分寸。女士在恭维或夸赞男士时，要掌握分寸，不要让对方产生误解。

（4）交际要掌握分寸。例如女同事要注意掌握与男同事交往的分寸。

办公室礼仪小锦囊

办公室“六不要”

（1）不要将工作和个人的生活混在一起；（2）不要把各种情绪带到办公室；（3）不要把粗俗的话带到办公室；（4）不要在办公室大哭、大叫或做其他冲动的事；（5）不要不打招呼就闯到别人的办公室；（6）不要抱怨、发牢骚或讲一些不该讲的话。

知识点 3　办公室禁忌礼仪

在企业的办公场所，时常有一些员工做出无礼行为，这些无礼行为对企业的文明环境和企业的形象有害。

办公室礼仪禁忌主要有以下几点。

一、满腹牢骚

商务人士在工作时应当保持积极的情绪状态，即使遇到挫折、遭受委屈，也要积极调整自己的心理状态，而不应满腹牢骚、怨气冲天，这样做的结果只会适得其反。

二、形成小圈子

办公室切忌拉帮结派，形成小圈子，以免破坏办公室工作人员的团结，引起他人的对立情绪；同时也不要四处传播小道消息，否则会失去他人的信任，使他人对自己敬而远之，影响工作的开展。

三、高声喧哗

办公室是公共场合，不管是对同事还是对来访的客人，在任何情况下都要心平气和、有条有理地说话，不能高声喧哗，旁若无人。

四、做事两面派

人们都喜欢和光明正大、诚实正派的人相处。那些做事两面派，在上司面前积极主动表现自己，而在同事或下属面前推三阻四、拒人于千里之外的人是不受欢迎的。

五、穿着不正式

不要穿过于休闲、运动或奇特的服装，穿着要与周围的环境保持一致，不能脱离办公环境。

六、零食不离口

个别员工会把零食带到办公室分享，一边吃零食一边工作。这种行为是非常不雅的，尤其是和他人说话或接电话时，嘴里不能嚼东西，这样做是对他人的不尊重。

七、直呼上司姓名

在很多外企，有的上司会要求员工直呼其名，以传达平等、和谐的理念。但这条规则并不是普遍适用的，在公众场合直呼上司的姓名是一种缺乏职业素养的表现。

八、开会不关手机

开会关机或设置振动模式是职场的基本礼仪。当有人在做报告或布置事情时，如果下面员工手机铃声响个不停，肯定会受到干扰，这是对在场所有人的不尊重。

九、迟到、早退

不管是上班还是开会，如果无缘无故迟到、早退，这是对公司规章制度的践踏，违反了公司劳动纪律，不利于公司的管理。如果在工作时间真的有事情需要处理，一定要提前向上司报告；即使是有急事突然发生，也要向上司报告，不能擅自迟到、早退。

十、工作懈怠

在办公室不能做一些与工作无关的事情，挤占工作时间，这既影响工作效率，也不利于树立企业的良好形象。

知识拓展

办公室同事之间相处礼仪

1. 真诚合作

同事之间属于互帮互助的关系，俗话说“一个好汉三个帮”，只有真诚合作才能共同进步。

2. 同甘共苦

同事有困难，通常首先会选择亲朋好友帮助，但作为同事，应主动问询。对力所能及的事应尽力帮忙，这样，会增进双方之间的感情，使关系更加融洽。

3. 公平竞争

同事之间竞争是正常的，有助于共同成长，但是切记要公平竞争，不能在背后耍心眼，做损人不利己的事情。

4. 宽以待人

同事之间经常相处，一时的失误在所难免。如果出现失误，应主动向对方道歉，征得对方的谅解；对双方的误会应主动向对方说明，不可小肚鸡肠、耿耿于怀。

思政园地

党的二十大报告指出，完善参与全球安全治理机制，构建全方位、多层次、立体化的国际执法合作工作格局，推动加强海外安全保障能力建设，更好维护我国公民、法人在海外合法权益。

2023 年 3 月 20 日，安徽合肥新站高新技术产业开发区管理委员会发布通报称，近日，（合肥）新站高新区工贸高级技工学校四名男生在实习期间受人高薪诱惑私自出境，引起社会关注。经（合肥）新站高新区工作组多渠道工作，目前四名学生已从缅甸安全返回国内。

信息来源：https ：//m.toutiao.com/is/A8k2EdB/

情景训练

训练任务：情景中角色扮演练习

训练课时：1 课时

训练要求：

1. 请同学们自由分组，演练求职面试的情景。4 人一组（3 位面试官，1 位求职者），自行选定角色，轮流扮演面试官和求职者，演练面试时的情景，主要注意求职者的言谈和举止礼仪、面试结束后的礼仪等。

2. 学生 4 人一组，分别扮演上司和下属，1 名上司，3 名下属，合理设置情景，展现不同情景中上司与下属、下属与下属的沟通场景，并注意言行举止应符合礼仪规范，结束后由其他同学和教师点评。

训练过程：

以图表形式呈现。

训练内容	训练目的	训练要点	注意事项

课后练习与思考

一、单选题

1. 面试前需要做好的准备有（　　）。

A. 心理　　B. 发型　　C. 新衣服　　D. 新手机

2. 女士在办公场所最好穿（　　）。

A. 短裙　　B. 西服套裙　　C. 露脐装　　D. 西装

3. 面试时，进门时应敲门（　　）。

A. 一声　　B. 二声　　C. 三声　　D. 四声

4. 在办公室工作时，应做到（ ）。

A. 迟到早退　　B. 体态优雅　　C. 大声说话　　D. 离开岗位

二、多选题

1. 求职简历主要包括（ ）。

A. 个人基本信息　　B. 教育背景　　C. 工作经历　　D. 求职意向

E. 薪水要求

2.（ ）是办公室礼仪禁忌。

A. 开会不关手机　　B. 工作懈怠　　C. 高声喧哗　　D. 团结互助

E. 直呼上司名字

三、简答题

1. 与上司相处的礼仪体现在哪几点？

2. 办公室的礼仪禁忌有哪些？

项目四

商务交际礼仪

【学前导读】

人在社会中生存发展，需要以各种形式与他人交往，在商务活动中更是如此。有交往才有合作，有合作才能更好地发展。对于商务交际活动，商务人士要重视基本交际礼仪的学习，积极参与交际并正确地加以应用，在实践中总结经验教训、享受交际成功带来的欢乐。

【知识目标】

1. 掌握商务交际活动中常见的问候、称呼、介绍等会面礼仪；
2. 掌握行进间的礼仪；
3. 掌握通信沟通礼仪。

【技能目标】

1. 具备问候、称呼得体、介绍恰当的能力；
2. 能够在合适的时机行握手礼、名片礼；
3. 能够正确地运用行进间的次序礼仪与通信沟通礼仪。

【思政目标】

1. 培养学生重视第一印象的意识，自觉地维护个人形象，引导学生在商务活动中践行文明、和谐、诚信、友善的社会主义核心价值观。

2. 培养学生基本的商务交际能力，学以致用，在社交活动中构建稳定和谐的社交关系的能力；引导学生培养爱党爱国、无私奉献的家国情怀，爱岗敬业、精益求精的行业精神，积极进取、正直诚信的个人修养和团队协作、创新思维等职业素养。

【思维导图】

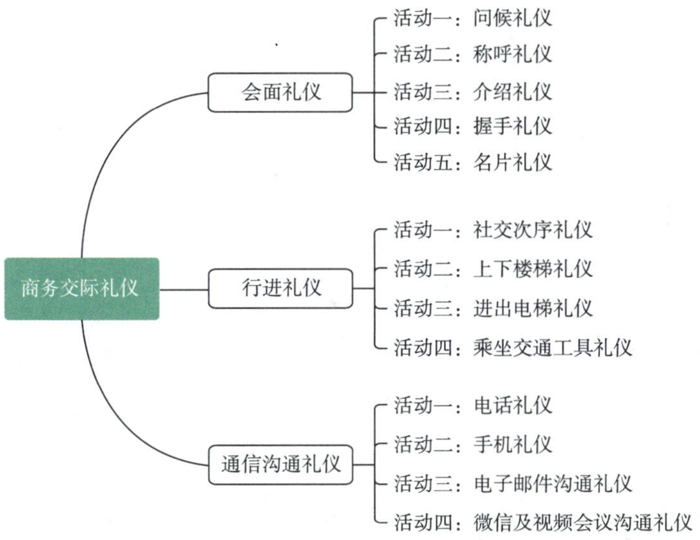

情景导入

令人尴尬的会面

A 公司正在和 B 公司开展合作洽谈，由于细节较多，洽谈需要很长时间。A 公司总经理熊力聪因知道 B 公司董事长是自己的远房表哥刘辉，为避免公司其他领导认为是有意利益输送，一直没有出面进行洽谈，都由副总经理带队参加。

熊力聪因个子比较矮小和略微肥胖，肤色也比较深，亲戚朋友们都习惯性地称呼他的绰号“黑胖熊”。幼时他觉得很可爱，等上学后，亲戚和同学们还这么称呼他，他就开始有些厌恶和反感。

在洽谈会休息期间，刘辉到餐厅就餐，正好碰到熊力聪。此时刘辉特别高兴，当众大声喊“黑胖熊，黑胖熊，我是表哥刘辉啊！”因为餐厅就餐员工比较多，声音比较嘈杂，熊力聪一时没有反应过来。刘辉认为他是不想认他这位亲戚，又当众大声喊“黑胖熊，黑胖熊，你听不见啊，我是你的表哥啊！”吸引了餐厅里的员工全部目光，有些还捂着嘴巴笑，有的悄悄和同桌说“原来我们的总经理叫黑胖熊啊，这很符合他的身材、肤色和姓氏，太贴切了。”等熊力聪反应过来后，恨不得立刻离开餐厅。碍于亲戚情面，也只能走过去与刘辉和他带领的团队打招呼并一起用餐。他的这个绰号也在公司传开了。

第二天，熊力聪决定暂停与B公司的洽谈。刘辉知道后，还跑到熊力聪家里找到他的父母，说他太没有亲戚感情了，突然就不合作了，两家的感情也因此越来越疏远。

问题与思考：

1. 请分析案例中总经理熊力聪为什么暂停与对方公司的洽谈？熊总的这一决定是否小题大做，并影响到公司的业务开拓？

2. 在商务场合，双方见面时应如何礼貌使用语言进行恰当的问候与称呼？

情景一　会面礼仪

活动一　问候礼仪

问候是商务交际活动的第一个环节，也是给对方留下第一印象的关键所在。正确的问候方式，不仅能体现一个人的素质，还能向他人表达礼貌与尊重。

知识点 1　问候的内容

问候内容分为两种，分别适用不同场合。

一、直接式

所谓直接式问候，就是直接以问好作为问候的主要内容，适用于正式的交往场合，特别是在初次接触的陌生商务及社交场合，如：“您好”“大家好”“早上好”等。

二、间接式

所谓间接式问候，就是以某些约定俗成的问候语，或者在当时条件下可以引起的话题，来替代直接式问好。主要适用于非正式、熟人之间的交往，比如："最近过得怎样""忙什么呢""您去哪里"等。

知识点 2　问候的态度

问候在某种程度上是表达敬意的一种交际方式，因此态度上一定要注意以下几点原则。

一、主动

向他人问候时，要积极、主动。如果他人先问候自己，要立即予以回应，千万不要摆出一副高不可攀的样子。

二、热情

向他人问候时，要表现得热情、友好、真诚。毫无表情或者拉长苦瓜脸、表情冷漠的问候不如不问候。

三、大方

向他人问候时，须表现得落落大方。矫揉造作、神态夸张或者扭扭捏捏，都会给人留下虚情假意的坏印象。

四、专注

向他人问候时，要面带笑意。与他人有正面的视觉交流，以做到眼到、口到、意到。目光游离、东张西望的问候，会让对方不知所措。

知识点 3　问候的次序

在正式的商务交际场合，问候要讲究一定的次序。

一、一对一的问候

一对一的问候，通常是“位低者先问候”。即身份较低者或年轻者要先问候身份较高者或年长者。

二、一对多的问候

如同时遇到多人，既可笼统地加以问候，比如说“大家好”“你们好”……也可逐个加以问候。当逐一问候多人时，既可按照由“尊”而“卑”、由“长”而“幼”的原则依次进行，也可按照由“近”而“远”的原则依次进行。

活动二　称呼礼仪

商务交际活动中，选择得体的称呼，是表达对他人尊敬的一种方式，是交际礼仪的基本要求，更是促进双方关系良性发展的催化剂。因此，掌握称呼的礼仪规范，准确、恰当地运用，才能促进交际的成功。

知识点 1　对人用尊称

“夫礼者，自卑而尊人。”（《礼记·曲礼》）对人用尊称，对己用谦称，正是我国的传统美德。

一般情况下，尊称的使用技巧如下。

一、职务、职称或学衔称呼

对具有一定职务、职称或学衔的人，应在姓名之后或者姓氏之后加上职务、职称或学衔。职务称呼如：“王总经理”“刘主任”等；职称称呼如：“华罗庚教授”“林工程师”等；学衔称呼如：“李博士”“物理博士杨明”等。

二、职业称呼

以对方从事的职业相称。如“赖老师”“林医生”“钱会计”等。有时候为了表示对德高望重的老领导、老专家由衷的敬重，一般在对方的姓氏之后加上“老”或

"公"字，如"钱老""赵公"等。

三、他人亲属称呼

根据我国传统礼仪，称呼他人亲属时也应当用尊称，用得最为广泛的是以"令""尊""贵""贤"等构成的一系列敬称。例如在日常交际中最常见的，称对方的父亲为"令尊"、母亲为"令堂"、哥哥为"令兄"、弟弟为"令弟"、儿子为"令郎"、女儿为"令爱"等。

知识点 2　平称

平称一般指不表示尊卑的称呼，用于对同辈、同级或下属的称呼，包括姓名称呼和性别称呼。

一、姓名称呼

同事、同学关系，平辈的朋友、熟人，彼此之间均可以姓名相称，以示关系亲近，如"王一涛""张彬彬""李薇"。在我国，长辈对晚辈也可以直呼姓名，但晚辈对长辈不可这样做。

在职场中，为了表示亲切，也可以在被称呼者的姓氏前加上"老""大""小"字相称，而免称其名。例如，对年长于己者，可称"老张""大周"；对年幼于己者，可称"小吴""小刘"。但是，这种称呼一般多用于非正式场合。对同性的朋友、熟人，若关系极为亲密，也可以不称其姓，而直呼其名，如"秀秀""思裕"。

二、性别称呼

按性别称呼"小姐""女士""先生"等。对商界、服务业从业人员，一般约定俗成地按性别的不同来称呼，男性可一律尊称为"先生"。但对女性的称呼就比较复杂，应根据对方的婚姻状况，分别称为"小姐"（未婚女性）、"太太"或"夫人"（已婚女性）、"女士"（婚姻状况不明者等）。也可以在称呼前加上姓氏，如"刘先生""周太太"等。在称对方"太太"或"夫人"时必须谨慎。

恰当地使用称呼，既符合人际交往中的基本礼仪要求，又体现了个人的良好素质，对此绝对不能疏忽大意。

知识点 3　对己用谦称

对自己的谦称常用“在下”“学生”“小弟”“鄙人”等。按照传统礼仪习惯，在向他人称呼自己的亲属时，常在亲属称呼前冠以“家”“舍”等字。“家”“舍”两个字都有表达谦恭、平凡的意思，但在对自己亲属使用谦称时有长幼之分。

一般来说，“家”用于谦称比自己辈分高、年长的亲人，例如，向人称自己的父亲为“家父”或“家严”、母亲为“家母”或“家慈”、兄长为“家兄”、嫂嫂为“家嫂”。“舍”则用于向人谦称比自己卑幼的亲人，如向人称自己的弟弟为“舍弟”、侄子为“舍侄”等。凡与自己有关的事物都可以加上谦辞以表示对他人的尊敬。例如，称自己的家为“寒舍”“斗室”“陋室”，称自己的作品为“拙作”“习作”，称自己的见解为“浅见”“愚见”等。

知识点 4　称呼禁忌

小称呼，大学问。称呼得体、适宜，交流就会顺畅；称呼不妥，就会显得尴尬。称呼可以反映一个人被尊重的程度，表明彼此之间的关系与亲密程度。同时，称呼也能反映出一个人的文明素养。因此，在商务交际活动中，必须重视称呼语的正确使用，同时还要避免踩坑，也就是要弄清楚有哪些称呼禁忌。

一、忌不看身份、场合而称呼

熟人之间一般怎么称呼是较为固定的，不会出错。但在有其他人在场的情况下，不能因为是熟人就忽略了对对方的称呼，尤其在商务交际场合，一定要注意加上对方的职务或职称等称呼。对于陌生人，更要注意在称呼上不要犯忌。日常交际中，首先要观察对方的身份，从对方的衣着打扮、言行举止上看出一些身份特征，然后再根据场合使用恰当的称呼，切忌不看身份、场合随意称呼。

比如，面对卖煎饼的阿姨，就不要称呼“同志”，可以根据自己的年龄称呼为“大妈”“阿姨”或者“大姐”之类；对于农民或务工人员，不要称呼“先生”“老师”之类，可以称呼“师傅”，或根据年龄称呼“大哥”“大叔”之类。

二、忌不看年龄而称呼

在非正式交际场合，比如“老”“小”之称，称呼年轻人都用“小张”“小李”之类，而称呼中老年人可以用“老张”“老王”之类。切忌不问老小一律称呼“老”。有时候称呼“老”是表示尊重或亲切感，就像称呼“老表”“老爸”的“老”字一样，这个“老”字是表示亲切，并不表示“年老”的意思。

三、忌一律称呼美词

有人片面认为，只要是好词好句，谁都喜欢听。于是，在称呼上不分对象，都称“美女”“帅哥”，殊不知这样容易“踩坑”。也有人认为，人们都向往年轻，自然也喜欢表示年轻的称呼语，这也容易“踩坑”。比如，年轻人称呼老大爷、老大妈为“美女”“帅哥”或“大哥”“大姐”，肯定会让人反感，还是称呼“大爷”“大妈”之类为宜。

四、忌使用有异议的称呼

有的称呼语是个多义词，比如“小姐”一词，一般是对未婚女子的称呼，但在某些地区，这个词代表着特殊含义，在使用时要谨慎些。一般在重要的社交场合或者外交场合，可以按照国际惯例来称呼：对已婚女性称“太太”或者“夫人”，对未婚女性称“小姐”，对年长但不清楚婚姻状况的女性或职业女性称为“女士”。

活动三　介绍礼仪

在日常交际活动中，介绍是架起人际关系的桥梁。得体的自我介绍或他人介绍可以缩短人与人之间的距离，使沟通更顺畅。

知识点 1　介绍礼仪的注意事项

在商务交际活动中，根据场合、需求等不同划分标准，介绍一般可以分为自我介绍和他人介绍两种类型。无论哪种类型，我们都应当注意以下两点。

一、介绍的时机

时机包括具体的时间、地点与场合。无论是自我介绍还是他人介绍，都要注意选择在合适的时间、地点与场合，还要选择在对方有空闲、情绪较好或有兴趣沟通时进行，否则便会打扰到别人，就与礼仪二字背道而驰了。

二、介绍的顺序

做介绍时要遵守“尊者优先了解情况”的规则。具体情况如下：本单位与外单位的人会见，应先把本单位的人介绍给外单位的人；男士与女士见面时，应先把男士介绍给女士；年长者与年轻者会见时，应先把年轻者介绍给年长者，职务高者与职务低者会见时，应先把职务低者介绍给职务高者等。例如，在为他人介绍时可以说：“李总经理，请允许我将我的同事刘兰介绍给您。”然后才说：“刘兰，这位是李总经理。”

总之，要依照礼规，由尊到卑、由长到幼、由远至近的顺序依次进行。在商务交际场合，被介绍双方受尊重的程度首先由双方地位和职位决定，其次考虑长者或女士等其他因素。在非正式场合，往往是年纪、性别等因素排在前面，职位等因素排在后面。

知识点 2　自我介绍

一次漂亮的自我介绍是推广自我形象和价值的一种有效方式。在交际活动中，若遇见某些或某个我们有意结识的人，又没有介绍人在场时，往往需要自我介绍，常见的自我介绍有以下几种形式。

一、工作式

工作式自我介绍又称为公务式自我介绍，主要用于工作交流场合，包括三要素：姓名、工作单位及部门、担任的职务或具体从事的工作。一般情况下，应报出完整的姓名、工作单位的全称及担任的职务，如果职务较低或无职务的，则报出目前所从事的具体工作。例如：“您好，我叫刘敏，是 ×× 广东分公司的业务经理。”“您好，我叫丘月，在 ×× 传媒公司从事直播策划工作。”

二、应酬式

在某些公共场合和一般性社交场合，如旅行途中、宴会厅、舞场、通话时，介绍的对象是一般接触的交往对象，泛泛之交或早已熟悉，进行自我介绍只是为了确定身份或打招呼，都可以使用应酬式自我介绍。例如：“您好，我叫周斌”“我是李琪”。

三、交流式

交流式自我介绍比较随意，可以包括介绍者的姓名、工作、籍贯、学历、兴趣以及与对方某些熟人的关系等。在交际活动中，如果我们希望某个人认识自己、了解自己，并与自己建立联系时，就可以运用交流式的介绍方法，达到与对方进一步沟通的目的。例如：“您好，我叫张明，是 ×× 网络公司的业务经理，毕业于中山大学，与您是校友。”“您好，我叫黄玉，是 ×× 杂志的编辑，我和您妹妹是同事。”

四、礼仪式

礼仪式自我介绍通常适用于正规而隆重的场合，比如讲座、报告、演出、庆典、仪式等，要包含自己的姓名、单位、职务等，必要时候应多加入一些恰当的谦辞敬语，以符合这些场合的特殊需要，以示对介绍对象的友好和敬意，营造谦和有礼的交际气氛。例如：“各位听众，大家好！我是卢大为，您的老朋友。现在，我将为大家献上一道丰盛美味的音乐大餐，感谢所有听众对‘校园民谣’一如既往的支持和关爱。”“各位来宾，大家好，我是 ×× 网络公司的公关部经理王磊。很荣幸站在这里与大家见面，我谨代表本公司热烈欢迎大家光临我们的晚宴。”

五、问答式

问答式自我介绍主要适用于应试、应聘和公务来往等场合，针对对方提出的问题作出自己的回答。例如：“您好，请问您贵姓？”“免贵姓柳。”

在商务交际活动中，我们要根据具体情况采用不同的自我介绍方式，以实现既定的目的和效果。同时，还要注意掌握相应的语气、语速，以适应当时的情景，并力求做到实事求是，不过分谦虚、贬低自己，也不自吹自擂、夸大其词，为日后进一步交往打下良好的基础。

知识链接

扫码观看视频：如何进行职场自我介绍

知识点 3　他人介绍

他人介绍是指作为第三者的介绍人为彼此不相识的双方引荐的一种介绍方法。在商务交际场合，他人介绍具有很强的目的性，被介绍的双方都要通过介绍人帮助他们建立交流和沟通的渠道，且这种介绍方式对参与介绍活动的各方均有较高的礼仪素养要求。

一、介绍者礼仪

（一）了解被介绍的双方有无认识的意愿和兴趣

为避免贸然行事，介绍者应事先征询被介绍双方是否有结识的愿望，否则，如果两家竞争对手在你们公司遇上了，你却偏主动上去做介绍，结果是很尴尬的。在正式的商务交际场合，一般不要随意地介绍身份地位相差悬殊的人相互认识，比如将保镖或司机介绍给女主人。

（二）态度要热情友好，体态要大方得体

介绍者在介绍时，注意手势动作要文雅、仪态要端庄、表情要自然。介绍者的态度往往会影响到被介绍者在对方心目中的地位。在为他人做介绍时，应微笑着用自己的视线把另一方的注意力引导过来；指向被介绍一方时不可以用一根手指指人，应将右手（不要用左手）五指轻轻并拢，掌心向上略倾斜来指示。

（三）语言要清楚明确，不能含糊其词，使双方记不清或记错对方的名字

在正式商务交际场合的介绍，语言要讲究文雅、庄重、严谨，一般可采用“请允许我向您介绍”的模式。在介绍完一位之后要有适当的停顿，让其有时间向另一方点头或问好示意。

（四）介绍完成后的停留时间要适当

为双方介绍完成后，一定要留给双方一定的时间交谈。这个时候作为介绍者一般应稍停片刻，引导双方交谈，等他们能够交谈后，再借故离开。介绍者千万不要“好为媒人”，被介绍的双方还来不及交谈，又火急火燎拉住其中一位说：“来，我再为你介绍下一位！”

（五）避免过分赞扬某人

为双方做介绍时一定要注意保持平衡，不能过分赞扬某一位而忽略了另一位。不合时宜的吹捧会使被介绍者尴尬，介绍者本人也会给人留下不良印象，从而使被介绍的双方产生反感，造成难堪的局面。

（六）为他人做介绍时，应特别注意提前记住对方的名字和职务

在正式的商务交际场合，尤其要注意这个问题。有时被介绍的双方可能都是你的老友，但他们可能是第一次见面，所以一定要使用尊称来称呼他们，例如：“李经理，这是我的同事王丽”，而不应当说：“老李，这是我的同事丽丽。”

（七）介绍时可以用一两句话简要说明双方的特点、与介绍者的关系或被介绍双方的共同之处

为双方提供更多的交谈内容，但切不可信息含糊或过于累赘。例如：“这位是张川，美华广告公司的经理，他可是广告创意专家！”“这位是我的小妹李季美，她也是 ×× 大学毕业的，以后请多多关照。”

二、被介绍者礼仪

（1）被介绍者在介绍者询问自己是否有意认识某人时，一般应欣然接受。如果实在不愿意，应向介绍者说明缘由，取得谅解。

（2）被介绍者一般应起立、面带微笑，给予对方善意而礼貌的关注，即使由于座位过于拥挤而无法起立，也应当尽量做起立状。要注意自己的态度，目中无人、有意拿腔作调或是卑躬屈膝、低三下四的表现都是失礼的。

（3）介绍者介绍完毕，应适当行握手或致意礼以表示友好、信任和尊敬（位尊者先伸手）；若相距较远则可举右手致意。

（4）以恰当的方式问候对方。例如：“您好，李经理，很高兴认识您。”“幸会，久仰大名。”如果没有听清对方的名字，你可以请对方重复一遍，千万不要觉得不好意思。你可以说：“对不起，我没听清楚您的名字，可否请您再说一次。”如果自己的名字、身份介绍错了，最好用委婉的方式马上纠正，例如：“对不起，我是公司人事部经理，不是公关部经理，倒都是经理。”

（5）交谈结束时互相道别。例如：“再见！以后常联系，多谢您关照，我先告辞了！”道别的语言、动作、表情和刚见面时的语言、动作、表情同样非常重要，因为人类在记忆一连串的元素时，最前面的元素和最后的元素留下的印象尤为深刻，这是“首因效应”和“近因效应”。最先的印象和最后的（最近的）印象会更加长时间地留在人们的脑海里。所谓“善始善终”就是这个道理。

知识链接

扫码观看视频：礼仪微课

知识链接：集体介绍礼仪小锦囊

集体介绍的礼仪

1. 集体介绍原则

在需要集体介绍时，原则上应参照他人介绍的顺序进行。其基本规则是，介绍双方时，先卑后尊，而在集体介绍时，则应当先尊后卑。

2. 集体介绍分类

集体介绍时，分几种不同的情况。

（1）将一人介绍给众人。

（2）将众人介绍给一人。

（3）人数较多的双方介绍。

（4）人数较多的多方介绍。

3. 集体介绍时的注意事项

（1）介绍时要讲究尊重、端庄，不要随意开玩笑。

（2）第一次介绍时要使用正确的全称，不要使用简称，简称可以在第二次或后面重复介绍时使用。

活动四　握手礼仪

在当下的商务交际场合，握手礼的应用范围远远超过了鞠躬礼、拥抱礼和亲吻礼等。握手是商务活动中见面、接待、迎送时常见的礼节，运用得当可以促进人际关系。

知识点 1　握手的时机

握手时机会受到双方关系、所处环境及心理等因素的影响。了解和掌握与交往对象的握手时机，不仅能给人以友好的感觉，还能彰显自身的修养和素质。以下这些情况是适合握手的时机：

（1）遇见久未碰面的熟人；

（2）在正式商务交际场合与认识的人会面或道别；

（3）东道主迎送宾客或参加交际活动遇到东道主；

（4）向他人表示慰问、支持、致谢、祝贺及赠送礼物、颁发奖品；

（5）被介绍给不熟悉的人（位尊者先伸手原则）。

知识点 2　握手的注意事项

握手礼运用得当，可显示出自己的修养和对对方的尊重。因此，我们要了解握手的注意事项。

一、距离

行握手礼时应在距握手对象 1 米左右位置，双腿立正，上身略向前倾，伸出右手，四指并拢，拇指张开与对方相握，握手时用力适度，上下稍晃动三四次，随即松开手，恢复原状。

二、神情

与人握手，神情要专注、热情、友好、自然，面带笑容，目视对方双眼，同时向对方问候。握手时不要看着第三者，更不能东张西望，这些都是不尊重对方的表现。

三、时间

握手时间的长短可根据握手双方亲密程度灵活掌握。初次见面者，一般应控制在3秒以内，切忌握住异性的手久久不松开。即使握同性的手，时间也不宜过长，以免让对方觉得失礼。但时间过短，也会被人认为傲慢冷淡、敷衍了事。

四、力度

握手时为了表示热情友好，应当稍许用力，但以不握痛对方的手为限度。在一般情况下，握手不必太用力，握一下即可。男性与女性握手不能握得太紧，例如：西方人往往只握一下女性的手指部分，但老朋友可以例外。

知识点3　握手的顺序

在不同的场合和不同的情况下，握手的顺序也是不一样的。

一、宾主之间握手

迎客时主人应向客人先伸手，以示欢迎；送客时客人应先伸手，以示让主人留步，并向主人表达谢意。

二、男女之间握手

在商务交际活动中，男女之间握手的顺序取决于双方的身份和地位。例如：在商务交际场合，一位年长的女性下级和一位年轻的男性上级握手，应当是男性上级先伸手，而不是女性下级先伸手。而在一般的社交场合，男方要等女方先伸手后才能握手，如女方不伸手且无握手之意，可点头或鞠躬致意。

三、长幼之间握手

一般情况下，年幼者要等年长者先伸出手；年幼者不分男女，都要起身脱下手套行握手礼，以示尊重。

四、上下级之间握手

一般情况下，下级要等上级先伸出手，以示尊重。但如果涉及主客关系，即使主人是宾客的下属，也要由主人先伸出手。

五、多人握手

如果一个人与多人握手，切忌交叉，应按照握手礼仪的先后顺序一一握手；如果是一个人与列队人员握手，应按照队列的顺序由近至远一一握手。

知识链接：握手礼仪小锦囊

灵活掌握与运用握手技巧

1. 在商务交际场合，握手宜用右手，不要用左手。尤其与阿拉伯人、印度人打交道，切忌用左手与他人握手，因为他们认为左手是不洁的。

2. 只有女士在社交场合可以戴着薄纱手套与人握手；除长者外，坐着与人握手是不礼貌的行为。只要有可能，都要起身站立行握手礼。

3. 握手时不宜发表长篇大论、点头哈腰、过分客套，这只会让对方不自在、不舒服；不宜把对方的手拉过来、推过去，或者上下左右抖个没完。

4. 在初次相识时，双手相握是不妥当的，只有熟人之间才适用双手相握，但一般也不要超过 20 秒。

5. 在商务交际场合，若有人已经不按礼仪的先后顺序，主动先伸出手，己方应毫不犹豫地回握，因为拒绝别人的握手是失礼的行为。若己方主动伸出手，对方没有注意到，此时最好微笑着自然地收回自己的手，不必太在意。

活动五　名片礼仪

名片是现代社会不可或缺的社交工具，虽然现在普遍使用互加微信或推送微信名片方式建立社交关系，但在正式的商务交际场合，标示着姓名、单位、职务、联系方式、业务范围等信息的名片，依然是新朋友相互认识、自我介绍的一种有效方式。名片直接承载着个人信息，担负着保持联系的重任。因此，掌握名片礼仪可以为商务交际活动助力。

知识点 1　递送名片礼仪

在参加商务交际活动时，递送名片要注意以下几个要点。

一、观察意愿

除非自己想主动与人结识，否则名片务必要在交往双方均有结识对方并欲建立联系的意愿前提下发送。这种愿望往往会通过“幸会”“认识您很高兴”等谦语以及表情、体姿等非语言符号体现出来。如果双方或一方并没有这种意愿，则无须发送名片，否则会有强加于人之嫌。

二、把握时机

递送名片要把握适当的时机，才会令名片发挥功效。递送名片一般应选择初识之际或分别之时，不宜过早或过迟。不要在用餐、看戏剧、跳舞之时递送名片，也不要在大庭广众之下向多位陌生人递送名片。

三、讲究顺序

双方交换名片时，应当由位低者先向位高者发送名片，再由后者回复前者。但在多人之间递送名片时，不宜以职务高低决定顺序，切勿跳跃式进行递送，甚至遗漏其中某些人。最佳方法是由近而远、按顺时针或逆时针方向依次递送。

四、先打招呼

递上名片前，应先向对方打招呼，令对方有所准备。可先作一下自我介绍，也可以说“对不起，请稍候”“可否交换一下名片”之类的提示语。

五、递送名片的方法

递名片应起身站立，走上前去，双手将名片正面对着对方，递给对方，并说“多多关照”“常联系”等话语。

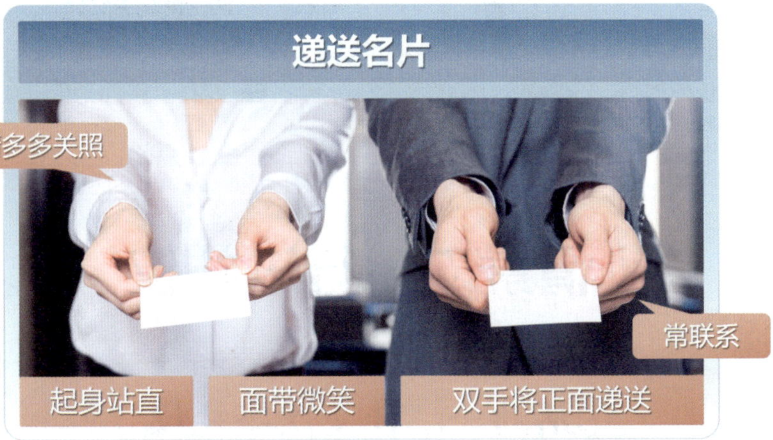

六、发送名片时注意要点

（1）不要将名片举得高于胸部；

（2）不要将名片背面对着对方或是颠倒着递给对方；

（3）不要以手指夹着名片递给对方。

知识点 2　接受名片礼仪

接受他人名片时，应立即起身站直，面带微笑，双手接过并道谢。接过名片后一定要认真看，必要时可把名片上的姓名、职务（一般较重要或较高的职务）读出声来，如果有不认识的字要虚心请教。例如："您就是汪总啊，幸会幸会。""请问这个字是读？"然后再把名片细心放入名片夹或笔记本里夹好以示尊重，千万不能不看一眼就放在桌子上或装进口袋，这是非常失礼的行为。

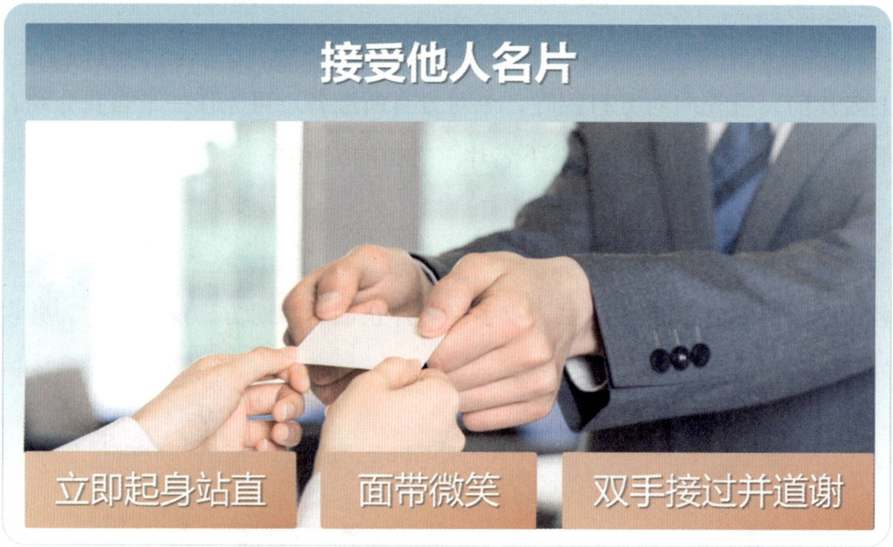

情景二　行进礼仪

活动一　社交次序礼仪

商务人员在陪同领导、来宾时，要特别注意社交次序，不可违反相关礼仪，否则会显得不礼貌。

知识点 1　同行次序

（1）二人同行：前后行走时，前为尊，后为次；左右行走时，右为上，左为下。

（2）三人并行：中为尊，右为次，左为下。

（3）多人同行：走在最前方的是长辈或职位较高者，其右后方次之，资历较浅者应位于左后方。

（4）男女同行：女在右，男在左；或女在内侧，男在外侧。

（5）在道路上行走时要按惯例自觉走在右侧，有人行进时不要占用左侧。

（6）行进到需要开门才能进入的场所时，男士或职位较低者应先快步走上前开门，等同行的女士或职位较高者通过门口之后再通过。

知识点 2　搭乘自动扶梯

（1）搭乘自动扶梯时，应保持良好的姿势，并握住扶手、靠边站立，让出一侧给急需快速通过的人。

（2）如果几个人同时搭乘自动扶梯，不要并排站立把扶梯占满，应该遵循靠边站立原则。若携带大件物品，应将其放在自己前面。

活动二　上下楼梯礼仪

在商务交际活动中常遇到上下楼梯的情况，此时的行进次序、礼仪也同样重要。

知识点 1　单行行走，右上右下

在上下楼梯时，应注意上下楼梯时的姿势、速度，稳重慢行，礼让他人。应尽量单行行走，不宜多人并排行走。应靠右行走，遵循右上右下的原则，把左侧留出来，可以方便有紧急事务的人快速通过，还可以避免在楼梯转弯处与他人碰撞。要留心脚下，不应边走边谈，也不应站在楼梯上或楼梯转角处深谈，否则有碍他人通行。要注意与身前、身后之人保持一定距离，以防碰撞。

知识点 2　前方为上，尊者先行

迎面遇到尊者上下楼梯时，应在距离尊者约 3 级台阶的地方停住并靠边站立，同时面向对方微笑致意，待尊者走过之后自己再继续行进；与尊者同行时，从安全的角度考虑，上楼梯时应请尊者先行，下楼梯时应请尊者走在自己身后，但如果尊者为穿短裙的女士，上楼梯时接待人员就应走在前面。

活动三　进出电梯礼仪

乘坐电梯看似平常，却被许多职场人士列为头号尴尬场景，其实只要明确一些原则，尴尬是可以避免的。那么进出电梯时需要注意哪些礼仪呢？

知识点 1　等待电梯

电梯门口处，如果有很多人在等候，不可挤在一起或挡住电梯门口，以免妨碍电梯内的人出来。与不认识的人同乘电梯，进入时要讲先来后到，出来时则应由外而里依次通行，不可争先恐后。与熟人同乘电梯时，则应视电梯类别而定：进入有专人服务的电梯，应请客人先进；如无专人服务，陪同人应先进入操作，到达时请客人先行。

知识点 2　在电梯里

（1）在电梯里，应该尽量站成“凹”字形，挪出空间，以便让后进入者有地方可站。进入电梯后，正面应朝电梯口，以免造成面对面的尴尬。

（2）电梯是公众场合，遇到熟人或者领导，我们的热情要适度，礼貌地道声“您好”就可以了，而不是嘘寒问暖聊个不停。

活动四　乘坐交通工具礼仪

知识点 1　吉普车乘坐礼仪

乘坐吉普车时，副驾驶座为第 1 位次，后排右座为第 2 位次，后排左座为第 3 位次（图 4–1）。

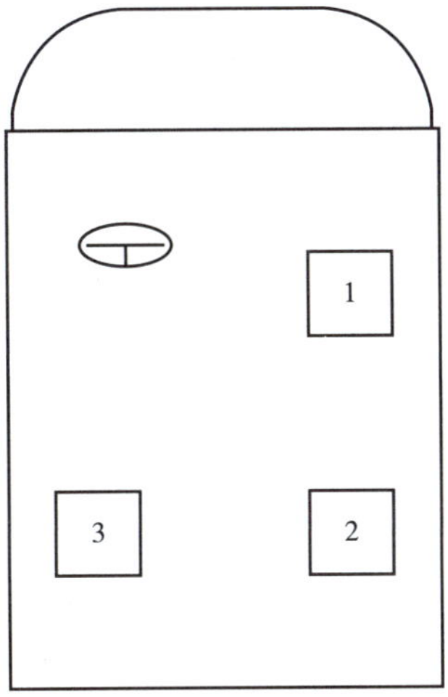

图 4–1　吉普车乘坐礼仪

知识点 2　五座轿车乘坐礼仪

一、有专职司机

为体现尊者的地位及保护尊者的隐私，我们需要把尊者安排在轿车的后排就座。第 1 位次为轿车副驾驶的正后方，第 2 位次为司机的正后方，第 3 位次在第 1 位次和第 2 位次之间，第 4 位次为副驾驶（图 4–2）。

二、主人开车

为体现彼此尊重，第 1 位次为副驾驶，第 2 位次为副驾驶正后方，第 3 位次为司机正后方，第 4 位次在第 2 位次、第 3 位次之间（图 4–2）。

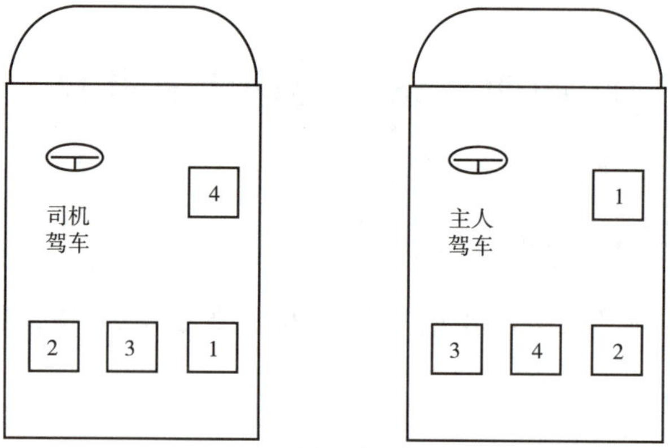

图 4-2　五座轿车乘坐礼仪

知识点 3　七座以上商务车乘坐礼仪

一、有专职司机

出于方便为上、以右为尊的原则，第 1 位次为第 2 排靠右的位置，其次为第 2 排靠左的位置，再其次依次为第 3 排右位，第 3 排左位、第 3 排中位、副驾驶位（图 4-3）。

二、主人开车

遵循前排为上，以右为尊的原则，此时副驾驶位为第 1 位次，其次为第 2 排靠右的位置，再其次依次为第 2 排靠左，第 3 排右位，第 3 排左位，第 3 排中位（图 4-3）。

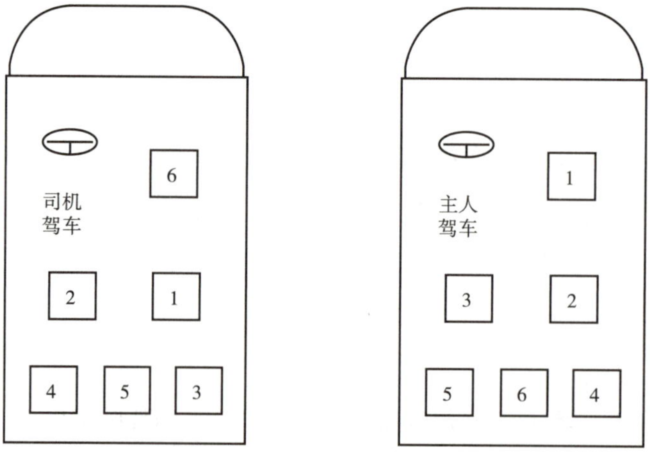

图 4-3　七座以上商务车乘坐礼仪

知识链接

扫码查看知识锦囊：上下轿车礼仪

知识点 4　惯例及尊者意愿

一、惯例

按照惯例，副驾驶座是车上最不安全的座位，因此在社交场合该座位不宜请女性或儿童就座。在商务交际活动中，副驾驶座一般是“随员座”，即秘书、警卫、翻译、陪同人员等的座位。

二、尊者意愿

如果尊者没有按照位次入座，要尊重尊者的选择，尊者坐在哪里，哪里就是尊位。

情景三　通信沟通礼仪

活动一　电话礼仪

电话是人们开展商务交际活动不可或缺的工具，公务中要想通过电话给对方留下良好的印象，就必须掌握使用电话沟通的礼仪和技巧。

知识点 1　打电话礼仪

一、打电话八步骤

亲切问候→确认身份→自报家门→确认时机→说明意图→复述要点→表达感谢与祝福→把挂电话的权利交给客户、长者或尊者。

二、打电话的注意事项

（1）要选好时间。打电话时，尽量避开受话人休息、用餐的时间，而且避免在节假日打扰对方。

（2）要控制响铃时长。一般情况下响铃时长并无限制，但根据受话人身份的不同，响铃时长有时也应考虑。例如：受话人为老师，当对方在上课时，如非重要事情，响铃4~6声即可，久则恼人，事情紧急则例外。

（3）要用语规范。通话之初，应先作自我介绍，不要让对方“猜一猜”。请受话人找人或代转时，应说“劳驾”或“麻烦您”，注意礼貌用语。

（4）要掌握通话时间。打电话前，最好先想好要讲的内容，以便节约通话时间，不要现想现说、“煲电话粥”，通常一次通话不应长于3分钟，即所谓的“3分钟原则”。

（5）要态度友好。通话时不要大喊大叫，坚持以“您好”开头，“请”字在中，“谢谢”收尾的通话原则，注意声音愉快，结束时最好让对方先挂断，话筒轻放。

知识链接：打电话的准备要诀

腰背挺立有精神，保持微笑和热情，
吐字清晰不含糊，不快不慢有节奏，
抑扬顿挫最宜人，耐心应对有必要，
不吃东西不喝水，不开小差不玩笑。

知识点 2 接电话礼仪

一、接电话七步骤

电话铃响 2~3 声应接起来，超过 3 声应道歉→礼貌问候并自报家门→表达意愿→礼貌回应→复述要点→表达祝福与感谢→挂电话。

二、接电话注意事项

（1）及时接听。一般来说，在办公室，电话铃响 3 遍之前就应接听，6 遍后就应道歉："对不起，让您久等了。"如果受话人正在做一件要紧的事情不能及时接听，代接的人应代为解释。

（2）确认对方。对方打来电话，一般会自己主动介绍。如果没有介绍或者你没有听清楚，就应该主动问："请问您是哪位？我能为您做什么？"

（3）讲究艺术。接听电话时，应注意嘴和话筒保持 4 厘米左右的距离；要把耳朵贴近话筒，仔细倾听对方的讲话。

知识链接：接听电话小锦囊

有效倾听五项要求

（1）集中精神，表示兴趣，倾听时一定要专注，不能心不在焉，必要时做好记录。

（2）同理心，作出回应，向对方表示你关心他说话的所有内容。

（3）重复对方的话，配合对方的语气，提出自己的意见。

（4）不打断，不插话。不要中途打断对方，让他把话说完。

（5）不补充，不纠正，把握时机提出问题。

无论是打电话还是接电话，我们都应掌握必要的礼仪和一定的技巧，做到语调热情、大方自然、声量适中、表达清楚、简明扼要、文明礼貌，以免横生误会。

活动二　手机礼仪

手机的出现，弥补了固话受空间限制的缺点，手机已然成为现代商务交际活动中最便捷的移动通信工具。在使用手机时也要讲究必要的商务礼仪，以免个人形象或公司形象受损。

知识点 1　手机使用场合礼仪

一、遵守秩序

（1）会议或洽谈场合手机应保持静音、震动或关机状态，既显示出对别人的尊重，也避免打断发言者思路，影响会议或洽谈进程。

（2）要求保持安静的公共场合手机应保持静音、震动或关机状态，不得已要使用手机通话时应把自己的声音尽可能地压低或改为发短信的方式。

二、考虑对方

（1）养成“现在通话方便吗”这句问话的习惯，在没有事先约定或和对方不熟悉的前提下，把通话权交给对方。

（2）不要一边和别人说话，一边查看手机信息等，这是对别人不尊重的失礼行为。

三、注意安全

在以下场合，禁止使用手机：

（1）在驾驶汽车的时候，驾驶者禁止使用手机通话或查看信息，以免分神导致违反交通规则甚至酿成事故。

（2）在加油站、面粉厂、油库等易燃易爆场所禁止使用手机，以免引发火灾甚至爆炸。

（3）在飞机飞行期间，应严格遵守航班飞行期间手机管理规定关闭手机或开启飞行模式，以免给飞机飞行带来安全隐患。

（4）其他规定严禁使用手机的场所。比如，有些病房内的医疗仪器易受手机信号干扰，也严禁使用手机。

知识点 2　手机使用过程礼仪

（1）公务通话要长话短说，在通话前确认通话对象，准备好精简的通话内容，缩短通话时间。

（2）上班时间尽可能少用手机处理私人事务，如需要接私人电话，要压低通话音量，且尽快结束通话或寻找其他不影响他人的地方回复，以免干扰办公室同事工作。

（3）信号弱的时候寻找其他联系方式。在一些手机信号弱的地区，通话质量会受到影响，在这种情况下，应向对方说明信号不好，征得对方同意后挂断电话，再选择其他方式联系或等信号强时再通话。

活动三　电子邮件沟通礼仪

电子邮件是商务交际活动中频繁使用的沟通工具，商务交流、客户开拓、工作安排等正式的商务活动也是通过电子邮件进行传递，同样需要遵守相关的沟通礼仪。

知识点 1　电子邮件主题礼仪

主题是接收者了解邮件的第一信息，因此要提纲挈领，使用有意义的主题，这样可以让收件人迅速了解邮件内容并判断其重要性。

（1）一定不要使用空白标题，这是最失礼的。

（2）标题要简短，不要让阅读者打开邮件后才能显示完整标题。

（3）标题要能真实反映邮件的内容和重要性，切忌使用含义不清的标题，如“王先生收”“有个问题”。

（4）公务邮件内容尽可能只针对一个主题，不在一封邮件内谈及多件事情，以便于日后整理。

（5）可适当使用大写字母或特殊字符（如“*”“!”等）来突出标题，引起收件人注意，但应适度，特别是不要随便就用“紧急”之类的字眼。

（6）回复对方邮件时，可以根据回复内容需要更改标题，不要一大串的字。

知识点 2　电子邮件称呼与问候礼节

一、恰当地称呼收件者，拿捏尺度

邮件的开头要称呼收件人。这既显得礼貌，也明确提醒某收件人，此邮件是面向他的，要求其给出必要的回应。在多个收件人的情况下可以称呼大家、All。

如果对方有职务，应按职务尊称对方，如“× 经理”；如果不清楚职务，则应按通常的“× 先生”“× **”称呼，但要把性别先搞清楚。

不熟悉的人不宜直接称呼英文名，对级别高于自己的人也不宜称呼英文名。称呼全名也是不礼貌的，不要对谁都用“Dear × × ×”，显得很熟络。

二、电子邮件开头结尾最好要有问候语

最简单的开头写一个“Hi”，中文邮件写“你好”；结尾常见的写“Best Regards”，中文邮件写“祝您顺利”之类的也就可以了。

俗话说得好，“礼多人不怪”，礼貌一些，总是好的，即便邮件中有些地方不妥，对方也能平静看待。

三、电子邮件正文礼节

（一）电子邮件正文要简明扼要，行文通顺

电子邮件正文应简明扼要地说清楚事情。如果具体内容确实很多，正文应只作摘要介绍，然后单独写个文件作为附件进行详细描述。

正文行文应通顺，多用简单词汇和短句准确清晰地表达，不要出现让人晦涩难懂的语句。最好不要让人拉滚动条才能看完你的邮件。

（二）注意电子邮件的论述语气

根据收件人与自己的熟悉程度、等级关系，邮件是对内还是对外性质的不同，选择恰当的语气进行论述，以免引起对方不适。为表示尊重对方，“请”“谢谢”之类的语句要经常出现。

（三）电子邮件正文多用列表

如果事情复杂和程序比较多，一定要 1、2、3、4 分几个段落清晰明确地说明。

保持每个段落简短不冗长，没有人愿意仔细看没分段的长篇大论。

（四）一封邮件交代完整信息

最好在一封邮件中把相关信息全部说清楚、说准确。不要过两分钟再发一封“补充”或者“更正”之类的邮件，这会让人很反感。

（五）尽可能避免拼写错误和错别字，注意使用拼写检查

活动四　微信及视频会议沟通礼仪

微信及视频会议等自媒体沟通工具已然成为现今商务交际活动及职场活动的主要沟通工具，在享受微信等沟通工具的便捷与快乐时，也不要忘了礼仪。

知识点 1　微信沟通礼仪

一、微信设置礼仪

添加好友有备注。添加朋友申请时简洁明了。集团内部：姓名－部门－岗位。外部合作：公司－姓名－岗位。这样方便对方能够直接复制验证信息作备注，第一印象很重要。如果能够做到备注个人信息，对方的通过率更高，体验也更好，合作起来肯定也更加畅通。

知识链接：添加对方微信小锦囊

如何更合理地添加对方的微信？

在面谈过程中，彼此聊得很顺心。在临近结束时，为了方便后续的沟通，商务人士可以主动提出加对方的微信。但要注意的是，商务人士最好不要直接拿出自己的二维码，让对方扫码，否则很容易让对方有被操控感，进而心生排斥。商务人士可以在征得对方同意后主动提出扫对方的二维码来添加好友，以示对对方的尊重。

二、工作群里改昵称

进入微信工作群后先改昵称。对内：姓名－部门－电话。对外：公司－姓

名 - 电话。这样群里面的其他同事能够知道是谁在发言，沟通更加高效，而不是猜来猜去。

三、不用“在吗”，高效沟通不拖沓

省去“在吗？”“有空吗？”之类的套路，有话请直说。如果有正事需要别人帮忙，最好的方式就是开门见山，但基本的问候称呼礼仪也不要忽略了。

值得注意的是，复杂问题和紧急问题电话和面谈的方式更好些，避免微信沟通的信息碎片化，缺乏整体性。

四、拒绝“长语音”，文字传达更精准

如果真的需要较长时间的交流，直接询问对方是否方便拨打语音电话。即便对方不愿通话，也可以跟对方确认一下发送语音是否方便。

知识点 2　视频会议礼仪

视频会议在商务场合中使用频率越来越高，针对各种主题、参与者置身于各种场所、跨越多个时区、同时邀请多家机构和企业，使用非常便捷。在各种视频会议开始前，应有针对性地进行准备，为参与人员创造最佳的远距沟通体验。

一、预先发送会议议程

会议组织者至少提前一天将详细的议程发送给参会者，内容应包括：时间、主题、嘉宾、会议流程、视频软件名称（含登录方式）等，有助于参会人员做好充分准备。

二、介绍参会人员很重要

视频会议就像真正的会议或社交活动一样，不可能在没有介绍两个素不相识的人之前就开始交谈。主持人要确保在一开始就介绍主要参会人员。

三、避免噪声，保持充足光线

视频会议首先需要一个安静的环境，嘈杂的背景音会让发言人烦躁，影响会议质量。不发言时，参会者主动“闭麦”也是一个良好的习惯。若中途有事需要离席或有私

事要处理，可将摄像头暂时关闭。为保证会议中每位参会者都能看到自己，请不要处于“背光”的环境。如果用手机参加会议，请避免因手持手机而引起的视频晃动，最好使用手机支架，并调整到合适的角度。

四、仪容整洁，环境适宜

保持面部、发型整洁，根据会议主题选择合适的服饰。视频过程中始终注意自己的表情、动作，因为此时的一言一行都是“有目共睹”的。为了使参会者的注意力集中在会议内容上，需寻找一个干净整洁的环境，并在镜头范围内摆放适宜的办公用品或装饰品，可以减少参会者分心的机会，同时展现出良好的职业素养及个人品位。

五、发言时眼睛正视镜头

如果说话时一直盯着屏幕上的自己或眼睛望向镜头以外的地方，注意力就好像在别处。讲话时直视镜头会给参会者一种“你在看他”的感觉，能够抓住对方的注意力，从而营造出良好的互动交流氛围，使每个人都愿意参与到对话中来。

六、排除干扰，专注于议程

来自手机、电脑应用程序的通知可能会分散自己及其他参会者的注意力。另外，会议进行中，在镜头范围内随意回复手机信息、接打电话也是非常不礼貌的，会让参会者感到不受尊重或被轻视。

七、主持人要坚守岗位

主持会议的一般规则：

（1）会议开始前，先于其他人进入虚拟会议室，并协助大家调试设备。

（2）会议开始时，引见各位参会者、介绍会议相关内容，并公布注意事项及要求、规则。

（3）会议进行中，引导参会者按照既定流程逐项推进，并掌控每位参会者的发言进度，保证会议按时开始和结束，切勿严重超时。

（4）会议结束时，进行简单总结，向参会者表示感谢，宣布会议结束，并等到所有人离开虚拟会议室后再关闭视频程序。主持人先离开会议就像主人先离开自己的宴会一样，有失礼节。

随着5G技术的发展和数字化办公的普及，越来越多的企业、机构、政府部门、学校将日常工作交流或教学活动转为线上。“见屏如面”的远程视频会议变得日益高频化、常态化，因此，掌握常识性的礼仪知识有助于确保线上交流更加高效有序进行。

知识链接：视频会议应急工作小锦囊

会中应急工作

1. 视频卡顿

在进行屏幕共享时，可能会出现三种情况。一是如果所有参会者都出现卡屏，那应该是主讲人的网络带宽不足，可以尝试重新打开共享，重试就可以解决问题；二是如果重试后，依然没有解决，可以尝试选择【共享文档】，所占用的带宽较低；三是如果大部分参会者观看都正常，只有个别参会者反馈卡顿，那应该是个别参会者的网络带宽不足，可以尝试切换网络重新入会。

2. 声音问题

一是有杂音或是回音，这种情况还是比较常见的。如果出现有杂音的情况，先看看是不是麦克风和音箱离得太近，这样可能会造成声音从音箱传出再经由麦克风传入的回音或啸叫现象。如果是在电脑上进行视频会议，建议还是佩戴耳机，若没有耳机，及时将电脑麦克风关闭。

同样，如果同一会议室已经有人开启语音，你在入会时可以选择不连接语音，以免引起回声。同时可以启用视频会议的降噪及回声消除功能，有效减少周围的环境噪声，让人声更清晰。

还有一种情况是静音，对方听不到我方声音。这种情况，首先，检查自身问题，可能是入会之前选择了关闭麦克风的选项，进入会议之后打开麦克风即可。其次，检查电脑或者外接设备的麦克风是否正常。

思政园地

学礼仪 塑形象 提气质｜三水区文化馆礼仪培训公益活动

“人无礼则不立，事无礼则不成，国无礼则不宁。”中华民族自古以来以重“礼仪”而著称，中国素有“礼仪之邦”的美称。礼仪，长期以来被人们作为衡量为人处世的道德标准之一，也是体现个人修养和职业素质的重要方面之一。

为了更好地提升市民文明素养，塑造良好的仪态和礼仪形象，帮助营造和谐的工作和生活环境，2022 年 8 月 25 日晚，三水区文化馆举办了礼仪培训公益活动。近 70 名市民参加培训，现场热闹非凡，欢声笑语不断。

仪式感满满的开场仪式。本次礼仪培训精心设计了简约而不简单的开场仪式，满满的仪式感让学员们一开场就感受到了礼仪的强大力量。

在隆重的入场仪式和优雅的开场舞后，三水区文化馆陈碧珊副馆长做开班动员讲话。陈碧珊副馆长说，礼仪修养不仅是中华优秀传统文化的流风余韵，也和我们日常工作、生活息息相关。礼仪可以提升个人涵养，增进彼此沟通，在细微之处更显真情。陈碧珊副馆长表示，希望大家都能在培训中收获美丽、收获优雅、收获友谊，能对大家在日常生活和工作中的仪容仪表、待人接物、礼节等各个方面有所裨益。

本次礼仪培训公益活动特邀广州臻尚美女子商学院形体仪态导师乐祺老师主讲，从个人形象、仪态、举止等方面进行职业形象的讲解，结合现场演示及助教示范等方式对走姿、坐姿、蹲姿和站姿等内容进行了细致入微的培训和指导，帮助塑造健康挺拔站姿，修炼优雅仪态。

同时，乐祺老师结合相关职业场景，对接待礼仪、商务礼仪、晚会礼仪等相关内容进行了讲解和现场示范。

本次礼仪培训公益活动贴近实际的课程设计，丰富的授课内容，理论＋案例＋示范＋实操的授课方式，让学员们收获满满、受益匪浅。学员们纷纷表示，这次礼仪培训让自己对礼仪有了更全面、更深入的了解，学到了优雅得体的礼仪举止，学会了待人接物的相关礼节，从而在教养、风度和魅力上得到了提升。

情景训练

训练任务：情景模拟演练

训练课时：2 课时

训练要求：

情景 1：

1. 今天上级单位刘总来你单位考察，由单位 1、2、3 把手陪同走在小道上。

2. 演练2人行（职位不同）；3人行（职位不同）；男女同行在小道上。

3. 放假了，今天3位同学（都有一个行李箱）结伴回家，进入车站后，乘自动扶梯，演练站位和行李箱的放置。

演练组织：

D组派3位同学（1男2女），C组派1位同学参与，A组和B组观摩并派代表点评。

点评要点：

位序排定是否准确，手势、语言、包的放置是否正确等。

情景2：

小王等4位同学，今天在四楼恒星公司办事，事已办妥，准备乘电梯下楼。此时，电梯从上层下来且门已打开，里面已有7人（电梯可载8人），其中有2人（带牌的）准备出电梯，演练等电梯、进出电梯礼仪。

演练组织：

A组派4位同学（2男2女），B组派7位同学参与（其中有2位以上女生），C组和D组观摩并派代表点评。

点评要点：

可从7人在电梯厢内的站位、礼让及A组4位同学的处理表现情况来评判。

课后练习与思考

一、单选题

1. 接电话时，拿起话筒的最佳时机应在铃声响过（　　）之后。

A. 一声　　B. 两声　　C. 四声　　D. 五声

2. 与人握手时，以下哪种做法是正确的？（　　）

A. 目光应注视对方，以表示对对方的尊重

B. 目光应转向他处，以表示对对方的尊重

C. 目光看哪里都行，只要热情就好

3. 给别人递送名片时，以下哪种做法是正确的？（　　）

A. 应将名片正面朝向自己

B. 应将名片正面朝向对方

C. 名片的朝向无所谓

4. 在我国，由专职司机驾驶的专车（小轿车），其贵宾专座是（　　）。

A. 副驾驶座　　B. 后排右座　　C. 后排左座

5. 乘坐自动扶梯时，应站立在什么位置？（　　）

A. 靠左边站立　　B. 在中间站立　　C. 靠右边站立

二、简答题

1. 称呼有什么禁忌？

2. 手机使用场合礼仪有哪些方面？

3. 请你描述一下微信沟通礼仪。

项目五

商务活动礼仪

【学前导读】

在日常生活中，礼仪是调节人际关系的润滑剂，有助于促进人与人之间的和谐交往。在商务交往中，商务活动的有效开展更是离不开礼仪的支持。规范、得体的商务交往礼仪不仅能体现人与人之间的相互尊重，更能彰显商务人士的职业素养，从而帮助交往双方建立友好的合作关系。

本项目就商务交往中基本的往来礼仪进行概述，具体包括接待、拜访、会议与餐饮的礼仪。

【知识目标】

1. 了解拜访前的准备，以及商务拜访礼仪；
2. 熟悉商务会议策划与准备及参会礼仪；
3. 熟悉中餐宴请准备及宴请邀请、位次礼仪；
4. 熟悉西餐宴请点餐、餐具使用和用餐礼仪。

【技能目标】

1. 掌握商务拜访礼仪，学会在商务活动中恰到好处地完成接待工作；
2. 学会中餐宴请礼仪；
3. 学会西餐宴请礼仪。

【思政目标】

1. 展现出良好的职业风貌、职业道德与素养；
2. 强化职业素养，引导学生摆正心态，虚心上进，树立正确的就业观。

【思维导图】

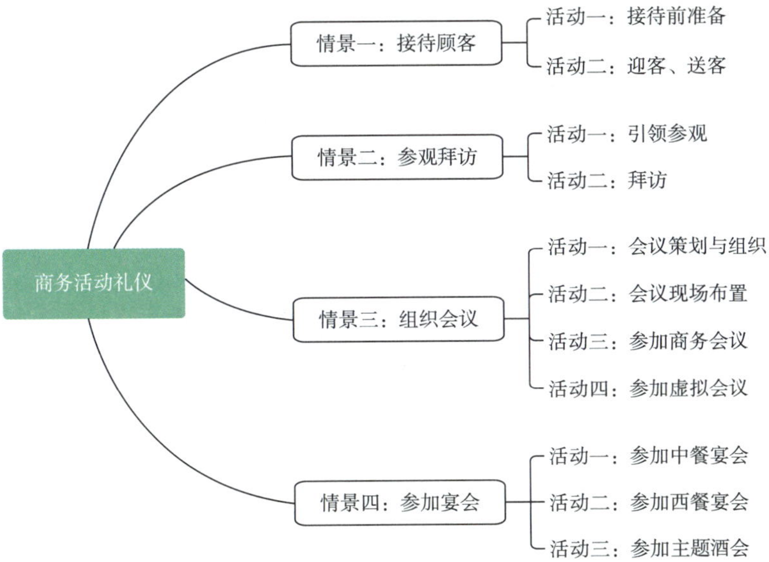

情景导入

商务拜访≠同学见面

某集团佛山分公司近期打算与广州某互联网技术开发公司协商合作一个项目，林灿荣是该集团佛山分公司的项目负责人。陈伟是广州某互联网技术开发公司的销售主管，当他听说某集团佛山分公司的负责人竟然是自己的大学同学时，便主动请缨去做这个项目。

两人约好第二天上午十点在林灿荣的办公室见面。第二天早上，由于堵车，陈伟晚到了半个小时。到了以后，他一路小跑着来到林灿荣的办公室门前，随手拍了一下门，没等里面有反应就推门进去了。

林灿荣见有人风风火火地进来，抬头一看竟是陈伟，赶紧起身迎接，说："陈伟，好久不见啊！欢迎欢迎！"一边伸出手要跟陈伟握手。陈伟却抬手向林灿荣胸前打了一拳，说："你小子混得不错啊！"这时，林灿荣的秘书正好进来送一份文件，林灿荣有些尴尬，赶紧请陈伟坐下并吩咐秘书送杯茶水过来。

陈伟随意地往沙发上一坐，翘起二郎腿，拉开领带并掏出一支烟吸了起来。秘书出门时，陈伟还不忘嘱咐一句：“美女，记得要绿茶啊！”

思考：

1. 请分析拜访者陈伟到林灿荣办公室进行商务拜访时做得不妥的地方有哪些？
2. 你认为正确的做法是什么？

情景一　接待顾客

活动一　接待前准备

接待工作是商务活动中的一项经常性工作。每个公司都希望客户能乘兴而来、满意而归。严谨、热情、周到、细致的接待工作，会大大增进客户对公司的了解，从而增强其与公司合作的信心，促进双方业务的发展。

知识点 1　接待流程制定

好的接待工作能给客户留下深刻的印象，并能够有效促进业务的开展，这是提升公司形象的重要途径。接待工作需要按照以下流程依次完成，如图 5–1 所示。

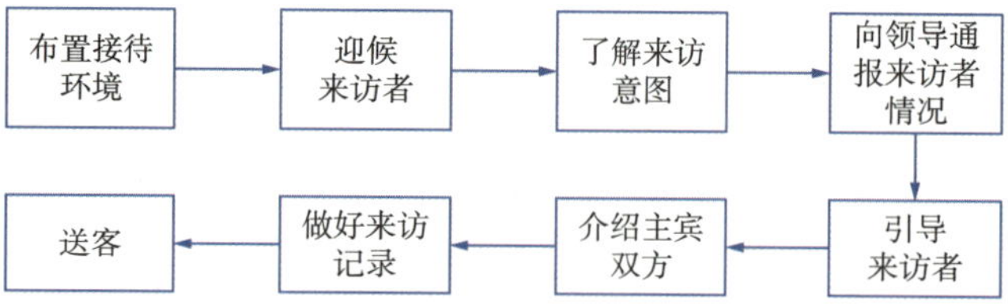

图 5–1　接待工作流程图

知识点 2　现场接待准备

现场接待工作是公司日常事务中的一项常态化工作，要想做好这项日常工作，全面的接待准备工作是先决条件。可以从接待环境、物质和心理三个方面进行准备。

一、环境准备

接待环境主要是指单位的整体环境和接待室（会客室或办公室）的局部环境。单位的整体环境要求安全、整齐、洁净。接待室的局部环境一般可分为硬环境和软环境。

硬环境包括室内空气、光线、颜色、办公设备及会客室的布置等外在客观条件。软环境包括接待室的工作气氛、接待人员的个人素养等社会环境。

二、物质准备

（1）茶水、饮料的准备。接待所用的桌椅、沙发等要摆放整齐，保持桌面清洁。茶具应整齐摆放在桌面上，并保证热水供应。

（2）水果、点心的准备。综合考虑来访者的身份、人数、性别、年龄等因素，适量准备口香糖、小点心、水果、糖果和零食等。

（3）烟、打火机或火柴、烟灰缸的准备。桌面上要摆放稍大点的烟灰缸，还要准备好纸巾、打火机、火柴等用品。

（4）相关资料的准备。为了避免来访者等待时无聊，在接待室可以放置书报架，摆放一些书报、杂志或单位简介等对外宣传资料。

三、心理准备

接待工作的心理准备，是指接待人员要以诚心、耐心、热心去面对每位来宾，热情适度、和蔼可亲、用语礼貌、举止大方。接待人员要有强烈的角色意识和服务意识。

（1）诚心。要能够站在对方立场，以一颗真诚的心，帮助每一位来访者解决问题。

（2）耐心。要不烦不躁，细心周到地对待每一位来访者。

（3）热心。要自始至终以亲切的态度为来访者提供接待服务。

知识点 3　商务接待礼仪

商务接待人员必须熟悉接待礼仪。

（1）接待人员的素质修养代表公司的形象，应选派具有较高礼仪素养的人员负责接待工作。

（2）如果事先知道客人要来访，要提前清扫门庭、适当整理，将接待场所布置得整齐、美观，给客人留下井井有条、充满生气、管理有序的印象。

（3）准备座位、资料、饮料等，使接待工作富有效率。

（4）若客人不期而至，应放下手中工作，起身相迎。

（5）若客人要找的人暂时不在或不便接待，或要办的事需要等待时，接待人员应主动攀谈，或提供报纸、杂志等让客人翻看，避免冷落客人。

（6）将客人引至接待场所后，应安排其就座。一般来讲，离门最远的位置是上座，而靠近门的位置是末座。客人就座后，在开始谈正事前，应给客人敬茶。敬茶的顺序是从上座的客人开始，先客后主。茶水要从人的右后侧递送，每杯斟七分满即可。

（7）接待时，要避免他人干扰，以便专心致志地与客人交流。

（8）客人告辞时，主人要等客人起身告辞后方可站起来相送，并应等客人先伸出手再与之握手。送客到电梯口时，应等电梯门关上后再离去；送到门口时，应面带笑容，向客人挥手告别，目送其离去。

知识链接

扫码查看知识锦囊：商务接待人员形象与心态

活动二　迎客、送客

古人言："有朋自远方来，不亦乐乎。"迎来送往，是社交活动中的两个重要环节。迎送工作包括：准备、迎客、待客、送客四个环节。

知识点 1　迎客礼仪

一、指路

引导宾客时，用右手指引。右手手指自然并拢，掌心向上与地面呈 45 度角，手尖指示正确方向。

平路：接待人员在客人侧前方二三步，配合步调，行进中不时回头兼顾客人，将内侧或中间让给客人。

楼梯：上楼梯时应让宾客在前；下楼梯时接待人员在前。但应考虑楼梯拐弯的地方，引路的人应在侧前方；有女士穿短裙的情形，上楼梯时可以让女士在前面。

电梯：直升电梯中，如果有专人管理电梯，一般可以让客人先进后出；如果没有专人管理电梯，则让客人后进入先出来。

二、进门

朝里开的门：先入内拉住门，侧身再请领导、客人进入。

朝外开的门：打开门，请领导客人先进。

旋转式大门：自己先迅速过去，在另一边等候。

三、行握手礼

双方互致问候时，若双方均为男士彼此应趋前握手。

一方为男士、一方为女士时，男士应先等女士伸出手；若男士已伸出手来，女士应有所反应。

握手的双方，面对面站立，相距 1 米左右，身体略前倾。

一方伸出右手，掌心呈垂直状态，四指并拢、拇指张开。另一方也伸出右手，轻握 2~3 秒即可。握手应用右手，特殊情况除外。

初次见面的两人，行握手礼时，需简单介绍下自己。

行握手礼时，另一只手不要插在口袋里，手上的东西要放下，要摘下手套和墨镜。

行握手礼时，要避免交叉握手。

一般场合，应是女士、年长者、职务高者先伸出手，男士、年轻者、职务低者再伸出手接握。

知识点 2 待客礼仪

商务活动中，陪同客人也是一项极其重要的工作。细节决定成败，礼仪彰显细节，随行人员掌握并遵守陪同礼仪，才能有效提升商务活动效果。

一、陪客步行位置重要，步速一致引导示意

接待人员陪同客人，步行一般应在客人的左侧，以示尊重；主陪陪同客人，要并排与客人同行。随行人员引导时，应走在客人左前方一两步远，并与客人步速保持一致。遇到路口或转弯处，应用手示意并加以提示。

二、乘坐电梯服务到位，进出房间注意细节

乘电梯时，如有专人服务，应请客人先进；如无专人服务，陪同人员应先进入操作，到达时请客人先行。进入房间时，如门朝外开，应请客人先进；如门往里开，陪同人员应先进入，扶住门，然后再请客人进入。走出房间前，陪同人员应先打开房门，再请客人走出房间。

三、乘车服务礼貌体贴，根据主客安排座位

乘车时，陪同人员要先打开车门，请客人上车，并以手背贴近车门上框，提醒客人避免磕碰，待客人坐稳后，再关门开车。按照习惯，客人和主陪应坐在司机后第一排位置上，客人在右，主陪在左。车停后陪同人员要先下车打开车门，再请客人下车。

四、陪客人参观提前到达，参观结束送回住处

如果陪客人参观访问，陪同人员应提前到达。参观过程中，陪同人员应走在宾客的右前方，并超前两三步，时时注意引导。遇到进出门户、拐弯或上下楼梯时，应伸手示意。参观结束后，应将客人送回住处，然后再礼貌告别。

知识点 3 送客礼仪

当客人要走时，应婉言相留，这是情谊的自然表示，并非俗套与多余。

当客人起身告辞时，主人和在场的人应起身道别。主人送客，一般应送到门外或楼下，待客人伸出手来握别时，方可以相握，切不可在送客时先“起身”或先“伸出手”，有厌客之嫌。送客时，应走在客人的后面，目送客人远去时，可挥手致意，并道：“欢迎再来！”

远客或年纪大的客人，如有需要（走路不方便、路不熟等），则应送到车站、码头，待客人上车、上船并等车、船开动消失在视线以外再返回；送客至机场，应待客人通过安全检查之后再返回。和领导一起送客时，要比领导稍后一步。

客人拜访，常带有礼物，主人应表示谢意，说声：“让您破费了，真不好意思。”不可若无其事，表现出“理所当然”或“受之无愧”的样子。一般情况下，应遵循“礼尚往来”的原则，在收下客人礼物的同时回赠必要的礼物。

到车站、码头和机场送客，应在客人检票之前到达，有时则需要用自己的交通工具送行。在办公室或家中送客，要等客人站起来告别方可站起来相送，否则是不礼貌的。

特别是不要急于与对方握手、寒暄，说“请走好”之类的话，而应说“再坐坐吧！”之类的话语。客人离开前，主人应提醒他们检查带来的东西是否已带走，还有没有需要商谈、讨论的事。离别时，应邀请对方再来，表达留恋之意，并祝对方一路平安。

知识链接

扫码查看知识锦囊：接待过程中的敬茶礼仪

情景二　参观拜访

活动一　引领参观

引领参观陪同人员在带领客人参观的过程中应该懂得的礼仪常识，包括引领参观陪同人员礼仪的基本原则、引领参观陪同人员的引导礼仪、引领参观陪同人员的乘车礼仪等。

引领参观陪同人员包括与参观者职位相当的领导、解说员、资料采集员（摄像摄影人员）、引导员或导游人员，如果是外宾还应包括翻译人员等。

一、引领参观陪同人员礼仪的基本原则

如果陪客人、外宾参观访问，陪同人员应提前10分钟到达。参观过程中，陪同人员应走在宾客的右前方，并超前两三步，时时注意引导，遇进出门户、拐弯或上下楼梯时，应伸手示意。

（1）陪同人员人数不宜太多，特殊情况可以例外。

（2）包括陪同领导在内的所有陪同人员应当是对情况比较熟悉的人员，以便接受参观者的咨询。

（3）陪同人员的形象气质应当高雅，以彰显接待方的整体素养。

（4）陪同人员应做好相应准备，应对各种可能出现的问题。

二、引领参观陪同人员的引导礼仪

（1）楼梯的引导礼仪

引导客人上楼时，应让客人走在前面，接待工作人员走在后面，若是下楼时，应该由接待工作人员走在前面，客人走在后面。上下楼梯时，应注意客人的安全。

（2）电梯的引导礼仪

引导客人乘坐电梯时，接待人员先进入电梯，等客人进入后关闭电梯门，到达时，接待人员按“开”的按钮，让客人先走出电梯。

（3）客厅里的引导礼仪

客人走入客厅，接待工作人员用手指示，请客人坐下，客人坐下后，行点头礼后离开。如客人错坐下座，应请客人改坐上座（一般靠近门的位置为下座）。

（4）走廊的引导礼仪

接待工作人员在客人两三步之前，客人走在内侧。

三、引领参观陪同人员的乘车礼仪

乘车时，陪同人员要先打开车门，请客人上车，并以手背贴近车门上框，提醒客人避免磕碰，待客人坐稳后，再关门开车。按照习惯，乘车时客人和主陪应坐在司机后第一排位置上，客人在右，主陪在左，陪同人员坐在司机身旁。车停后陪同人员要先下车打开车门，再请客人下车。

如果接待两位贵宾，主人或接待人员应先拉开后排右边的车门，让尊者先上，再迅速地从车的尾部绕到车的另一侧打开左边的车门，让另一位客人从左边上车。只开一侧车门让一人先钻进去的做法是失礼的。

当然，如为了让宾客顺路看清本地的一些名胜风景，也可以在说明原因后，请客人坐在左侧，但同时应向客人表示歉意。需要强调的是，即使是为了让客人欣赏风景，也不要让客人坐在司机旁的位置，尤其是接待港、澳、台地区和外国客人时更应注意这一点，否则会弄巧成拙、事与愿违。

活动二　拜访

商务拜访是维系组织与公众关系的活动中最基础的工作，也是联络感情、增进友谊的一种有效方法。商务人员在拜访中的礼仪表现，不仅关系着本人的形象，还关系着所代表的公司的形象。

（1）守时践约。拜访时要注意选择合适的时间，要事先相约，以防扑空或扰乱主人的计划。拜访时间应选择在主人方便的时候。时间一旦约定好，应准时到访。若遇特殊情况不能如期赴约，应事先打招呼。

（2）登门有礼。到达拜访地点应先敲门，主人答应后方可入内。敲门不宜太重或太急，一般轻敲两三下即可。切不可不打招呼擅自闯入，即使门开着，也要敲门或以其他方式告知主人有客来访。当主人开门迎客时，务必主动向对方问好，互行见面礼。若主人一方不止一人时，则应按先尊后卑或由近而远的惯例问候与行礼。

（3）举止有方。进入屋内后，要征得主人同意才可坐下。如果主人是年长者或上级，主人不坐，自己不能先坐。主人让座后，要说“谢谢”，然后采用标准的坐姿坐下。主人递上茶水，要双手接过并表示谢意。主人献上果品，要等年长者或其他客人取用后，自己再取用。

（4）开门见山，主题明确。跟主人谈话，语气要客气，谈话时要开门见山。要注意观察主人的举止表情，适可而止。当主人有不耐烦或为难的表情时，应及时转换话题或改变说话的语气；当主人有结束会见的表示时，应立即起身告辞。

（5）把握时间，适可而止。在拜访他人时，一定要注意在对方办公室或私人住所里停留的时间。时间长短应根据拜访目的和主人意愿而定，通常宜短不宜长。在一般情况下，礼节式的拜访，尤其是初次登门拜访，时间应控制在 15~30 分钟。

（6）告辞有礼。告辞时要同主人和其他客人一一告别，说“再见”“谢谢”；主人相送时，应说“请回”“留步”“再见”。

情景三　组织会议

活动一　会议策划与组织

召开会议之前，要根据会议规模和内容进行会议准备，制定工作流程。接下来让我们来看看会议准备工作的流程及明细。

知识点 1　会议前后工作流程

一、会议前的筹备工作

（1）根据会议规模，确定接待规格。

（2）发放会议通知和会议日程。会议通知内容：召集人的姓名或组织、单位名称，会议的时间、地点、会议主题以及会议参加者、会务费、应带的资料、联系方式等。

（3）选择会场标准：第一，大小要适中；第二，地点要合理；第三，附属设备要齐全；第四，要有停车场。

（4）会场的布置，包括会场四周的装饰和座席的配置。

（5）准备会议资料。

（6）会前准备。比如检查音响、文件、周围设备布置是否准备齐全。

（7）提前进入接待岗位。一般的接待工作分为几个岗位：第一，签到。如今的电子签到、二维码签到系统可通过二维码技术实现签到，绿色、便捷、高效。第二，引座。利用二维码技术同样可以实现座席管理的高效性。通过使用会讯易管理系统的座席管理，用户只需输入手机号、条码号或二维码就能查询到自己的座席。第三，接待。

二、会议中的注意事项

（1）会议记录。第一，安排好专职的会议记录人员，对参会人员的发言进行记录（特别是讨论性质的会议），记录内容会后留底。第二，安排专人拍摄（摄像、录像），会后留底。

（2）会议服务。第一，安排专人（会议组织人员或物业人员）负责茶水服务。第二，安排专人负责操作麦克风、调音台、投影仪、视频设备等。第三，注意着装。第四，主持人避免走动。

（3）其他。第一，参会人员就座后提醒全部参会人员关闭手机或调成静音。第二，会议时间较长时，可适当安排中途休息时间。

三、会议后期工作

（1）整理好会议中的文字记录和图片、视频、音频记录，进行备案。

（2）完成会议总结材料，材料内容应包括：会议议程各项内容、主要人员发言材料、会议讨论内容和总结性结论。

（3）整理完成会议总结材料后报领导审批，将审批通过的材料分发至各参会人员遵照执行。

（4）重要会议结束后可考虑在网上发布会议相关新闻。

知识链接

扫码查看知识锦囊：会议记录的内容

活动二　会议现场布置

会议的地点和大小是否合适、设施是否齐全、会场的布局是否合理、会场营造的气氛是否与会议主题内容一致，对会议效果都会产生直接的影响。所以，组织会议的工作人员必须重视会场的布置。

会场的布置主要包括布置会场的形式、安排会议座次、布置环境、布置主席台等内容。

知识点 1　小型会议布置

小型会议场地的布置类型多种多样，不同的场地布置形式都会有不同的要求。会场的布置类型可以是标准化的，也可以是个性化的。因此，在会议前期，就需要根据会议类型、会议选择的场地及会场人数进行合理布置，打造一个高端大气的会议举办场所。

一、小型会议会场布置的几种类型

（一）课桌式

课桌式的座位前方会摆放桌子以方便参会人员书写。也可以采用座椅边隐蔽式或折叠式写字台为参会者提供方便，这种形式的布置也属于课桌式。课桌式布置适合专业学术机构举办的、具有培训性质的会议（图 5-2）。

图 5-2　课桌式会议会场布置

（二）宴会式

宴会式会场由圆桌组成，每张圆桌可坐 5~12 人。宴会式布置一般用于中餐宴会和培训会议。在培训会议中，每个圆桌只会安排 6 人左右就座，这样有利于同桌人的互动和交流（图 5-3）。

图 5-3　宴会式会议会场布置

（三）U 形

会议桌摆设成一面开口的 U 字形状，椅子放置在 U 字形办公桌周围。如需投影，投影机可以放在 U 形的开口处。相对于同一面积的会议室，这种形式的摆放所能容纳的人数最少。U 形布置一般适合小型的、讨论型的会议（图 5-4）。

图 5-4　U 形会议会场布置

（四）回字形

回字形也称为中空形，会议桌摆成一个封闭的口字形状，椅子放置在口的外围。回字形布置主要适用于研讨会、董事会、政府会议等小型会议（图 5–5）。

图 5–5　回字形会议会场布置

除了以上常见的会场布置类型，还有 T 形、E 形、多形等。不管采用何种形式，会议室布置都是为会议服务的，或方便进出，或增强沟通，或传递信息，在布置前一般要与会议策划者详细探讨。

二、座位的编排

在一个严肃的会议上，座位是身份和地位的象征，不可随意乱坐。按国际惯例：右手边为上为主为大，左手边为下为次为小；距离主位越近，其席次和席位就越高；距离主位越远，其席次和席位就越低。

根据这个原则，可以将座位进行编号。座位编号的方法：首先确定主席台上是否放置座位，一般规格较高的会议可在主席台上安排主人和重要嘉宾就座，第一嘉宾位（或主人位）通常位于主席台的正中。其次确定会议主持人座位，主持人座位可以靠近演讲台，以方便出入。然后再确定其他嘉宾和 VIP 听众座位，有时可随嘉宾的意愿落座，主办方不用特意安排。最后是编排一般听众座位号，如无特殊要求，可让听众随意选择座位（见图 5–6~ 图 5–8）。

三、地毯铺设

小型的会议室，特别是酒店里的会议室地面通常会铺设地毯，这一方面是为了美观，另一方面可以降低行走时发出的噪声。

四、签到处

可以使用气球装饰，KT 板大平面签到，使用花束点缀，准备签字笔。

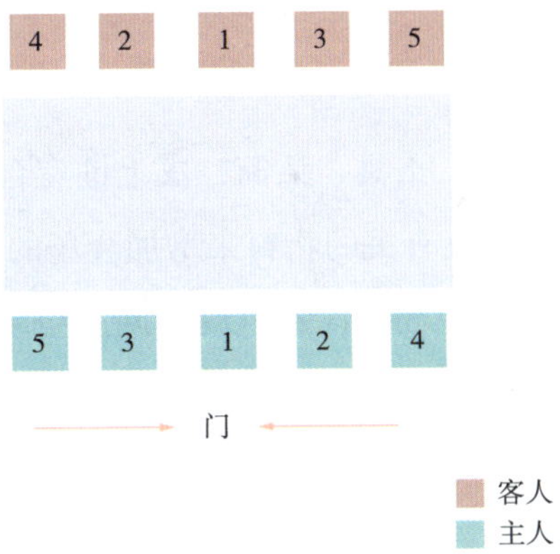

图 5-6　横桌会议安排座次

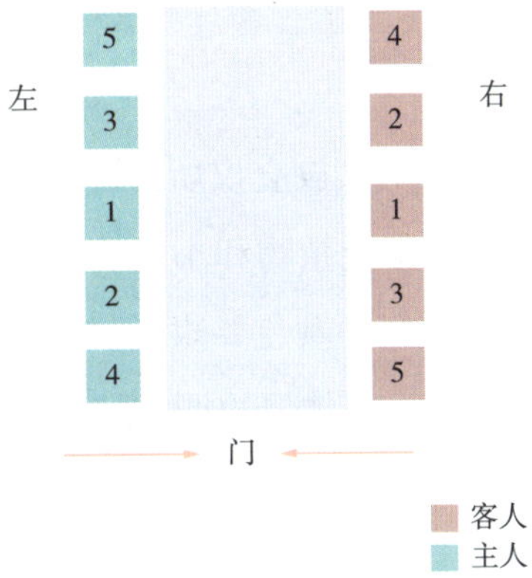

图 5-7　竖桌会议座次安排

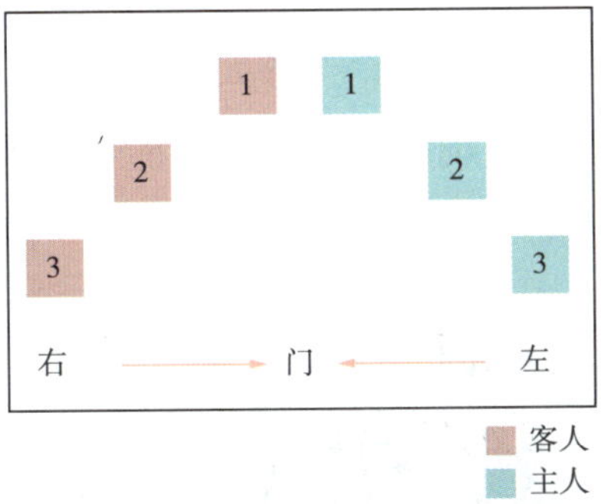

图 5-8　圆形会议座次安排

知识链接

扫码查看知识锦囊：座次安排

五、桌位卡、桌号牌和茶歇

可以根据会议定制桌位卡、桌号牌，除了气球和花束，还有点心、水果，水果首选葡萄和哈密瓜。

六、其他布置

（1）在会议桌上摆放会议所需的资料、文具、茶具、话筒；桌上铺有台布，保持干净清洁；同时摆放绿色植物和小型的饰品或与会议有关的物料来增加会场的和谐气氛。

（2）条幅：条幅的颜色要烘托现场气氛，与现场会议室色调协调；会场悬挂的各种条幅，内容、色彩、字体要协调一致；条幅制作要干净、整洁、醒目。

（3）准备会场指示牌。

知识点 2　大型会议布置

组织大型的会议可以说非常考验一个会务人员的能力，特别是对于大型会议的会场布置更是让会务人员头疼不已。任何一个大型会议都会有重量级的嘉宾出席，因此对于会场布置就会要求特别严格（图 5-9）。

图 5-9　大型会议会场布置

组织大型会议时，先要选择好会议场地，会议室要求干净、明亮、整洁，通风效果必须要好，在选择大型会议的场地时还需要考虑参会人员的数量、会议的进程等。

一、会场布置流程

（一）外场

横幅（KT 展板）：落实标语或者横幅（KT 展板）内容及尺寸、数量、类别；刻字、制作横幅（KT 展板）；悬挂横幅（摆放 KT 展板）。

气球：落实气球的数量，明确大小，购买气球；刻字，制作气球悬挂条幅；悬挂气球及条幅。

花篮：落实数量，明确大小，购买花篮；拟定标语；摆放花篮及悬挂标语。

地毯：落实地毯尺寸，购买地毯；摆放到位；效果维护。

（二）内场

会标：拟定文字，落实标语内容及尺寸、数量；刻字，制作横幅（KT 展板）；悬挂横幅（KT 展板）。

鲜花：落实鲜花数量、类别；联系租借；摆放到位。

音响灯光：调试话筒、灯光效果；调试各阶段音乐效果；准备备用音响设备。

座位 / 桌号牌：落实参会人员数量；桌椅、桌号牌摆放整齐；制作座位牌。

二、会场环境布置

（一）主席台的装饰

设有主席台的会场，主席台是装饰的重点。因为主席台是整个会场的中心。一般在主席台上方悬挂红色的会标（亦即横幅），会标上有会议的名称。主席台背景处（亦称天幕）可悬挂会徽或红旗以及其他艺术造型等。

（二）会场的装饰

会场的装饰除了主席台的装饰，主要指会场四周和会场的门口，这些地方可悬挂横幅标语、宣传画等，同时还可在会场四周墙壁上悬挂几幅字画及有特色的工艺品等作为点缀，这样更能增添典雅的气氛。

（三）色调的选择

不同的色彩与色调能让人产生不同的心理感受。例如，红、橙、黄等颜色给人以热烈、辉煌、兴奋的感觉。

知识链接

扫码查看知识锦囊：会场布置

三、主席台布置技巧

（一）主席台座次的排列

主席台的座次安排，实际上是参加会议的领导和贵宾的次序安排，工作人员必须认真对待。做好这项工作，首先要请领导确定主席台上就座人员的准确名单，然后严格按照名单安排座次。重大会议主席台的座次排列名单一般由秘书部门负责人亲自安排，并送有关领导审定。有的会议，领导对座次问题有专门关照，则应按领导的意见办。

国内的会议主席台座次排列，通常的做法是身份最高的领导（有时也可以是声望较高的来宾）就座于主席台前排中央，其他领导则按先左后右（以主席台的朝向为准）、一左一右、前高后低的顺序排列，即名单上第二位领导坐在第一位领导（居中）的左侧，第三位领导则坐在右侧，以此类推。如果主席台上就座的人数为偶数，则以主席台中间为基点，第一位领导坐在基点右侧，第二位领导坐在第一位领导的左侧（图 5-10，图 5-11）。

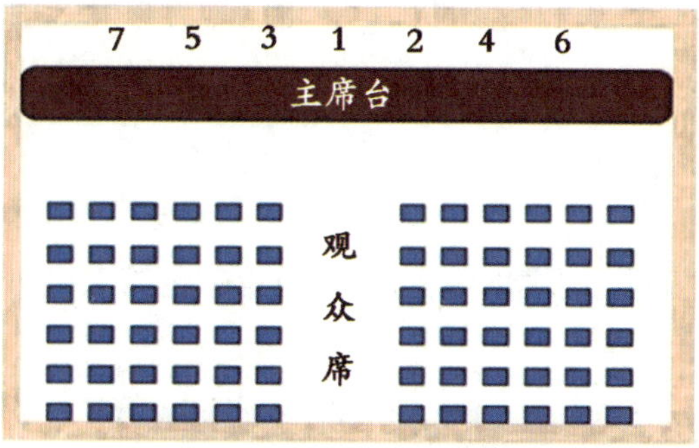

图 5-10　主席台领导为单数的座次

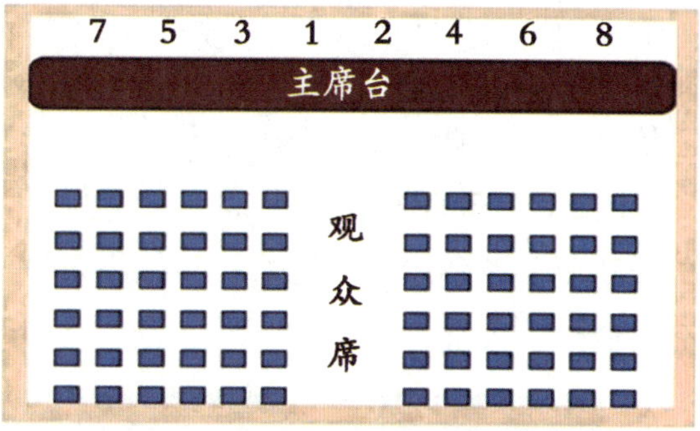

图 5-11　主席台领导为双数的座次

（二）讲台

设置专门的讲台，有助于突出报告人的地位、显示报告的重要性，也能体现出会议气氛的庄严和隆重。因此，重要的代表大会、报告会等均需设置专门的讲台。一般情况下，讲台只设一个，可设在中央，也可设在右侧（以主席台的朝向为准）。设在中央的，位置应低于主席台，以免报告人挡住主席台上领导的视线。较大的会场也可以在主席台的两侧设置讲台，以方便代表上台发言。一些特殊的会议（例如，辩论会、联合记者招待会等）可不设主席台，只设两个讲台。

（三）会标

将会议的全称以醒目的标语形式悬挂于主席台前幕的上沿或天幕上，即为会标。正式、隆重的会议都应当悬挂会标。会标可以起到体现会议的庄重性、提示会议的主题和性质、激发与会者的参与感的作用（图 5–12）。

图 5–12　会标

（四）会徽

会徽即体现或象征会议精神的图案性标志。一般悬挂在主席台的天幕中央，形成会场的视觉中心，具有较强的感染和激励作用。

会徽一般有两种来源，一种是以本组织的徽志作为会徽，例如：党徽、国徽、警徽等；另一种是向社会公开征集，选择最能体现或象征会议精神的图案作为会徽（图 5–13）。

图 5–13　会徽

活动三　参加商务会议

商务会议是工作的重要组成部分，也是上下级的联系纽带。良好的会议礼仪不仅是形象的加分项、高效完成会议的利器，更可以让自己在众人中脱颖而出。

知识点 1　与会者个人礼仪

参加会议前，应做好适当的准备，事先了解会议的议题、议程以及其他参会者的情况，按会议的要求准备有关材料或做好发言准备。

听取别人发言或报告时，应认真倾听，不要私下小声说话或交头接耳，必要时要做好记录。发言人讲话告一段落或结束，应鼓掌致意。

参会期间，所有参会者应关闭手机或调至震动、静音状态，一般情况下不要接听手机；若非接不可，应离席，以免影响会场秩序。

参会者要做到衣着得体，仪表大方，准时到会，进出有序，按规定落座，遵守会议纪律。

会议进行中不要随意走动，若要离开会场，应轻手轻脚，不要影响他人。

知识链接

扫码查看知识锦囊：商务会议中如何运用肢体语言

知识点 2　主持人礼仪

会议的主持人一般由有一定职务的领导担任。主持人的礼仪对会议成功与否有着较大的影响，应遵循以下礼仪规范。

（1）准备充分，作为会议的主持人，事先要有充分的准备，要了解会议的主题、议程、参会者情况等，甚至还要进行必要的调查，掌握情况、收集资料。若是大型会议，还要专为主持人准备主持词。

（2）着装整洁、大方庄重，切忌不修边幅、蓬头垢面。

（3）精神饱满，走上主席台时，步伐稳健有力。

（4）主持人要善于辞令，口齿清楚，思维敏捷，随机应变，表述简明扼要。会议进行中，主持人可根据会议性质调节会议气氛，或庄重，或幽默，或沉稳。

（5）会场上，主持人不应与熟人打招呼或寒暄攀谈。

知识点 3　发言人礼仪

会议发言通常分为正式发言和自由发言两种。

一、正式发言

正式发言一般是领导报告或大会发言。作为正式发言者，应衣冠整齐、神态自如。如果要走向主席台或话筒所在的位置，应步态自然、刚健有力，体现胸有成竹的自信风度与气质。发言者应注意调节话筒的位置。发言前，可面带微笑环顾会场四周。如果会场掌声响起，可致谢，待掌声落下，再开始发言。

发言时，若有发言台，应双手持稿；若无发言台，则可双手持稿，亦可单手持稿，另一手臂自然下垂；发言时不要只顾低头读稿，应时常抬头扫视会场。发言时，应控制好语音语速、口齿清晰，并应使用普通话。发言内容应简明扼要，讲求逻辑。发言或报告结束时，应向全体参会者致谢。

知识链接

扫码查看知识锦囊：商务会议发言注意事项

二、自由发言

自由发言一般是讨论发言，较为随意，但不能因争抢发言而不顾顺序或秩序，不要随意打断别人发言。发言应简短、观点明确、紧扣主题。讨论过程，若与他人意见有分歧，应态度平和、以理服人，并耐心听取他人意见。

活动四　参加虚拟会议

随着移动互联网的发展和远程工作的需要，虚拟会议成为一个必要的工具，受到越来越多企业的青睐。虚拟会议中也应当遵循礼仪规范（图 5–14）。

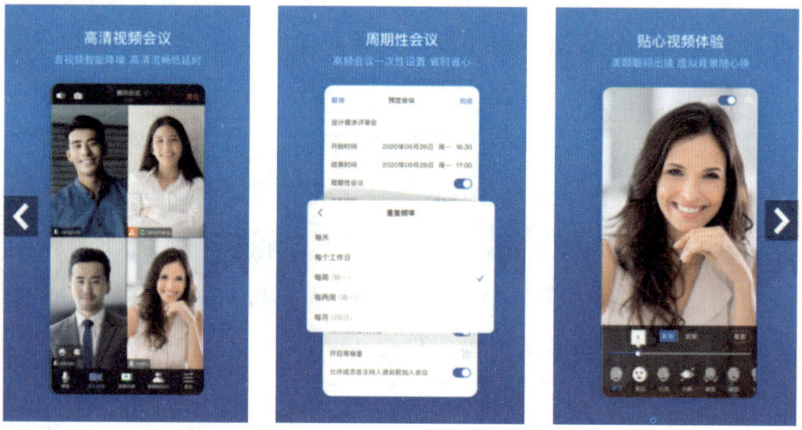

图 5–14　虚拟会议展示

下面以视频会议为例，介绍虚拟会议的礼仪。

一、面容整洁

在视频会议中，参会者最容易被人注意的部分就是面容。如果带着熬夜的黑眼圈、头发凌乱、睡眼惺忪地出现在屏幕前，可想而知上司会有什么样的反应。因此，即使在家办公，参会者也要按时起床、洗漱整洁、头发按时做清洁。对于女士来说，如果觉得化一个完整的妆很麻烦，不妨做一个简单的底妆，头发梳理整齐，长发要束起来。

二、着装整齐

在家办公不能随心所欲，除了不能蓬头垢面，也不要随意穿着。如穿着松垮的睡衣办公，当视频会议时，穿着松垮睡衣出镜自然会让上司觉得你懒散、对工作不认真。因此，参会者要在起床后及时换上商务服装或整齐的休闲装。

三、保证会议不受干扰

在视频会议时，为了避免别人乱入屏幕、干扰视频会议的正常进行，参会者要提前和家人交代好，尤其在有孩子或有宠物的情况下，可让家人帮忙照顾。同时，参会者要提前关闭其他不必要的声音设备，如电视、音响等。

四、不抢先发言

由于视频会议不是面对面的，所以在会议过程中，经常出现几个人不经意间同时发言或抢先发言的情况，干扰了会议秩序。这时参会者要在对方发言完后等待几秒再发言，而自己在表达完以后要告知大家“以上就是我想说的”，以最大限度地避免抢话、打断的问题。

五、打造良好的视频环境

家里是否整洁干净、物品摆放是否井然有序，可以反映出一个人的生活态度和生活方式，因此视频会议时的背景环境尤为重要。背景环境要尽量干净、简单，如一面白墙，也可以选择简约的窗帘或绿植，书架旁也是一个不错的选择。或者使用互联网视频会议软件提供的虚拟背景的功能。

另外，参会者要在会议开始前检查自己的网络状况，避免网络不好导致会议不畅，影响会议效率。

六、不能关闭摄像头

视频会议时，姓名和头像不能代替实时视频，除非是由于某些意外情况需要暂时关闭视频，否则不要关闭摄像头。出于对视频会议的重视，参会者应该露面。

七、不要在会议时吃东西

在视频会议时吃东西会分散参会者的注意力，导致会议效率低下。因此，参会者应避免在视频会议中吃零食、用餐，但可以使用杯子喝水或饮料。

八、不能同时进行其他工作

参会者如果在参加视频会议的同时进行其他工作，会给人一种不被重视和不被尊重的感觉。因此，在视频会议中不能同时进行其他工作，应该全神贯注地参加会议，并给予足够的重视。

情景四　参加宴会

宴会是传递信息、社会交际的重要方式之一，宴会的礼节礼仪也是非常重要的。

活动一　参加中餐宴会

随着时代的发展，以及西方饮食文化与中国饮食文化的不断碰撞和交流，中餐不再只是中国人的传统饮食习惯，同样受到了世界各国人民的喜爱。在商务人士的交流沟通中，掌握及熟练运用中餐饮食礼仪，能够体现出一个人自身的涵养，也能展现出商务人士的专业水平和素质。

知识点 1　中餐宴请准备

一、确定宴请的目的

在宴请他人前，首先应确定宴请目的。宴请的目的可以是表示欢迎、欢送、答谢，也可以是表示庆祝。

二、确定宴请的对象

根据本次宴请的目的，事先确定宴请哪些客人、宴请人数，以及被宴请人的姓名、国籍、职务、称呼、习惯爱好等，根据信息可详细列出宴请清单，根据人数的多少可以确定宴请的规格，包括宴请的形式及主陪人等。

三、确定宴请的形式

根据宴请目的和对象，确定宴会的举办形式，如中式宴请形式、西式宴请形式、自助餐形式等。其中，中式宴请形式在商务社交活动中最常见。

四、确定宴请的时间

根据主宾双方的具体情况确定宴请的时间，应该避开重大的节假日和双方的禁忌日，便于主宾双方的出席。需注意的是宴请的时间应与客方的主宾协商确定，否则是极其失礼的。

这里要注意的一点是，宴请别人应提前告知，应根据对方的时间来确定宴请时间。

五、确定宴请的地点

根据宴请的规格和形式，确定宴请的地点。一般而言宴请客人的地点应交通便利、环境幽雅、服务周到，宴请的场所能容纳出席宴会的全体人员。

六、确定菜谱

根据宴请的形式，以及被宴请宾客的年龄、性别、风俗、习惯、健康状况、喜好、禁忌等确定宴请的菜谱（例如穆斯林教徒不吃猪肉，客人中有无对生鲜过敏等）。

知识链接

扫码查看知识锦囊：邀请宾客时的方式和注意事项

知识点 2　中餐座次安排

中餐宴请中，一般使用圆桌。餐桌座次主要用桌次和座位来突出身份，表达尊敬。随着桌具的演进，座位的排法也相应变化。一般座次以右为尊，面朝大门为尊，家宴首席为辈分最高的长者，末席为辈分最低者。

知识链接

扫码查看知识锦囊：中餐宴席座次礼仪

一、圆桌宴请

远门为上，面门为上，居中为上。

主位靠背景墙或特殊装饰。

主位右边是主宾位，是尊贵的客人，左边是副主宾位。

主位正对面是副主位，一般是买单的人。

二、多桌宴请

距离主桌近的，桌次相对高；距离主桌远的，桌次相对低（图 5-15）。

知识点 3　中餐礼仪

一、中餐宴请点菜礼仪

点菜是商务宴请的初始阶段，它关系到宴请能否成功。对于商务人士而言，中餐宴

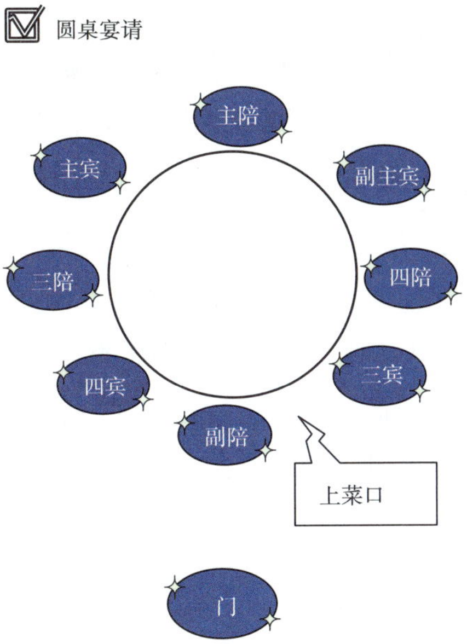

图 5-15　圆桌座次安排

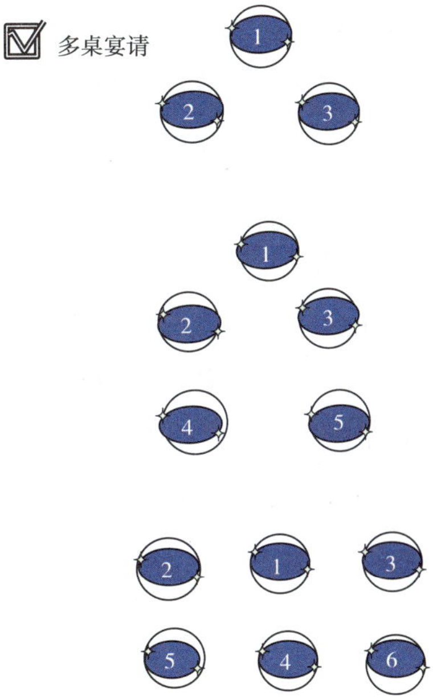

图 5-16　多桌桌次安排

请点菜首先要符合礼仪，其次要讲究技巧。

点菜礼仪主要体现在点菜人员和点菜方式两个方面。

（一）点菜人员

商务宴请时由谁来点菜，要看请的是谁、被请人的身份地位以及彼此的关系。彼此利益关系、身份地位不同，点菜的方式也会不同。

主人点菜。商务宴请时，主人可以先让客人点菜，然后自己再点菜；如果客人是外地的，尽量自己点菜；如果陪同领导吃饭，千万不要自认为尊重他，或是认为他应酬经验丰富，而让他来点菜，除非是他主动要求，否则他会觉得不够体面，可以让领导点酒水、饮料。

主人点菜不应过于殷勤，也不宜过于吝啬。点菜一般有两种方式：一是整点，即点套餐或包桌；二是零点，即根据预算，在用餐时临时点菜。不论以何种方式点菜，都应尽量征求一下客人的意见，特别是主宾的意见，不要仅凭个人喜好行事。

客人点菜。如果自己是客方，被邀请点菜，应该注意以下禁忌：一忌乱点；二忌多点，尤其是不要点名贵大菜；三忌非议他人点的菜，切不可挑三拣四，评头论足。自己作为客方在点菜时，可以告诉主人自己没有特殊要求，请对方随便点，这实际上也正是主人所欢迎的做法；或是认真点上一个不太贵、大家又不忌口的菜，然后请其他人点。

（二）点菜方式

量入为出是点菜的礼仪。点菜时，最重要的是要让客人吃饱、吃好，但也要量力而行，避免铺张浪费，因此点菜者一定要做到心中有数，可根据以下规则来点菜。

看人员组成。一般来说，人均一菜是比较通用的规则。如果宴请的男士较多，可以适当加量。

看菜肴组合。一般来说，一桌菜最好是有荤有素，有冷有热，尽量做到全面。如果餐桌上男士较多，可以多点些荤食，如果女士较多，则可以多点几道清淡的素菜。

看宴请的重要程度。若是普通的商务宴请，只需点一到两个有特色、上档次的菜就可以，不需要每个菜都很贵。如果宴请的对象是关键人物，那么就要点上几个够分量的菜，如龙虾、鲍鱼等。

二、用餐礼仪

宴请过程中，除了点菜礼仪，商务人士还应注意以下具体的用餐礼仪。

（一）文雅进餐

进入宴会厅后，商务人士首先要对号入座，并保持端正的坐姿。当菜端上来时，不要急于取食，应等主人邀请、主宾动筷后方可取食；也不要总是吃自己喜欢的菜，应随着餐桌上转盘的转动就近取食：取食要适量，切不可挑挑拣拣，夹起又放下；夹菜时要小心，不要碰到邻座，不要把菜掉到桌子上或把汤弄翻；也不要狼吞虎咽，尽量不发出响声。

就餐过程中咳嗽、打喷嚏、打嗝、吐痰等身体发出的任何声响，不仅不卫生，还有可能影响他人的食欲，万一出现，应说“对不起”。

（二）适度敬酒

宴会上，酒通常是必不可少的。在宴会上彼此敬酒致意，可以培养感情，营造轻松、友好的气氛。但若全然不顾对方的感受，过分劝酒，强人所难，甚至言语粗俗，则会令人深感不悦。

（三）礼让夹菜

夹菜时要相互礼让，依次而行，取用适量，夹不到想吃的菜时，不要起身离座去取，可请邻座帮忙。夹菜时，切忌从盘子中间或靠近别人的位置夹起，应从靠近或面对自己的盘边夹起。席间可替别人取菜，即劝菜、让菜，但切记要使用公筷。

（四）忌小动作

进餐期间，不宜做小动作，如玩弄餐具、摇晃桌椅、手舞足蹈、摇头晃脑，更不可

知识链接

扫码查看知识锦囊：中餐宴会敬酒礼仪

脱衣服等；不宜当众清嗓子、擤鼻子、吐痰等；不宜离开自己的座位四处走动，如有要事必须离开也要先和旁边的人打个招呼，说声“失陪”“我有事先行一步”等；不宜梳理头发、化妆、补妆等；不宜吸烟。这些小动作有失雅观，会破坏自身形象甚至企业形象。

活动二　参加西餐宴会

西餐是对西式饭菜的一种约定俗成的统称。随着世界文化的交流和互相渗透，不仅我国的饮食文化在世界各地广泛传播，西餐也以其独特的文化魅力和异国风情在我国迅速流行起来。由于中西方饮食文化之间存在差异，商务人士参加西餐宴请时，若不懂西餐礼仪，有可能会闹出笑话，给别人留下没有礼貌或缺少见识的印象。

商务人士要想在西餐宴会上不失风度，吃好西餐，就需要学习有关西餐的基本礼仪，如西餐的餐前准备、位次礼仪、点餐礼仪、餐具使用礼仪、西餐用餐礼仪等。

学好西餐的基本礼仪，不仅在用餐时动作娴熟、举止得体，更能展示对异国饮食文化的了解，体现商务人士的教养和素质。

知识点 1　西餐宴请准备

西餐宴请准备主要包括以下几方面。

一、着装讲究

西餐尤其是正式西餐，是非常注重礼节的，对穿着有着严格的要求。西餐的着装讲究颇多，主要介绍以下几种情况。

（1）在正式西餐中，人们要穿西式礼服，其中男装为黑色燕尾服，扎领结；女装则为拖地长裙，并配长筒薄纱手套。在我国参加西餐宴请时，人们可穿着中山装、旗袍，但在一些隆重的宴会上，往往要求穿礼服。

（2）普通的西餐宴会通常要求穿正装。一般情况下，正装指的是深色，特别是黑色或藏蓝色的套装或套裙。需要注意的是，男装不要色彩过淡、过艳，西装要整洁、得体，女装切勿过短、过小，女士应穿着深色套装和有跟的鞋子，在出席隆重的晚宴时避免戴帽子、穿高筒靴。

（3）在非正式西餐宴会上可以穿便装，但这里所说的便装是有严格界定的，即男士可穿浅色西装，或者仅穿单件的西装上衣：女士可以穿时装，或者以长西裤代替裙装。便装绝不是让人们随心所欲地穿，再昂贵的休闲服，也不能随意在西餐厅中穿着。

二、提前预约

预约是西餐宴请礼仪中非常重要的一个环节，也是西餐宴请礼仪的基础。主方在组织西餐宴请时，一定要提前预约，预约时要注意以下几点。

（1）越高档的餐厅越要提前预约，不要不经预约随意进入，这是很失礼的行为。

（2）预约时，一定要说清楚时间、人数，方便餐厅安排，也方便之后的宴请。

（3）预约时，一定要表明自己是否需要吸烟区或希望有一个视野较好的位置。

（4）如果正好遇上某人的生日或者其他比较特殊的日子，可以告知宴请的目的和预算。

（5）一定要在预约好的时间到达，这是最基本的礼貌。

知识链接

扫码查看知识锦囊：西餐宴请礼仪“4M”原则和“适量原则”

知识点 2　西餐座次安排礼仪

一、西餐位次排列

西餐的位次也分桌次和座次，一般西餐宴请涉及桌次较少，除非是极隆重的宴会。如果宴请中涉及三桌或三桌以上的桌数，国际上的惯例是桌次的高低由离主桌位置远近而定，距离主桌越近，桌次越高；距离主桌越远，桌次越低。在安排桌次时，所用餐桌的大小、形状应大体相仿。除主桌可以略大之外，其他餐桌不宜过大或过小。

在大多数情况下，西餐的位次礼仪表现在座位方面。越是正式的场合，座次排列就越重要，西餐的座次排列与中餐相比既有相同之处，也存在差异。

西餐座次排列在遵循以右为尊、面门定位、距离定位原则的同时，还要格外注意女士优先、交叉排列的原则。

（1）以右为尊。西餐座次排列一般遵循右高左低的次序。在排列座次时，就某一特定位置而言，其右侧之位理应高于其左侧之位。例如，应安排男主宾坐在女主人右侧，应安排女主宾坐在男主人右侧。

（2）面门定位。面门定位与中餐规则一致，是指面对餐厅正门的位子，通常在位次上要高于背对餐厅正门的位子。

（3）距离定位。西餐桌上的距离定位一般是指座次的尊卑与其距离主位的远近密切相关：距离主位越近，座次越高；距离主位越远，座次越低。

（4）女士优先。在西餐礼仪里，很多细节都体现“女士优先”的原则。排列座次时，一般女主人坐主位，为第一主人，男主人坐在第二主人的位置上。

（5）交叉排列。交叉排列包括男女交叉排列、熟人和生人交叉排列。一个就餐者的对面和两侧往往是异性或不熟悉的人，这样便于广交朋友。

二、西餐就座礼仪

长桌是最普通、最正规的西餐桌，在西式宴请中最为常见。长桌有两种不同的排位方法，见图 5–17。

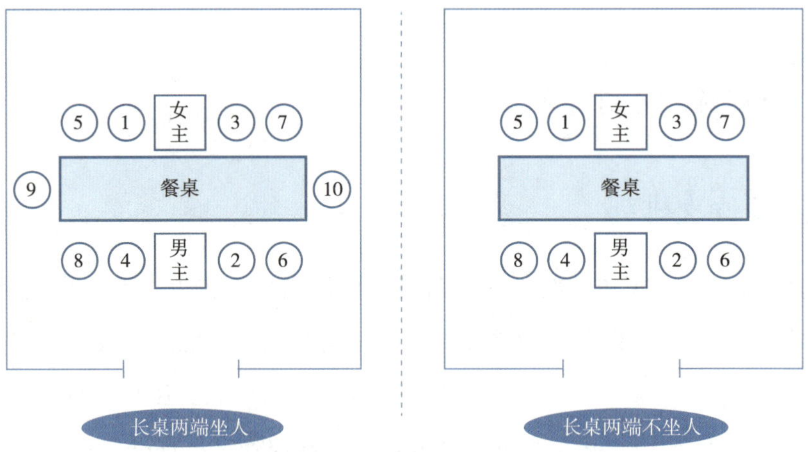

图 5-17　西餐宴请长桌排位方法

三、西餐入座礼仪

（1）进入西餐厅后，需由侍者带领入座，切不可贸然入位，最得体的入座方式是从椅子的左侧进入，离席时从椅子左边离开。男士应主动帮助女士挪动椅子，等女士坐好后，自己再就座。

（2）拉椅子时，不可发出巨大声响，应轻轻拉动，否则会让人觉得很失礼。当椅子拉开后，身体最好不要碰触到桌子，要在快要挨近桌沿时保持身体的直立。

（3）慢慢坐下，身体要端正，上身要挺拔，不能东倒西歪，手肘不要放在桌面上，身体与餐桌的距离以两个拳头为佳，坐下后双腿切勿乱伸，更不能跷二郎腿。女士双腿要并拢，不要随意摆弄餐桌上已摆好的餐具。

知识点 3　西餐礼仪

西餐的用餐礼仪主要包括西餐言谈举止礼仪和西餐进餐礼仪。

一、西餐言谈举止礼仪

商务人士在参加西餐宴请时，从言谈到举止，都要符合礼仪的要求。

（一）言谈主动热情

在商务西餐宴请中，商务人士应主动与他人交流，无论是主人还是宾客，都应与同桌的人主动交谈，特别是左右邻座；不仅要与熟人交谈，还要借机主动认识新朋友；对陌生人可以主动作自我介绍，交谈时应热情真诚，但声音不要过大，以免影响他人；交谈时切勿将刀叉对着对方，否则是对对方的不尊敬，容易让人产生厌恶感。

商务人士在就餐时，应主动向主人致意，不能只顾用餐，这是对主人的尊重，也是基本的礼貌。

（二）举止优雅得体

商务人士在参加西餐宴请的用餐过程中，要注意举止优雅得体，这主要体现在以下三个方面。

（1）文明用餐：吃西餐时，不要吃得嘴上和脸上沾满油渍，也不要把餐盘、餐桌和地面弄得一塌糊涂，吃剩的菜和用过的餐具都应放在盘内，勿置于桌上，要保持用餐环境的卫生。

（2）禁出声响：吃西餐时，不论有意还是无意，吃东西还是喝水，都应细嚼慢咽，不要弄出声响。就座时，不要把座椅、餐桌弄出怪声。用餐时，如不懂怎样使用各种餐具，可以默默地观察他人，模仿学习。不要用餐具相互敲击或是指点别人。另外，无论是咳嗽、打喷嚏，还是打嗝，都应自觉控制，以免在餐桌上失礼，如果实在不得已发出声响，要向周围人道歉。

（3）适量取菜：取菜时不要盛得过多，盘中食物吃完后，如不够可以再取。如由侍者分菜，需增添时，待侍者送上时再取。如果本人不能吃或不爱吃某个菜肴，当侍者上菜或主人夹菜时，也不要拒绝，可取少量放在盘内，并表示“不用了，谢谢”。对不合口味的菜，切勿显露出难堪的表情。

二、西餐进餐礼仪

吃西餐时，商务人士要遵循以下进餐礼仪。

（一）喝汤

要用右手拇指和食指持汤匙，从汤碗靠近自己的一侧伸入汤中，然后由后往前将汤舀起，汤匙的底部放在下唇的位置，将汤送入口中。汤匙与嘴部呈 45 度角较好。

喝汤时，身体的上半部略微前倾。当汤碗中的汤所剩不多时，可用左手食指将汤碗内侧稍微抬高托起，使其外倾，用右手持汤匙舀起汤来喝。如果容器有握环，可直接拿住握环端起来喝。

喝汤时需注意，汤热时不要着急喝，也不能直接用嘴吹，或用汤匙搅拌降温，也不要发出嘶嘶、咕噜的声响；喝汤时身子不要弯得太低，甚至趴到汤碗中去吸食。

（二）吃面包

面包一般放在自己的左前方，吃第一道菜时方可食用。吃鲜面包的正确方法是用左手撕下适量的一块面包，以刚好可以一口吃完为佳，然后涂上自己喜欢的黄油或果酱，送入口中。切忌拿起一大块面包，将其全部涂上黄油后双手托着吃。

如果是硬面包，用手撕起来不但费力，而且还会掉很多面包屑，此时就用刀先切成两半。再用手撕成块儿来吃。正确的切法是先将面包用叉子固定住，然后用刀刺入面包的中间部分。将正对自己的那部分切开后，再将面包换个方向，以切开另一半。

（三）吃肉类食品

在切肉类食品时，应从左边或外侧开始切，可以切一块吃一块，调味酱应放在盘子内侧。放在烤肉旁边的蔬菜不只是为了装饰，也是基于营养均衡的考虑，因此应与肉类食品交替着吃完。

（四）吃鱼

鱼肉极嫩、易碎，因此餐厅常不备餐刀而备专用的汤匙。这种汤匙比一般喝汤用的稍大，不但可切分菜肴，还能将调味汁一起舀起来吃。

吃鱼的步骤如下：

用刀在鱼鳃附近刺一条直线，刀尖不要刺透，刺入一半即可。

将鱼的上半身挑开后，从头开始，将刀放在骨头下方，往鱼尾方向划开，把骨剔掉，挪到盘子的一角。

（五）吃甜点

西餐中最受欢迎的甜点有布丁、冰激凌等。布丁一般是流质的，不能直接用手取食，应以专用的餐匙取食。冰激凌上桌时，通常被置于专用的高脚玻璃杯内，也应以专用餐匙取食。

西餐中的点心有蛋糕、饼干、三明治、薯条等。商务人士在食用比较绵软的蛋糕时可以使用小叉子，将蛋糕一边切分一边食用即可。但是，当蛋糕比较硬的时候，就应先用小刀将其切分，然后再用叉子食用。饼干、三明治、薯条等可以用手拿着吃。

（六）饮酒

西餐中常见的酒有威士忌、白兰地、鸡尾酒、香槟酒、葡萄酒、甜酒、啤酒等。与中餐中的白酒不同，白酒的文化是干杯，葡萄酒的文化是品尝和享受，品尝其味道和口感，享受其色彩与美感。优雅而正确的饮酒礼仪能很好地展现用餐者的品位和魅力。

知识链接

扫码查看知识锦囊：红酒杯（高脚葡萄酒杯）正确的持杯和碰杯的方法

活动三　参加主题酒会

在现代社会中，酒会的可塑性是非常强的，不同的公司条件和经济状况，都可以有适合的规格。根据主办者的意愿，酒会也可以从简。成功的酒会不仅可以增进相互之间的好感，还能加深彼此之间的了解，酒会的目的也是促进参会者之间的交流。酒会是社交的润滑剂。

知识点 1　主题酒会的准备

一、规划活动

首先确认主题、制定好目标以及方案和策略。确认活动目标、参会人员、物料、装备等。

二、准备阶段

按照活动规划，开始准备活动所需要的资源，包括人员邀请，物料准备，确认酒水、酒杯，场地选择，酒会形式，音乐准备，场内布置等。

三、执行阶段

提前规划现场行动计划。

四、完成阶段

活动现场设备撤离以及清场、部分物料交付以及交接。

知识点 2　主题酒会礼仪

一、着装和参加酒会礼仪

首先，尽量不要浓妆艳抹，保持清新淡雅、干净整洁的妆容即可。其次，酒会不像正式宴会那般安排座次，酒会通常没有固定座位，参加酒会人员在用餐、饮酒和与人交谈时，站着即可。最后，酒会的形式是比较自由开放的，可以与你的合作伙伴或意向合作伙伴进行自由交流。

二、酒会用餐礼仪

（一）掌握餐序

酒会一般以酒水为主，食品从简，餐序不像正式宴会那么烦琐，用餐时，依照合理顺序进行，既能保证自己吃饱吃好，又使自己不失风度、免出洋相。标准的酒会餐序依次为开胃菜、汤、热菜、点心、甜品、水果，也有很多酒会不备热菜。酒会上用餐，切忌大吃大喝，最好做到合理搭配、取食有度。

（二）排队取食

在酒会中用餐时，无论是去餐台取菜、去酒吧添酒，还是从侍者的托盘中取酒，都应做到礼貌谦让、遵守秩序，排队按顺时针方向拿取。取食时切忌显得急不可待、吆五喝六、哄抢、不顾及他人需求，既影响他人进餐，又使自己的形象大打折扣。

（三）多次少取

“多次少取”是参加酒会就餐时的一条重要原则。由于酒会采用自助形式，要由宾客自己取食，因此宾客取食时的表现成为其礼仪素养水平的重要表现。取食时，“多次少取”是取食礼仪的关键所在，即选取菜肴时，对自己喜爱的食物或其他尚未品尝的食物，都要每次只取一点，不够可以下次再取。取回的食物必须全部吃完。切忌过分贪婪，吃相不雅。大取特取，或是铺张浪费，都会给人留下不好的印象。

（四）禁止外带

酒会中一般酒水和食物供应充足，宾客可按自己需要享用，但这只限于在酒会之中，绝对不可“吃不了兜着走”或“顺手牵羊”，将食物和酒水等带走，这样是非常失礼的。

三、酒会禁忌

（1）参加酒会，最好不要迟到。特别是忌讳迟到很久的现象出现，所以参加酒会时，要尽量准时。如果真的有特殊理由，则可以提前告知举办酒会之人。需要注意的是，迟到固然不好，但是早到也会给主人带来麻烦，有时候由于交通堵塞，无奈迟到了，则应该向主人真诚地表示歉意。当应邀参加酒会时，最多提前 5~10 分钟到达就可以了，迟到 15 分钟也能得到大家的谅解。如果到得较早，可以在周围转一转，到约定的时间再进去，这是对主人最礼貌的做法。

（2）握手。酒会中，大家都会遇到握手的情况，这个时候记住要用左手拿杯，然后用右手和他人握手。握手的前提是手必须是干净的，而且握手的力度不能太松，当然也不能太紧。

（3）注意向主人致礼。酒会中，主人会站在会场入口处问候自己请来的客人，客人也需要向主人致礼。但有些人却并不懂这些，他们置主人于不顾，径直走进场内，这种行为是非常不礼貌的，会让主人心寒和尴尬。

（4）不要一直抢着和重要的客人说话，因为重要客人也有自己的事情要办。这样做会妨碍人家的安排，招致大家的不满。

（5）点头哈腰未必是合适的。酒会中，两个人之间的问候通常是以握手的方式进行的。此外，外国也有鞠躬的礼节，但那是对国王或教皇等地位很高的人，或是仆人对主人才有的礼节。一般来说，握手时微笑着平视对方就可以了，外国人尤其是发展中国家的客人，碰到点头哈腰的人很容易报之以轻视的态度。

（6）不要总是霸占着餐桌，这样会让其他客人没有机会前去用餐。

（7）酒会中不要发出“噪声”。“喝汤时不要弄出声音”似乎已经成为餐桌礼节中的金科玉律。不光喝汤，喝红茶、吃牛排都不应该弄出大的响动。

（8）喝完酒后，千万不要把自己的酒杯当作烟灰缸来使用，这是非常不礼貌的。

（9）要重视与其他聚餐者同一步调，绝对不能过早地把吃空的盘子给撤掉。如果只剩下一位客人没有吃完，把其他客人的盘子撤掉就等于是在催促那位客人，这会让人感觉很尴尬。

知识链接

扫码查看知识锦囊：酒会穿衣禁忌

思政园地

涉外商务礼仪的原则

1. 维护形象原则

在涉外交往中，个人形象是自身精神面貌和礼仪素养的集中体现，不仅仅代表自己，还代表自己的企业或组织，更代表自己的国家和民族。因此，商务人士要从仪容仪表、服装配饰、举止谈吐、待人接物等方面按照礼仪规范要求塑造得体的商务形象。

2. 平等尊重原则

在涉外交往中，商务人士应注意对任何交往对象都要一视同仁，给予同等的尊重，无论对方是强或弱、远或近、亲或疏，还是不同种族、不同宗教信仰，都应该平等相待、相互尊重。

3. 入乡随俗原则

不同的国家有着不同的社会制度、历史文化和宗教信仰，其民俗习惯、思维方式和处世方式各不相同。因此，在涉外商务活动中，商务人士必须遵守入乡随俗的原则。

4. 信守约定原则

信守约定是指必须认真而严格地遵守自己的所有承诺，说话要算数，有预约就必须如约而至。一切与时间有关的正式约定必须严格遵守。

信守约定主要表现在以下三个方面。

（1）谨慎许诺；

（2）履行承诺；

（3）失约致歉。

5. 交往适度原则

商务人士在进行涉外商务交往时要遵守交往适度的原则。待人既要友好热情，又要注意把握好尺度，要做到关心有度、批评有度、距离有度、举止有度。

6. 以右为尊原则

在涉外商务中，一般遵守以右为尊的原则。在正式的国际交往中，依照国际惯例，多人并排排列时，最基本的规则是右高左低，即以右为上、以左为下，以右为尊、以左为卑。

7. 女士优先原则

在涉外商务中奉行女士优先原则，这是男士绅士风度与教养的体现。然而，女士优先原则也是有差异性的，主要体现在以下两个方面。

（1）地区差别；

（2）场合差别。

8. 爱护环境原则

在涉外交往中，之所以要特别提出爱护环境的问题，除了因为它是作为人所应具备的基本社会公德，还因为在当今国际舞台上环境问题已经成为备受关注的焦点问题之一。

情景训练

情景 1：小型会议座次安排实训

训练任务：

以下是一个小型会议的参加人员名单，请为下列人员安排会议的座次，把代表人员的数字填入图中代表座位的圆圈中。

1. 董事长（东道主）；

2. 公关部经理（东道主）；

3. 秘书（东道主）；

4. 翻译（东道主）；

5. 外联部经理（外方）；

6. 外联部工作人员（外方）；

7. 公关部工作人员（外方）；

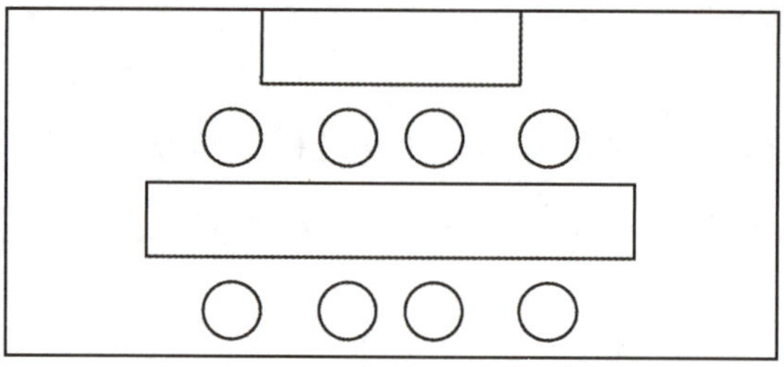

情景 2：西餐礼仪训练

实训要求：

王女士今天请小刘前去西餐厅用餐，桌上有标准的餐具摆放，请两位同学（一男一女）参与演练：

1. 用餐前对餐巾的使用。

2. 如何通过使用餐巾来暗示宴会开始。

3. 如何通过使用餐巾来暗示自己要中途离开。

4. 王女士如何通过使用餐巾来暗示用餐完毕？小刘又如何予以暗示呢？

课后练习与思考

一、选择题

1. 在明确会议目的之后，会议组织者应当进一步确定会议议程。下面不属于会议议程内容的是（　）。

A. 会议召开时间和持续时间　　B. 参加会议的人员

C. 会议的场所　　D. 商讨的问题和会议程序

2. 关于会场的布置，下列说法错误的是（　）。

A. 选择会场要考虑参会者的人数、身份

B. 参会者人数少，座位可以排松散

C. 会场的座椅要舒适，数量足够

D. 组织者要提前布置会场

3. 关于开会的礼仪，下列说法错误的是（　）。

A. 准时开会　　B. 开会时最好关掉手机

C. 重要人员未到场应等待其到场再开会　　D. 参会者把手机调成静音

二、判断题

1. 商务人士约定好了拜访客户的时间，就不能迟到，而且到得越早越好。（　）

2. 中餐宴请时，两桌横排摆放时，桌次是以右为尊；竖排摆放时，以远为上。（　）

3. 参加西餐宴请，入座时应从椅子的左侧就位，离席时从椅子的右侧离开。（　）

三、简答题

1. 参会者在发言时要注意哪些事项？

2. 商务人士参加虚拟会议的礼仪规范有哪些？

编写说明

经文化和旅游部批准，原国家旅游局优秀研究成果评奖调整为文化和旅游优秀研究成果遴选，由中国旅游研究院（文化和旅游部数据中心）组织实施，该项目旨在鼓励全国各方面围绕文化和旅游研究产出高质量研究成果。

文化和旅游优秀研究成果要求聚焦文化和旅游研究，成果形式包括：（1）政府决策咨询、专题调研和数据研究报告（不含规划类成果）；（2）公开发表的学术论文；（3）公开出版的学术专著。根据2020年成果遴选公告，参评成果完成时间范围为2019年1月1日至2019年12月31日。经征集、遴选，2020年文化和旅游优秀研究成果共52项成果入选。其中学术论文20项，专著15项，研究报告17项。

本成果汇编收录了2020年52项优秀研究成果摘要。

目　录

学术论文类——一等奖

学术论文类——二等奖

学术论文类——三等奖

专著类——一等奖

专著类——二等奖

专著类——三等奖

研究报告类——一等奖

研究报告类——二等奖

研究报告类——三等奖

学术论文类

——一等奖

网络时代的服务全球化

——新引擎、加速度和大国竞争力

作　　者：江小涓，罗立彬
依托单位：清华大学
成果类别：集体成果

一、研究内容

文章主要研究以下三个问题：网络与数字技术对于服务业发展和服务全球化有何种影响？服务全球化的发展态势将逆转倒退还是继续前行？服务全球化态势对我国有何影响？

二、研究框架和研究方法

文章首先分析了传统服务业低效率和不可贸易的典型特征，然后以体育与文化产业为主要案例，运用理论和实证相结合的研究方法，论证了网络与信息技术给传统服务业带来的根本性影响，使网络空间的服务业生产率水平显著提高，远距离贸易成本显著下降，进而内生出一种几乎不可逆转的全球化推动力，表现为服务的供给方、需求方和相关生产要素都在积极推动服务全球化过程并从中受益，服务全球化也不断加速。接下来以电影产业为例，通过对比有中国市场和没有中国市场情况下全球电影市场的赫芬达尔—赫希曼指数（HHI），分析世界电影市场的多样性变化，论证中国市场开放式增长对世界电影文化多样性以及中国文化全球传播的影响。

三、理论创新和学术价值

文章具备非常重要的现实意义和理论意义。改革开放 40 多年以来，对外开放利用全球化机遇，成为推动我国经济快速增长、结构调整和技术升级的一个关键因素。近年来中国全面进入服务经济时代，同时网络与数字技术深入渗透到服务业的方方面面。在这种背景之下，研究网络与数字时代服务全球化的趋势，对于分析中国未来能否继续利用全球化机遇加快经济增长，具备重要的现实意义；另外，国内理论界对服务经济和服务全球化的研究相对比较薄弱，而网络与数字技术可以对服务业产生本质上的重大影响，因此网络与数字技术这一新兴技术变革对于服务全球化的影响，也是一个前沿且重要的理论问题。

四、应用价值和经济、技术、社会效益

本文发表之后，先后被社会科学领域三大重要文摘全文转载，分别是《中国社会科学文摘》2019 年第 5 期、《新华文摘》2019 年第 11 期、《人大复印资料·文化创意产业》2019 年第 3 期。文章在短短一年半时间内，已经在中国知网上被下载 3269 次，引用 27 次，在学术界引起较为重要的影响。

“一带一路”倡议下中国出境游客的安全保障

——需求、困境与体系建构研究

作　　者：谢朝武，黄锐，陈岩英
依托单位：华侨大学
成果类别：集体成果

一、研究内容

本文是“一带一路”背景下服务于新兴产业议题的政策建构性研究论文，主要内容包括：

第一，研究从游客规模、风险结构、恐袭态势、需求结构等角度对“一带一路”沿线国家旅游安全保障的需求背景进行了探索。

第二，研究分析了中国出境游客安全保障的困境结构，并从资源架构、推进机制、重点工程等方面建构了中国出境游客安全保障体系的建设任务。

第三，研究构建了出境旅游安全保障的跨类别资源建设架构和多主体建设机制，并从政府层面的综合安全保障、产业层面的旅游安全保障市场化及国家与区域层面的旅游安全合作等重点领域进行安全保障体系建构性分析。

二、研究框架和研究方法

研究以出境旅游保障系统构建为研究导向，遵循了“研究设计→问题解构→政策建构”的研究逻辑框架：

第一，在研究设计方面，本文投入大量人力建构了全国旅行社责任保险等多源出境旅游安全数据信息库，综合运用 ArcGis、ROST 等工具和方法对“一带一路”沿线国家的安全风险的需求背景形势进行了系统分析。

第二，在问题解构方面，本研究从属地旅游安全资源供给、公共旅游安全资源供给、市场旅游安全资源供给、旅游安全合作机制等方面进行了系统分析。

第三，在政策建构方面，本研究从中国出境游客安全保障体系的资源架构、建设主体和重点建设工程等方面进行了具体阐述。

三、理论创新和学术价值

本研究主要服务于“一带一路”倡议下旅游安全保障的政策理论创新。研究基于规模性数据库案例的挖掘和分析，形成了对中国出境旅游安全风险结构与形势的理论认知，提炼出“一带一路”沿线旅游安全保障困境的分析框架，并据此建构了针对性的政策体系，为本领域的研究提供了认知依据和理论基础。

四、应用价值和经济、技术、社会效益

第一，对接出境旅游时代发展需求。我国出境旅游快速发展需要安全层面的基础保障，本研究对于构建出境旅游安全保障体系、减少旅游安全事件造成的综合损失、推动中国出境旅游产业的安全运作具有重要实践价值。

第二，对接出境旅游重大发展战略。“一带一路”倡议是中国政府提出并积极推动的重大发展行动，本研究对于强化旅游安全保障体系研究、推动沿线地区中国游客的旅游安全、促进“一带一路”倡议发展具有重要意义。

第三，提升出境旅游系统治理能力。本研究为政府出境旅游安全治理政策的制定与实施提供理论基础，为旅游企业、游客个体等多源主体出境旅游安全保障提供系统化解决方案，对于提升出境旅游产业安全治理质量具有重要现实效益和战略价值。

论旅游外交：层次、属性和功能

作　　者：李飞
依托单位：北京联合大学旅游学院
成果类别：个人成果

一、研究内容

旅游外交是低位政治与高位政治在国家层面的战略耦合，它所具有的和平话语和柔性方式丰富了外交和国际关系实践。从全球范围看，旅游外交作为独立的官方概念是由中国最先提出的。其原因是：我国政府历来奉行独立自主的和平外交政策；快速发展的中国旅游业使出境群体和消费能力共同构筑了中国旅游外交强大的现实基础。本文研究内容如下：

（1）旅游外交的层次。旅游外交分为官方（第一轨道）、半官方（第二轨道）和民间（第三轨道）三个层次，最初在官方层面实践应用，而后扩展到半官方和民间。本文构建了旅游外交民间传导模型、多层次传导模型和多层次动力系统模型，用以解释旅游外交的作用机制。

（2）旅游外交的属性。旅游与生俱来具有的和平属性使其成为很多国家和政府所乐于采取的外交途径，但在旅游与和平因果关系方面，学界和政界仍在争议，折中学派关于“旅游与和平互存互促”的观点为旅游外交在不同环境中（消极和平与积极和平）的运用提供了理论解释。

（3）旅游外交的功能。基于旅游外交的多层次性与和平属性，本文提出其具有弥合分歧与巩固同盟、提振经济与新殖民主义、文化交流与形象塑造、外交报复与谅解等复合功能，而且这些功能在国际上已经得到了广泛而有效的运用。

二、研究框架和研究方法

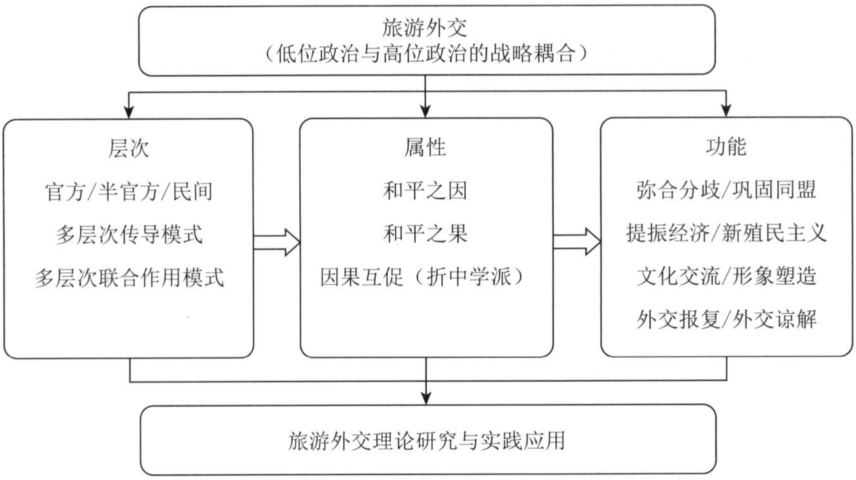

研究框架

通过建立旅游外交民间传导模型、多层次传导模型深入剖析旅游外交的作用机制；通过构建旅游外交多层次动力系统模型，明确了旅游外交多层面的动力因子，这些因子在“阻力—动力”环境下共同对旅游外交效果产生影响。

三、理论创新和学术价值

（一）理论创新

（1）创造性地建立传导模型和动力系统模型，以此解释旅游外交的作用机制和影响因素，使旅游外交的层次和功用更加清晰化。

（2）尝试全方位、系统性地论述旅游外交的层次、属性和功能问题，尝试构建旅游外交理论体系的核心部分，为旅游外交理论的深入和实践的发展奠定基础。

（二）学术价值

（1）促进学科融合。通过提出旅游外交是低位政治与高位政治在国家层面的战略耦合，将旅游学与外交学、国际关系学结合起来，为国家外交实践研究提供了一个新的视角，同时为旅游学科展示了一个胸怀世界和国家战略的宏大视野。

（2）全面系统阐释。本研究的时空坐标为“古 / 今—中 / 外”，通过对世界历史发展中旅游外交思想和实践的解读与论述，总结旅游外交的多层次机制、和平属性和复合功能，这些特点处于国际政治学、管理学、社会学、旅游学理论的解释之下，并为我国外交决策和实践提供一种新的解决问题的思路。

四、应用价值和经济、技术、社会效益

（1）本文是旅游学术权威期刊《旅游学刊》2019 年第 3 期的封面文章和重点推荐文章；目前位列所有旅游外交相关期刊论文下载量第 1，达 850 次。

（2）以本文为重要内容之一的《“一带一路”倡议下的旅游国际化发展研究报告》被中国社会科学院中国文化研究中心采纳，对其在中外文化交流与合作方面起到重要参考作用，并引入中国社会科学院丝路研究院研究报告系列。

学术论文类

——二等奖

旅游中的敬畏感知对环境责任行为的影响及机制研究

作　　者：王丽丽，吕佳颖
依托单位：浙江大学
成果类别：集体成果

一、研究内容

本成果的研究内容为旅游过程产生的敬畏感对旅游者环保行为的影响及其内在机制。敬畏感是一种积极情绪，很多不同的刺激能够激发敬畏感，如奇妙的自然现象、珍贵的历史遗迹、崇高的宗教神灵和高雅的艺术。在现代社会中，人们长期缺乏敬畏感，因为在日常的生活和活动中很少能产生敬畏感。因此，习近平总书记多次强调“领导干部要心存敬畏”。而旅游作为体验的一部分，是敬畏感的绝佳来源，因为许多游览景点包含壮丽的风景、宝贵的遗产和独特的文化体验。实际上，文献中已经发现在宗教旅游、自然旅游和文化旅游中的消费者会有敬畏感体验。此外，敬畏感被游客认为是一种理想而宝贵的旅游体验。因此，敬畏感与旅游业息息相关。

二、研究框架和研究方法

以往研究表明积极情绪会促进亲社会行为，也有证据显示敬畏感可能会影响环境方面的参与和合作行为。过去关于敬畏感对社会认知影响的研究也发现，敬畏感可以诱导自我渺小感知，即“相比于被认为比自己更庞大、更强大的事物，个体自我和利益的相对弱化”，而以往研究表明感到自我重要性降低的人对集体资源的捐赠更多、更少强调重视自我的人倾向于报告更高水平的亲社会感和同理心。基于以往理论研究的推导，本成果中提出以下假设以建立研究框架：

假设 1a：旅游中的敬畏感体验会增加环境责任行为倾向。

假设 1b：旅游中的敬畏感体验会增加实际环境责任行为。

假设 2：自我渺小感知在敬畏感对环境责任行为的影响中起中介作用。

本成果采用定量分析的研究方法，通过一项实地调查和两个实验室实验对理论假设进行了实证检验。研究通过风景名胜区的实地调查和实验室中观看旅游景区宣传视频的方式激发敬畏感的产生，检验了敬畏感通过自我渺小感知对环境责任行为倾向和实际乱扔垃圾行为的影响，并在不同文化背景下检验了该效应的稳健性。

三、理论创新和学术价值

本成果具有重要的学术价值。尽管过往研究调查了旅游相关的游客心理和行为结果，但很少有研究探索旅游中产生的离散情绪影响道德行为的可能性。本成果发现通过减少对个人自我的重视，旅游中产生的敬畏感会鼓励人们改善和保护环境。

四、应用价值和经济、技术、社会效益

本成果具有重要的应用价值和社会效益。一方面，景区的设计和开发可以融入尺度感、透视感、物体重复使用和参考尺寸等因素来激发游客的敬畏感。另一方面，旅游业管理者可以关注制定面向内部的策略，制订干预计划来培养敬畏感以激发游客的环保行为。本成果对于提高游客道德水平和促进旅游业和谐发展具有重要意义。

大别山贫困区旅游地社会—生态系统脆弱性时空演变与影响机制

作　　者：王群，银马华，杨兴柱，姚兆钊
依托单位：安徽师范大学
成果类别：集体成果

一、研究内容

旅游地社会—生态系统脆弱性主要由社会、经济、生态子系统要素和旅游发展所带来的相关变化要素构成，是社会脆弱性、经济脆弱性和生态环境脆弱性的综合体现。论文选取大别山集贫困区、国家生态功能区和旅游资源富集区于一体的典型 9 县（市）为例，基于 SEE-PSR 模型构建理论研究框架和综合评价体系，探讨贫困山区旅游地社会—生态系统脆弱性时空演变及影响机制。

结果表明：① 2009—2016 年，区域系统脆弱性综合指数由 0.52 波动降至 0.41，其中经济子系统脆弱性指数呈持续下降趋势，社会子系统与生态子系统呈稳定态势且对区域系统脆弱性综合指数贡献率达到 76%，目前区域整体属于较低脆弱并朝着利好方向发展。②空间差异上，2009—2016 年脆弱性综合指数低值县域随时间变化呈波动下降且变异系数较小，脆弱性综合指数高值县域于 2013 年开始下降逐步演变为较低脆弱等级且变异系数较大；县域间脆弱性空间差异呈现连续波动上升趋势，县域间差异有所增大。③阻碍旅游地社会—生态系统脆弱性降低的主要因素由旅游收入增长率、工业增加值占 GDP 比重、城乡收入差距、旅游总收入占 GDP 比重及耕地面积比率转变为旅游经济密度、游客密度及城镇化率，区域整体由状态主导型脆弱演化为压力主导型脆弱。

二、研究框架和研究方法

（一）研究框架

研究选取大别山集贫困区、国家生态功能区和旅游资源富集区于一体的典型 9 县（市）为例，基于 SEE–PSR 模型构建理论研究框架和综合评价体系，探讨 2009—2016 年贫困山区旅游地社会—生态系统脆弱性时空演变及影响机制。研究发现，时间上目前区域整体属于较低脆弱并朝着利好方向发展，空间上各县域间脆弱性空间差异增大并呈现连续波动上升趋势，区域由状态主导型脆弱演化为压力主导型脆弱。研究为贫困区旅游地资源合理利用与科学管理、人地关系协调的空间秩序建构提供参考。

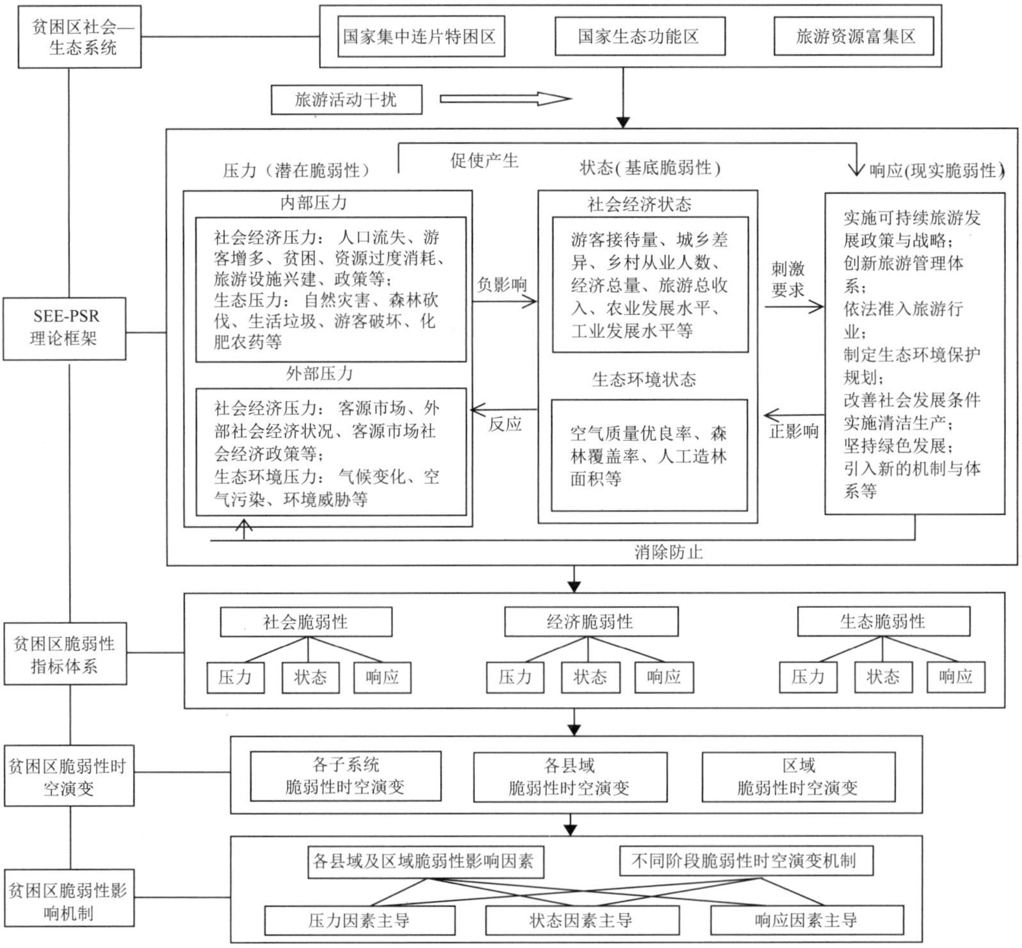

研究框架

（二）研究方法

（1）从脆弱性表现特征、发生原因等方面建立评价指标体系，考虑指标正负向对脆弱性影响不同，采取不同的标准化处理方法。其中，运用极差标准化方法处理正负向指标，运用模糊隶属度函数处理适度指标。结合熵值法和综合指数法计算9县（市）脆弱性综合指数。

（2）借鉴城市脆弱性、生态脆弱性等相关研究，结合区域具体特征，将脆弱性指数分为5级，即 $Si \leq 0.35$ 为低度脆弱，$0.35 < Si \leq 0.50$ 为较低脆弱，$0.50 < Si \leq 0.65$ 为中度脆弱，$0.65 < Si \leq 0.80$ 为较高脆弱，$Si > 0.80$ 为高度脆弱。

（3）引入障碍度模型，通过障碍度大小排序确定各障碍因素的主次关系及其对系统脆弱性的影响程度。

三、理论创新和学术价值

（1）在选题上具有重大意义。关注旅游活动干扰下的贫困山区旅游地社会—生态系统脆弱性研究，深入探讨贫困山区旅游发展与社会—生态系统保护的相互关系。既是旅游管理学、人文地理学领域亟待深入研究的重要前沿课题，也是新阶段面向国家战略需求亟须推进科学决策与创新的重大战略主题。

（2）在研究内容上具有原创性的学术价值。自然学科领域强调系统暴露于特定扰动情况下所遭受损害的可能性以及损害的程度，人文学科领域强调个体或社会群体应对不利影响的能力以及从不利影响中恢复的能力。本研究成果选取大别山地区集国家集中连片特困区、国家生态功能区和旅游资源富集区等典型地理特征的社会—生态系统，以旅游活动干扰动作为主要驱动因素，揭示脆弱性演变的时空特征，探讨人文活动对社会—生态系统的影响规律，为降低和应对贫困山区旅游地脆弱性、促进区域可持续发展提供借鉴，实现自然与人文研究结合，正是本研究成果重点突破之处。

（3）在研究方法上有重要创新。将“社会—经济—环境（SEE）”模型和“压力—状态—响应”（PSR）模型相结合，构建的SEE-PSR理论研究框架，涵盖社会、经济、环境等要素，能够有效地表明社会、经济和人类活动对旅游地社会—生态系统造成的压力或胁迫，也可通过响应指标来表明人类活动及其最终效应所带来的环境对社会经济的反馈。同时，引入数学建模、GIS空间分析、定量评价等来描述和解释社会—生态系统脆弱性时空演变特征及规律。

四、应用价值和经济、技术、社会效益

旅游是贫困山区脱贫的重要途径，但对当地脆弱的社会—生态系统又产生了巨大的压力。本研究有助于：（1）揭示旅游活动对贫困山区人口、资源及环境影响的特征和规律，为旅游地空间资源合理利用与科学管理、人地关系协调的空间秩序建构提供理论支撑。（2）寻找贫困山区社会—生态系统的脆弱性因子，避免旅游发展带来脆弱性的增加，为案例地社会—生态系统的健康状况提供评判依据，为其可持续发展提供科学指导。

独立书店何以生长于繁华商圈

——基于消费社会学视角的解读

作　　者：蔡静诚
依托单位：广东财经大学
成果类别：个人成果

一、研究内容

近几年来，我国部分实体书店在转型过程中，逐渐从传统的文化产业走向城市新兴旅游休闲文化空间，成为本地居民和外来游客“打卡”的“网红”独立书店。这类独立书店普遍开设于大都市租金昂贵的繁华商圈，与实体书店行业整体面临利润微小、租金压力大、生存难的困境正好相反，其背后必然有着新的市场、社会与文化逻辑，需要被探索和研究。该论文从“独立书店何以生长于繁华商圈”这一研究问题出发，通过对北京、上海、广州在繁华商圈的“网红”书店进行实地调研，对比了三个大都市独立书店的空间特点与经营特色，揭示了独立书店如何打造从空间想象、空间实践到空间认同的都市文化“精神之旅”。基于消费社会学的视角分别从“单一消费到协同消费”“实物消费到符号消费”“理性消费到感性消费”三个维度详细解读了独立书店的商圈生长之道，并透析了“网红”独立书店走向都市旅游休闲文化空间的背后逻辑。

二、研究框架和研究方法

（一）发现“反常”的行业发展现象：破圈增长的独立书店

当实体书店行业整体面临利润微小、租金压力大等生存困境需要“被拯救”时，一批原本应该安身于静谧之处的独立书店却高调进驻大都市的繁华商圈并顽强生长为新兴旅游休闲文化空间，成为实体书店转型中一支“反常”的力量。

（二）问题的提出：独立书店如何生长于繁华商圈

1. 实地调研：商圈里的独立书店

研究选取北京、上海、广州三个主要大都市的 15 家商圈“网红”书店作为调查对象，对比了三地书店的经营状况，发现其空间特点（越是繁华之地越是蓬勃发展）与经营特色（以“文化 +”为主的复合文化空间）。

2. 独立书店的商圈生长之道：案例详解——方所书店

通过剖析成功案例方所书店的空间营销策略，解密独立书店是如何运用从空间想象、空间实践到空间认同塑造的实践逻辑，将逛书店演变成一种都市“精神之旅”。

（三）消费社会学视角的解析：独立书店何以生长于繁华商圈

从商圈独立书店的实践逻辑进入深层理论逻辑的探索，从协同消费、符号消费、感性消费三个理论维度，去解答三个核心问题。其一，微利的独立书店为何能在商圈立足？其二，空间场景为何能形塑空间认同并生成新的生活方式？其三，空间体验为何能促进文化消费。从三个维度对三个问题的解读中将商圈“网红书店”放置于中国消费社会转型中进行分析，进而理解我国都市生活方式与休闲旅游方式的变革。

本文是广州市人文社会科学重点研究基地资助的调研项目，采用了以田野调查为主的实证研究，对北京、上海、广州三地的独立书店进行了实地调研，结合观察与访谈的运用，研究策略为比较研究。

三、理论创新和学术价值

本文基于“网红”独立书店悖论式发展的现象做出深入探索，在国内相关研究中首次采用消费社会学的视角对休闲旅游文化空间进行研究，并指出从单一消费到协调消费、从实物消费到符号消费、从理性消费到感性消费的新兴都市休闲文化空间生长逻辑，是对该领域的深度理论解读。

从消费社会转型和消费视角看休闲旅游文化空间，是对该类文化空间经济价值和市场竞争力，以及作为文化空间的文化价值与社会意义的全面统一综合考量，重新审视文化产业的特殊性，对传统文化产业向新型文化旅游空间转型具有重要意义。

四、应用价值和经济、技术、社会效益

（1）重新定义文化空间的市场价值。在对“网红”书店与“打卡式”旅游休闲现象的深入分析中，运用协同消费理论重新定义旅游休闲文化空间的市场价值，即不以文化空间本身的盈利来计算，而是以“协同”消费的整体消费带动力来看。

（2）重申场景对都市文化旅游发展的意义。生长于繁华空间的独立书店之所以成为旅游休闲文化消费的热点，其根本在于对场景的营造，促进了符号消费并催生了感性消费。这一符合消费社会和都市生活方式转型的旅游休闲模式需要引起文化旅游界重视。

（3）发现都市生活方式与“精神之旅”。与传统的文化旅游不同，繁华商圈里的独立书店不仅给都市人提供身体和心灵休憩充电的场所，更是寻找自我和共鸣的精神之旅。这种从空间想象、空间实践到空间认同的精神之旅，是当代实体书店发展的新路径，也是文化旅游发展的新空间。

包容性发展视域下乡村旅游脱贫致富机制研究

——陕西省袁家村的案例启示

作　　者：徐虹，王彩彩
依托单位：南开大学
成果类别：集体成果

一、研究内容

包容性发展强调经济持续、机会均等、公平参与、成果共享，以此为视角对乡村旅游脱贫致富机制进行探究，有助于实现人民脱贫致富、实现乡村振兴。包容性乡村旅游扶贫越发成为一种可持续的脱贫致富方式，本研究以陕西省袁家村为例，全面把握乡村旅游脱贫致富的动态过程。

二、研究框架和研究方法

本研究采用案例研究方法构建包容性乡村旅游脱贫致富机制。首先，在文献回顾和实践发展的基础上，提出研究问题：包容性发展在乡村旅游脱贫致富情境下有哪些维度？它们是如何演变的？包容性发展下的乡村旅游脱贫致富机制如何构建？其次，通过对袁家村一手资料和二手资料的收集、整理与分析，得到研究结果：（1）乡村旅游脱贫致富的包容性发展由经济包容、制度包容、环境包容和文化包容四个维度构成。（2）在脱贫致富的不同阶段，包容性发展呈现动态的演变过程。由初期、成长期经济发展和机会参与的经济包容性，丰富为快速发展期、稳定增长期公平分配的经济包容性；由成长期制度管理、权利行使的制度包容性，丰富为快速发展期、稳定增长期权力约束的制度包容性；由快速发展期自然环境保护的环境包容性，丰富为稳定增长期自然环境和人文环境维护的环境包容性；在稳定增长期表现为重视思想教育和知识学习的文化包容性。（3）乡村旅游脱贫致富形成了政府引导下的村民自治共享的包容性乡村旅游脱贫致富机制，具体包括领导执行机制、公平参与机制、利益共享机制和引导服务机制。最后，本文对研究进行总结，提出理论贡献和实践启示。

三、理论创新和学术价值

本文通过对袁家村乡村旅游进行案例研究，梳理并分析了各级政府、村两委、合作社、村民等利益主体的角色和作用，厘清了旅游脱贫致富过程以及包容性发展的演变，构建了包容性乡村旅游脱贫致富机制。理论创新体现为以下三点：（1）拓展了包容性发展的内涵和维度；（2）厘清了包容性发展维度的演变过程；（3）构建了包容性乡村旅游脱贫致富机制。

四、应用价值和经济、技术、社会效益

在乡村旅游脱贫致富与乡村振兴道路上，“袁家村模式”已然成为我国农村地区效仿的先例，其发展经验为乡村脱贫致富和乡村振兴提供了现实指导，实践启示表现为三方面：（1）加强基层党组织的核心领导，构建和谐的干群关系；（2）培育农民的主体意识，提升群体自我发展能力；（3）转变政府角色和职能，建设服务型政府。

旅游小企业主的创业动机研究

——基于社会认知理论的视角

作　　者：王莎，Huang K，Hung WJ
依托单位：复旦大学
成果类别：集体成果

一、研究内容

旅游小企业主的创业动机一直是学术界关注的焦点，但是以往文献主要从单一时间点上对旅游小企业主的创业动机进行描述性研究，简单归纳为商业型动机与生活方式型动机，缺乏对旅游小企业主创业动机的深入分析，特别是忽视了旅游目的地的发展对小企业主创业动机影响的探讨。因此，本论文选择社会认知理论为分析框架，聚焦到客栈这一业态的旅游小企业，从动态视角出发，比较小企业主的创业动机是否发生变化，并探索影响小企业主创业动机的个人与环境因素。

二、研究框架和研究方法

本论文以中国丽江古城为案例地，主要采用定性研究方法，对客栈经营者进行了深度访谈，并对访谈资料进行了内容分析。结果揭示出旅游小企业主创业动机变化的四种模式：从生活方式型向商业型动机转变、维持生活方式型动机、从商业型动机转变为生活方式型动机和维持商业型动机。

创业动机从生活方式型转变为商业型的小企业主，影响其动机的个人因素包括对商业需求的认知、利用所积累的资源与经验、对丽江新奇感的降低以及家庭情况的改变，环境因素包括游客住宿需求的变化、商业竞争的日益激烈和商业化程度的不断提高；维持生活方式型动机的小企业主，都以有限的客房经营客栈，只有很少甚至没有雇员，对商业化的认可、经营客栈获利的有限性、经营客栈的烦琐性以及对赚钱的相对低欲望有助于其享受这种生活方式，而游客的住宿需求和高重游率也促使了他们以生活方式为主要动机；从商业型转向生活方式型的受访者都不是本地人，他们以谋生为主要目的来到丽江，且在丽江生活超过八年，扩张客栈业务的高成本和大量回头客的存在，加上个人对舒适生活、陪伴家人的向往促使其向生活方式型转变；维持商业型动机的受访者，其对丽江住宿需求的乐观预期，对赚钱谋生、发展社会资本、获得成就感的渴望，以及目的地的商业化、游客需求的变化、客栈业态的饱和及激烈竞争、经营成本的提高促使其保持商业导向。

整体而言，影响旅游小企业主创业动机的个人要素包括个人认知、内心需求以及人口统计因素，环境要素包括游客市场变化、行业内部变化以及旅游目的地的变化。在此基础上，本文提出了旅游小企业主创业动机的动态解释模型：由于目的地总是在变化，而且个人因素可能会随着时间而变化，因而经营者的创业动机可能会以生活方式型或商业型为主导而保持不变，或者从一种转向另一种。保持和变更过程基于所学习的知识、获得的经验以及在工作和生活环境中的调整而变化。

三、理论创新和学术价值

理论创新上，本论文从动态视角出发，对旅游小企业主经营动机的变迁过程进行了深度解读，发掘出四种经营动机变迁的路径；引入社会认知理论，提出了旅游小企业主创业动机模型，该模型有助于深入理解小企业主经营动机变与不变的内在逻辑。

四、应用价值和经济、技术、社会效益

应用价值上，本论文发现随着旅游目的地的发展，生活方式型小企业的生存会受到游客需求变化、市场竞争和当地环境的冲击，鉴于其对当地产生的积极影响，如提升地方经济多元化的潜力、在文化生活和环境保护方面造福当地社会，本论文建议政策制定者建立一系列扶持机制，包括商业支持和社区发展，协助生活方式型旅游小企业可持续经营。

旅游体验质量与满意度：内涵、关系与测量

作　　者：马天
依托单位：大连民族大学
成果类别：个人成果

一、研究内容

从研究类型上看，本文属于思辨研究。一些测量旅游体验质量的实证研究往往使用游客满意度来测量旅游体验质量——让旅游者对旅游产品的物理属性和服务质量进行认知评价，但是这种方法并未真正触及旅游体验，未能有效地对旅游体验进行评价。因此，本文关注的是旅游体验评价中直接使用营销学的满意度测量方法和工具对旅游情境中旅游体验质量进行测量的适当性问题。

本文详细梳理了旅游体验、旅游体验质量和满意度等重要概念，辨析了旅游体验与旅游体验质量、产品 / 服务质量与旅游体验质量、满意度与旅游体验质量等几组概念之间的关系，进而通过属性—整体、功能—心理两个维度清晰地阐释了几个概念之间的关系：旅游体验质量是旅游者对其旅游体验的心理的、整体的评价，位于二维度图中的第一象限，产品质量和服务质量是对属性、功能层面的评价，位于第三象限；满意度与旅游体验质量、产品质量和服务质量位于不同的考量层次，满意度既可能是对旅游体验质量的满意度，也可能是对产品质量或服务质量的满意度。鉴于此，本文主张从整体和心理层面认识旅游体验质量，而不应在分析哲学的指导下将旅游体验质量拆解为产品质量和服务质量，更不能简单地使用游客满意度来测量旅游体验质量。

二、研究框架和研究方法

首先，本文从测量旅游体验质量的实证研究入手，回顾目前旅游体验质量测量的主要路径和手段；进一步通过回顾营销研究或消费者研究中满意度、顾客体验（customer experience）以及旅游研究中旅游体验（tourist experience）的概念，指出目前一些研究对旅游体验内涵的宽泛理解不利于有效测量或评价旅游体验。其次，在已有研究的基础上，重新界定旅游体验和旅游体验质量的概念，并通过二维图和概念关系模型详细说明几个常常被混淆的概念之间的关系，包括产品质量/服务质量与体验质量、旅游体验与旅游体验质量、满意度与旅游体验质量、产品质量/服务质量与满意度，以期深化对旅游体验质量的认识和理解，为后续的研究奠定扎实的理论基础。

已有的关于旅游体验质量和满意度主要是实证研究（empirical research），而本文则属于思辨研究。

三、理论创新和学术价值

本文系统地回顾了与旅游体验质量有关的重要概念，并详细探讨概念之间的关系，对深化旅游体验理论认识、开展实证研究具有重要意义。事实上，旅游体验质量是比游客满意度更重要的概念，使用旅游体验质量（而不是游客满意度）来评价旅游体验，既有助于从学术上深化对旅游体验质量这一重要概念的理解，识别出旅游体验质量的维度，开发出测量旅游体验质量的工具，了解旅游者的体验质量，还可以进一步探讨旅游体验质量对结果变量（游客满意度、忠诚、积极口碑等）的影响。

四、应用价值和经济、技术、社会效益

在管理实践中，旅游企业或目的地管理部门只有了解旅游者的体验质量才能更好地管理、提升旅游者的体验质量，进而增加旅游者的忠诚行为，保持旅游目的地或企业的竞争优势，实现经济效益。与此同时，经营管理者可以借助体验质量对同一类型旅游目的地或旅游企业等进行比较。例如，同种类型的旅游目的地，其在资源禀赋、产品和服务质量方面可能相差无几，而在体验质量上却千差万别。鉴于此，目的地经营管理者应重点提升体验质量，其类似于赫茨伯格双因素理论中的激励因素，而产品或服务质量类似于保健因素。

生活方式导向动机对旅游小企业责任与绩效的影响

作　　者：王彩萍，Li Gang，徐红罡
依托单位：中山大学
成果类别：集体成果

一、研究内容

随着经济社会的发展，追求生活质量而非绝对经济利益的生活方式型小企业不断增加，这一现象在旅游行业中尤为显著。本文旨在研究生活方式导向的经营动机（LOM）对企业社会责任行为、绩效及企业主可持续经营意愿的影响。

首先确定研究对象为处于中国自然、历史文化古镇的小型家庭旅馆。作为旅游目的地，自然历史文化古镇具有优越地理位置和舒适社会、自然环境，符合生活方式型企业主要求，具有生活方式型旅游小企业集聚典型特征；同时，小型家庭旅馆企业进入门槛要求相对低，企业还可利用周围自然景点吸引游客以减少经营压力；此外小企业决策通常反映所有者个人动机，从而为研究提供了天然适合样本。

二、研究框架和研究方法

在自我决定理论（SDT）基础上，构建研究假设，并建立研究概念框架模型。采用结构方程模型的偏最小二乘估计方法（PLS），对获取的154家小型家庭旅馆样本数据进行实证分析，该方法具有不强加数据分布假设的优点，在处理小样本方面具有稳健性。研究发现：

（1）以生活方式为导向的经营动机正向影响旅游小企业社会责任、绩效和企业主经营意愿。

（2）以生活方式为导向的动机能在各个维度（产品、环境、社区、员工和遗产保护）促进小企业社会责任活动；但它只有助于提高企业主主观情感绩效，对企业客观财务绩效没有显著影响。

（3）企业社会责任、企业绩效在以生活方式为导向的动机对小企业主经营意愿的影响路径中发挥中介作用。

三、理论创新和学术价值

论文综合管理学、心理学理论建立研究假设，体现了多学科交叉，为自我决定理论提供了旅游企业层面的有效证据。

关注经济结构中占比大却别具特征的小企业，论证形成了内在动机是生活方式企业家可持续企业社会责任行为的基础，是这些行为可靠预测因素的观点，弥补了旅游研究在该领域的缺失，并拓展公司财务对社会责任的研究边界。

四、应用价值和经济、技术、社会效益

2015 年 9 月联合国《2030 年可持续发展议程》通过，可持续发展理念在全球日益普遍。党的十九大报告也强调，“坚定走生产发展、生活富裕、生态良好的文明发展道路”。

自然历史文化资源地是旅游目的地重要组成部分，但其经济发展却相对落后。发展旅游是促进当地脱贫致富的有效手段，但不能涸泽而渔，需牢牢把握“可持续发展”理念，促进经济、社区（社会）、环境（自然或遗产环境）协调并进。小企业是旅游目的地发展的重要参与主体，本文结果对于促进企业良好经营、促进地方旅游经济稳步发展具有重要意义，同时对促进当地社区融合、自然 / 遗产环境保护，也具有重要实践价值。

学术论文类

——三等奖

山岳型景区特殊时段旅游拥挤特征及调控模式

——以黄山风景区为例

作　　者：杨效忠，王杏
依托单位：安徽师范大学
成果类别：集体成果

一、研究内容

本研究是以黄山风景区为例，基于旅游拥挤多维内涵，构建物理拥挤和心理拥挤二维指标，结合游客访谈，分析了景区的拥挤特征及影响因素。基于特殊时段和特殊空间背景下多样性和动态性的空间—行为互动模式，提出“奶酪型”“小丑型”“泄洪型”“花瓶型”四类调控类型。

二、研究框架和研究方法

文章采用物理拥挤和心理拥挤二维指标，结合游客访谈的研究方法。

物理拥挤度测量计算公式为：

$$D_i = P_i / S_i$$

式中：D_i表示第i地点的平均密度；P_i表示第i地点的平均人数；S_i表示第i地点的面积。

心理拥挤度测量计算公式为：

$$M_i = \sum_{j=1}^{5} \frac{n_j}{N} \times m_j$$

式中：M_i 表示第 i 地点拥挤感知的评价结果；m_j 表示拥挤感知程度在量表中的评分；n_j

表示选择拥挤感知程度 m_j 的人数；N 表示填写有效问卷的总人数。

研究框架如图 1 所示。

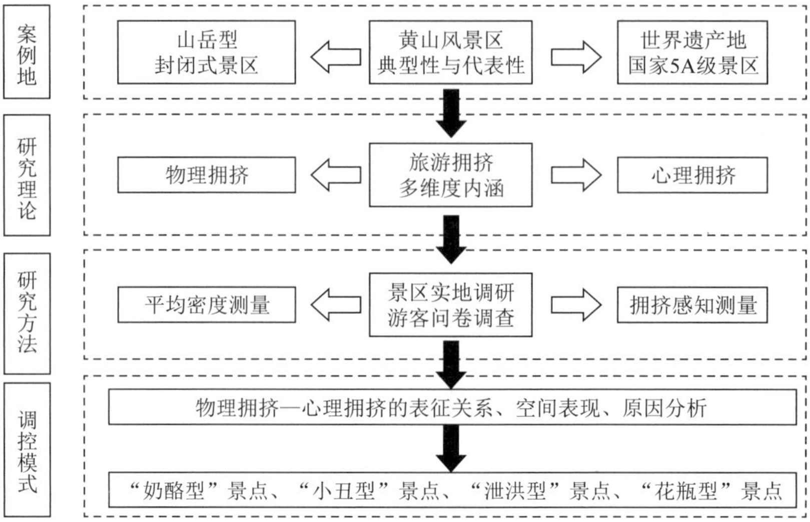

图 1　研究框架

三、理论创新和学术价值

结合中国旅游景区潮汐式旅游物理拥挤的现状特征，融入西方心理拥挤的经典研究成果，构建出旅游拥挤的概念框架（图 2）。提出旅游拥挤是特殊时段和特殊环境条件下旅游空间和游客行为互动的表现。构建出物理拥挤和心理拥挤二维指标测量拥挤度，其中物理拥挤反映特定旅游空间密度水平客观状态，而心理拥挤是表达个体感知的主观状态。

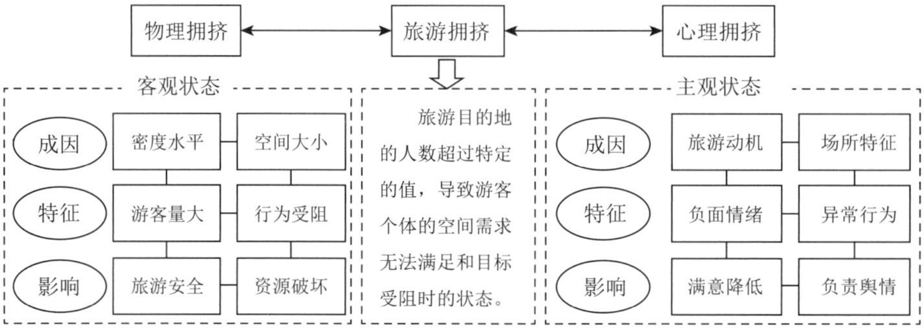

图 2　旅游拥挤的概念框架

四、应用价值和经济、技术社会效益

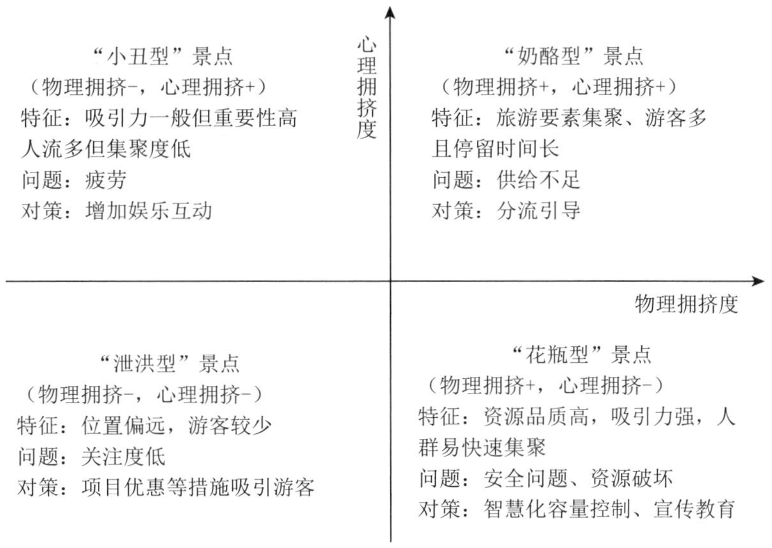

图3　黄山风景区旅游拥挤调控模式

随着大众旅游的常态化发展，潮汐式旅游拥挤成为中国独特的地理现象，引发诸多问题。国内旅游出行模式自助化、散客化的快速转型，客流叠加车流，旅游拥挤问题将会更加严重。山岳型景区是中国观光旅游的重要载体，旅游拥挤问题较其他类型景区更为突出。因此，加强特殊时段的旅游拥挤研究尤为重要。本文从旅游拥挤的多维内涵分析黄山风景区旅游拥挤的特征，发现景点的知名度、游客的游程安排、空间大小等因素决定了景区物理拥挤的特征；资源的吸引力、公共服务设施、空间特征等因素显著影响游客的心理拥挤程度。在此基础上，将黄山风景区各地点分为"奶酪型""小丑型""泄洪型""花瓶型"四种调控类型（图3），因地制宜地提出分流、服务供给、增加娱乐、容量控制等措施，同时也为其他同类型的旅游目的地提供借鉴，促进人地关系的相互作用与协调发展。

农家书屋助力乡村振兴战略实施的对策研究

作　　者：储节旺，刘秉玉
依托单位：安徽大学
成果类别：集体成果

一、研究内容

农家书屋在推动实施乡村振兴战略的过程中具有重要意义。产业振兴是实现乡村振兴的重要基础，文化振兴则为乡村振兴提供内在保证和动力源泉。作为乡村重要的文化机构，农家书屋是乡村文化振兴的中坚力量，更多地承担智力开发重任，充当乡村文化集散中心，在促进乡村产业发展转型、提高乡村居民综合素质、传承创新乡村优秀传统文化等方面发挥着重要作用。

农家书屋从试点到大力推广建设历经十多年时间，已经具备了一定的规模，在新时代背景下农家书屋为实现可持续发展，需要从管理、运行、服务水平等多方面进行完善，从而适应新时代乡村的新发展，满足乡村振兴提出的新要求。论文具体分析农家书屋的发展现状，结合农家书屋在实践中的成功案例论证其在促进乡村人才振兴、文化振兴和产业振兴中所发挥的积极作用，表现为：数量增长迅速、藏书种类较多、依托农家书屋的阅读推广活动发展较快、部分农家书屋正在转型发展。研究指出农家书屋在服务乡村振兴战略实施中存在的问题主要有：缺乏服务于乡村振兴战略的长期规划，思想上对农家书屋还不够重视；服务于乡村振兴战略的服务方式和运营机制还不太完善；适合于乡村振兴战略需求的知识资源还有欠缺等。研究得出可以采取的对策有：从乡村振兴的视角出发，将农家书屋的长期规划纳入各地乡村振兴战略中，能够增强农家书屋的知识服务能力，创新农家书屋的经营机制，提供乡村振兴战略所需的知识资源。

二、研究框架和研究方法

本文主要采用文献调查法进行研究，研究框架为:（1）农家书屋概述，主要包括农家书屋工程和农家书屋建设概述;（2）农家书屋助力乡村振兴战略实施的主要领域和存在的问题;（3）农家书屋助力乡村振兴战略实施的完善举措。

三、理论创新和学术价值

透过本文研究，表明在乡村振兴战略的背景下，加强农家书屋建设具有其独特的作用，这为农家书屋的研究提供了一个视角，因而具有较好的理论意义。

四、应用价值和经济、技术、社会效益

要盘活农家书屋的资源，将文化资源有效地转变为乡村发展所需的物质力量，需要政府各部门履行好监管职责、社会各界积极参与和农家书屋自身服务不断完善，为农家书屋升级改造营造良好的社会环境，使农家书屋既适应乡村居民日益增长的文化需求，又能够更好地服务于乡村振兴战略的实施。这为实践上进一步推进农家书屋的发展提供了依据，因而具有较好的应用价值和经济、技术、社会效益。

基于启发式方法的偏好异质性游客群体旅游个性化线路设计研究

作　　者：郑伟民，廖治学
依托单位：厦门大学
成果类别：集体成果

一、研究内容

旅游业与信息技术已呈深度融合之势，信息技术已渗透到旅游产业的各个领域，极大推动了旅游业生产方式、管理模式、营销模式、传播形式及消费形态的转变，有效促进了旅游业体制创新、服务创新和市场创新。同时，旅游市场结构正经历深刻的变革，开始从卖方市场向消费高度个性化的买方市场转变。

在信息技术迅速发展和旅游市场结构深刻变革的双重背景下、在旅游市场需求与现代信息技术驱动旅游业创新发展的新趋势下，本成果综合运用管理科学、信息科学、地理信息科学和旅游管理等多学科交叉方法，研究偏好异质性游客群体旅游个性化线路设计问题。

二、研究框架和研究方法

本成果遵循“问题抽象—数学建模—算法设计—智能应用”的思路，框架如图1所示。①问题抽象：线路设计是运筹学的经典优化问题。相比而言，偏好异质性游客群体个性化线路设计问题更为复杂，它不仅涉及众多优化要素和大量约束条件，还需要平衡群体总效用和个体公平性两个潜在冲突目标的关系。因此，该问题属于多目标、同时包含离散和连续变量的组合优化问题。②数学建模：现有研究表明，旅游线路设计问题可视为定向问题的拓展，并可通过定向问题的变体建模。本成果结合该问题的特征，基于定向问题构建了多目标规划数学模型。③算法设计：线路设计和定向问题都是典型的 NP 难问题，很难通过精确算法求解。为此，本成果基于帕累托最优理论处理两个潜在冲突的目标，并结合蚁群算法和差分进化算法设计非占优启发式方法。该方法能实现对含有离散和连续变量解的同步优化，同时通过参数自适应和改进最优解搜索等策略提升方法的鲁棒性和效率。④智能应用：新方法、新技术本身不是最终目标，运用新方法、技术以更好地服务游客、企业和行业才是根本目的。为此，本研究在世界文化遗产地——鼓浪屿进行案例研究（图 2），评估本成果的应用价值。统计分析结果表明，相比现有方法，本成果能更好平衡群体总效用和个体公平性的关系，同时能为偏好异质性游客群体设计更多样化、更符合实际情况和更个性化的游览线路。

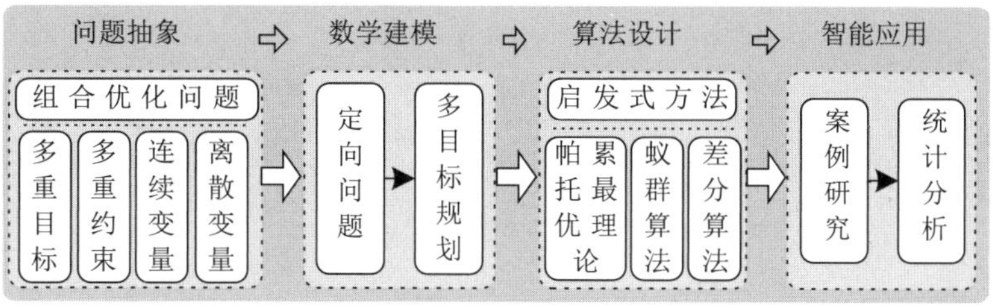

图 1　研究框架

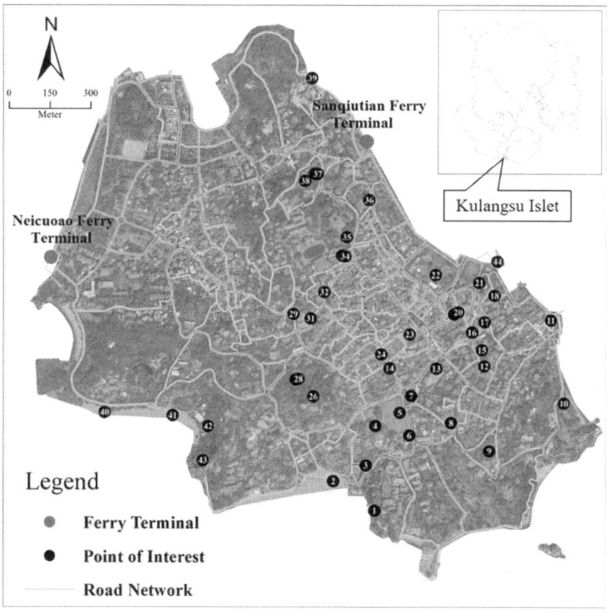

图 2　鼓浪屿地图

三、理论创新和学术价值

在交叉融合形成新领域的形势下，本成果综合集成多学科研究方法，有助于拓展旅游研究视角、推进旅游科学管理方法论进步、丰富旅游研究理论体系、创新跨学科的旅游管理理论。

四、应用价值和经济、技术、社会效益

本成果有助于提升游客旅游体验、提升旅游目的地管理和服务水平，进而帮助旅游目的地在日益激烈的市场竞争环境中提升竞争力。

从拓扑心理学角度浅谈音乐审美活动心理机制

作　　者：刘世虎，于仙
依托单位：辽宁师范大学
成果类别：集体成果

一、研究内容

音乐的艺术价值在于人的审美过程，情境和人的差异性会使音乐在不同的氛围内产生不同的化学反应。本文从拓扑心理学的角度，以音乐审美活动中“心理空间”为切入点，讨论将拓扑心理学原理应用于音乐审美活动的可行性。

人作为音乐审美活动的主体在进行审美体验时的心理机制与心理空间的结构是十分微妙的，在进行音乐创作的同时，把握这种音乐审美活动的心理机制对音乐的创作以及传播具有十分重要的意义。Kurt Lewin 曾在拓扑心理学中提出了“心理空间”的概念，提出了前所未有的新术语——“心理学描述整个的情境可先区分为人（P）和环境（E）。每一心理事件都取决于其人的态度及其环境，虽然其相对的重要性随不同的个案而异。”他用人与环境的函数代替了行为主义的刺激反应的原子论的公式。本文从拓扑心理学的角度，通过对心理生活空间以及心理生活空间概念下隐喻在音乐中起到的变化，浅谈在音乐审美过程中出现的空间结构、相关的控制变量以及音乐审美过程中心理隐喻空间的变化因素。

二、研究框架和研究方法

（一）研究框架

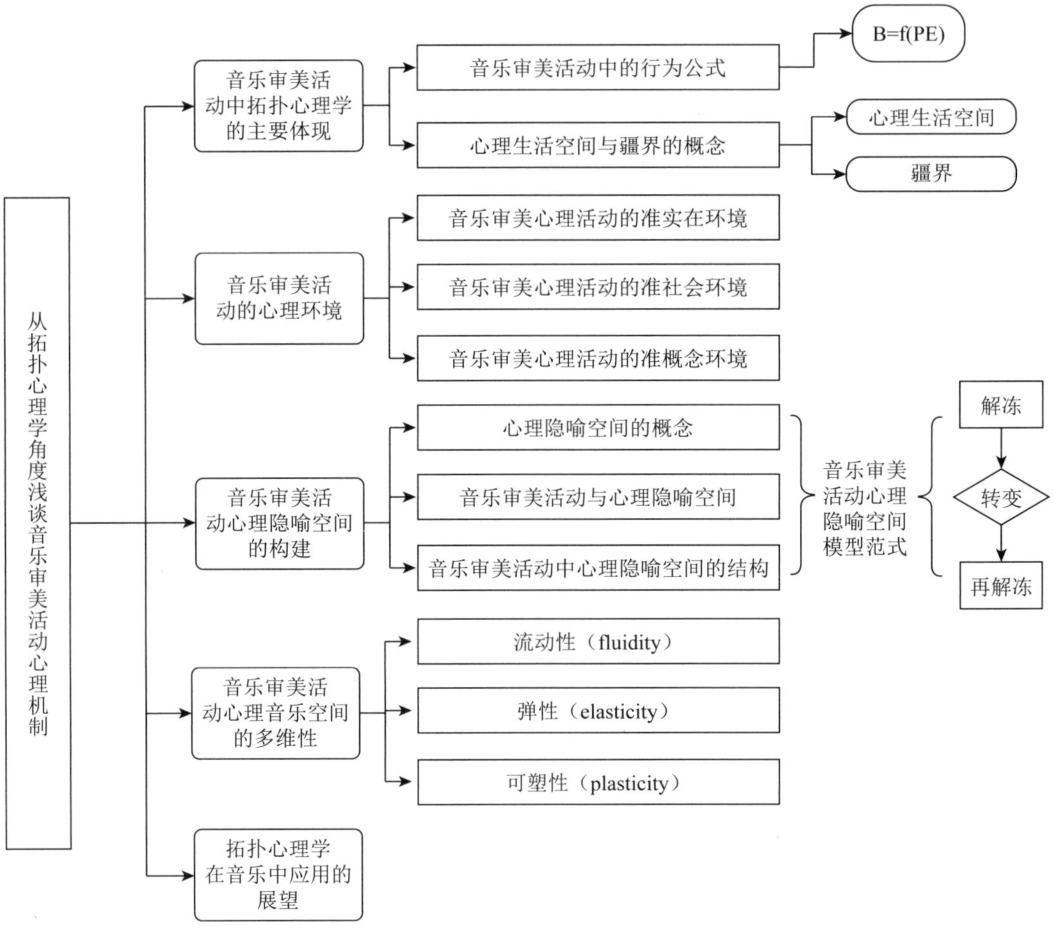

研究框架图

（二）研究方法

本文研究方法包括文献分析、调查、教学实践、交叉研究、描述等方法。本研究以拓扑心理学为研究切入点，构建音乐审美活动心理机制的基础模型，并通过心理隐喻空间、心理音乐空间的不同性质构建，进一步确定音乐审美活动心理机制的范式。

三、应用价值和经济、技术、社会效益

“我们都需要彼此。这种相互依赖是对个体以及组织技能提出的最大挑战。”长久以来音乐在人们的生活中一直扮演着重要的角色，它的功能与价值是不可估量的——人们把情感通过音乐的手段付诸现实，又通过音乐改变现实生活中的行为。

作为以人为主体的一种艺术形式，音乐在本质上并没有特殊的价值。在音乐审美活动中，音乐不仅作为审美材料而存在，它既简单又繁复，既明晰又混沌，既能作为审美的工具，也能作为审美的目标，这种矛盾的对立与统一需要不断付诸努力去探究其内在的发展规律。

在音乐的情境下去看待心理空间的改变和区域移动，一方面，通过音乐环境的不断变化来促使人行为的转变，可以更加潜移默化地对人的行为产生影响，另一方面，从拓扑心理学的角度掌握音乐审美活动心理机制，可以减少音乐教育环节中的阻力，使音乐教学和音乐欣赏更加科学系统化，对音乐的创作、教育、审美、认知等方面都具有重要意义。音乐从业者可以通过对音乐审美活动心理机制在拓扑心理学上的动力架构做相应的研究和探知，探索不同艺术形式的审美心理机制对传播和弘扬优秀的艺术文化有着重要的意义，这不仅是个体发展和本能的需求，更是社会精神文明发展的必经之路。

基于内容分析的景点虚拟宣传片内容特征研究

作　　者：谭旸，袁勤俭
依托单位：南京大学
成果类别：集体成果

一、研究内容

短视频可以在有限的时间内以多媒体形式向决策者提供内容丰富的决策情报，已经成为产品营销的重要工具之一。旅游业也开始采用短视频这种新兴的营销工具。随着虚拟现实技术的快速发展，有些旅游景点还将虚拟现实技术引入短视频宣传片中，推出了旅游景点虚拟宣传片。旅游景点虚拟宣传片通过三维场景为旅游出行者提供超时空的沉浸体验，充分从视、听多角度给旅游出行者提供更高效、更高质量的决策情报。如何从内容上充分发挥虚拟现实技术的优势来拍摄出优秀的虚拟宣传片为旅游出行者提供帮助，是值得探索的问题。

然而，在文献调研中，仅发现了少数文献研究了旅游景点平面宣传片。这些文献的研究主要集中在景点平面宣传片对旅游出行者感知景点形象的影响、景点平面宣传片对出行者目的地选择的影响、景点平面宣传片对前往景点旅游的出行者数量的影响、景点平面宣传片对景点旅游产业绩效的影响等方面，仅有一篇文献采用内容分析法对部分优秀的平面景点宣传片进行分析，发现优秀的平面景点宣传片应该包括景色、文化娱乐、餐饮、购物、交通等元素。虽然有两篇文献研究了平面景点宣传片的内容视觉元素，但是它们未涉及内容的互动元素、音效与音画配合效果、视频时长、拍摄手法等元素。

为了有助于更多的旅游景点通过拍摄出优秀的景点虚拟宣传片，本文从内容特征角度分析了典型的旅游景点虚拟宣传片，发现这些景点虚拟宣传片具有“内容以自然元素为主”，“拍摄手法多采用移动视角、仰视视角和平视视角”，“全部采用背景音乐、部分采用背景音效”，“少数引入互动元素”等特征。

二、研究框架和研究方法

本文以国内外旅游网站推出的22段典型的优秀旅游景点虚拟宣传片，共24个片段为研究对象，采用内容分析法，以体验营销理论为基础，以视觉体验、听觉体验和互动体验制定编码框架并进行内容编码，从视频时长、拍摄手法、音效与音画配合效果、内容的互动元素等方面进行了深入剖析。

三、理论创新和学术价值

本研究将内容分析法应用于虚拟视频的定量分析，发现了优秀的旅游景点虚拟宣传片的特性，增进了学界和业界对旅游景点虚拟宣传片的认知。

四、应用价值和经济、技术、社会效益

针对研究结果，本文提出景点虚拟宣传片的拍摄应注意“将时长控制在1分钟到3分钟，有效展示景点最鲜明的特征”，“选择适合景点特色的拍摄方式，为出行者提供沉浸式体验”，“增添人文元素，为出行者提供丰富的、生动的旅游信息”，“采用与画面相匹配的音效和音乐，为出行者提供愉悦性视听体验”，“增加互动元素，为出行者提供临场感”等问题，为帮助旅游景点拍摄出优秀的虚拟宣传片提供了现实的参照系。

中国公共图书馆增强文化自信之地位研究

作　　者：王倩，汤二子，彭冲
依托单位：南京审计大学
成果类别：集体成果

一、研究内容

文化自信与道路自信、理论自信及制度自信一道写入党的十九大报告之中，体现了中共领导层对培育中华民族文化自信的高度重视，彰显出新时代文化建设的至关重要性。在公共文化服务体系中，公共图书馆是其关键的组成部分。因此，研究公共图书馆对于中国增强文化自信的地位及作用具有重要的理论与实践意义。

依据中国文化经验数据研究发现政府对公共图书馆财政补贴额度相对其他主要文化机构来说较高，同时公共图书馆财政补贴占其总收入的比率最高，这表明中国政府对公共图书馆给予了足够重视。

公共图书馆在总收入方面的优势比不上其财政拨款，机构数量相对来说也不多，特别是人力资源方面存在很大劣势，这表明公共图书馆在中国文化体系中还存在提升空间。

公共图书馆通过激发全民阅读能有效地传播中国先进文化，但其在先进文化创造方面却相对不足。

二、研究框架和研究方法

研究框架如下：首先，阐述之所以研究公共图书馆在中国增强文化自信过程中所处地位的意义；其次，通过中国经验数据阐述文化体系中公共图书馆相对其他文化机构的情况；再次，阐述公共图书馆对于增强文化自信的职能发挥；最后，总结结论。

研究方法：经验研究法、机理分析法、归纳演绎法等。

三、理论创新和学术价值

理论创新：公共图书馆要在习近平新时代中国特色社会主义思想的指导下，为民众推荐先进文化以使其充分了解这些文化载体，进而增强对中华文化的认可度来培育文化自信；相对文化传播，公共图书馆在先进文化创造方面存在一些滞后，这是新时代公共图书馆应该努力提升的方向；当公共图书馆在先进文化创造与传播上能够充分发挥作用时，其在中华民族培育文化自信过程中定然会拥有更加崇高的地位。

学术价值：公共图书馆作为文化服务机构，是中国文化体系的重要组成部分。以国家战略作为导向，研究公共图书馆对中华民族提升文化自信的重要性。研究内容既有宏观文化自信的阐述，亦有微观公共图书馆具体举措与履行职能等介绍，力求做到“顶天立地”。

四、应用价值和经济、技术、社会效益

在中华民族增强文化自信过程中，先进文化的创造与传播是重中之重。中国公共图书馆肩负着激发全民阅读的重任，而阅读正是有效传播先进文化的一大举措。全民阅读意味着一个人都不能缺席，全体民众都要利用阅读来得到先进文化的教育与熏陶。在文化的实际传播中，公共图书馆既要加强传统的图书情报服务，也要适应信息技术发展的潮流，合理使用各种前沿技术来提高文化传播效率。

旅游的本质及旅游学的学科逻辑新探

作　　者：陈海波
依托单位：湖南城市学院
成果类别：个人成果

一、研究内容

成果的研究内容包括两个部分，其一是旅游的本质探讨，其二是旅游学的学科逻辑阐述。这两部分的内容不是并列或分离的，相反，它们是一个有机联系的整体。文章认为，旅游的本质是一个本质体系，本质与本质之间存在层次化的并列、隶属、包含及转化等关系。旅游的本质体系与旅游学的研究体系是同构的。研究体系由学派、学系和学须构成，每一个学派、学系或学须，它们得以成立的前提就是各自承诺、信仰并贯彻一个犹如“主心骨”的本质。学须能够壮大成学系，学系能够壮大为学派，学派能够壮大为学科，这是旅游学这门学科发展的基本逻辑。

二、研究框架和研究方法

成果秉持尺度缩放的视角，围绕“为何追问本质—何为本质—本质何用”的思维主线，综合采用文献分析法、现象学方法、逻辑思辨和分形理论等方法，较好地达成了研究目标。

三、理论创新和学术价值

长期以来，旅游学界均认为要找寻到旅游的本质，以便为旅游学确立坚实的理论内核或逻辑起点。但是，学者们关于旅游的本质众说纷纭、相互诘难、缺乏廓清。究其原因，主要是大家对本质的概念缺乏追本溯源的批判论证，只沿用论述的根据，忽视了根据的论述。本文引入哲学研究相关思想资源，对本质的概念做了较为全面的梳理总结，为旅游本质的论述搭建了良好的理论平台，特别指出事物的本质是一个本质体系，具有一定的创新色彩。文章不仅给出了旅游的三种本质方案，还基于本质理论阐述了旅游学发展的一般逻辑，既为旅游研究相关成果的入列就位提供了导引，同时也为与旅游学相仿的新兴学科提供了独立“成学”的路径参考。

四、应用价值和经济、技术、社会效益

本文的探索性工作，能够为旅游学的独立“成学”提供一个参考思路，这也有助于提升旅游学的学科自觉和学科自信，间接助益于旅游管理专业的办学效率、效能和效益。

合作态势与权力角色："一带一路"沿线国家旅游合作网络解构

作　　者：殷杰，郑向敏，李实
依托单位：华侨大学
成果类别：集体成果

一、研究内容

基于 2000—2016 年"一带一路"沿线国家旅游经济发展数据，借助修正后的引力模型和社会网络分析方法，解构旅游合作网络，并重点探讨以下问题：

（1）沿线国家旅游合作的总体态势。各国间的旅游经济联系逐渐向多向化、稠密化、纵深化方向发展。但合作网络中的中心国家与边缘国家联系紧密程度不够，合作密度仍需进一步加强。

（2）沿线国家旅游合作的个体特征，即识别旅游合作网络中的"领头羊"角色、"中间人"角色等。旅游合作网络中的"领头羊"角色、"中间人"角色不断更替，但"领头羊"的控制能力逐渐增强，合作网络中"中间人"的控制能力减弱，各国之间的直接合作趋势越发明显。

（3）中国在"一带一路"沿线国家旅游合作中扮演着"核心者""领头羊""自主者""中间人"等多重角色。

二、研究框架和研究方法

（1）结构——建立旅游合作网络：在结合国际旅游实践与国际旅游合作情境的基

础上，修正万有引力模型的基础上，测度沿线国家旅游合作联系，并借助社会网络分析方法建构旅游合作网络。

（2）解构——剖析合作网络特征：借助网络密度、EI 指数、中心势等指标重点剖析沿线国家旅游合作网络的总体特征，即沿线国家总体合作态势，并借助度数中心度、中间中心度、接近中心度和合作地位指数进一步解析合作网络中的个体角色，识别“领头羊”“中间人”，进而解析中国在旅游合作网络中的多重角色。

三、理论创新和学术价值

（1）修正引力模型：本研究结合旅游合作情境，将经济距离、合作引力系数等变量引入万有引力模型，形成修正后的测度旅游合作联系的新模型，对于旅游合作联系的测度具有一定的借鉴与参考。

（2）建构合作网络：本研究借助社会网络分析建构了“一带一路”沿线国家旅游合作网络，全面揭示了总体合作态势、个体权力角色与中国多重身份，一定程度上推进和深化了“一带一路”沿线国家旅游研究。

四、应用价值和经济、技术、社会效益

（1）修正旅游合作联系的测度方法：本研究提出了修正后的、适合测度旅游合作联系的修正万有引力模型，为今后测度国际旅游合作联系提供了测度方法与测度依据。

（2）揭示合作特征，指明合作方向：本研究全面揭示了“一带一路”沿线国家旅游合作网络的特征，识别了网络中的个体权力角色，也厘清了中国在旅游合作网络中的多重身份。一方面，能够为沿线国家融入旅游合作网络提供借鉴与参考；另一方面，为中国进一步高质量推进“一带一路”沿线国家旅游合作提供了战略方向与定位。

如何真正实现文化与旅游的融合发展

作　　者：宋瑞
依托单位：中国社会科学院财经战略研究院
成果类别：个人成果

一、研究内容

核心观点 1：对于文化和旅游这两个内涵和外延极为复杂的概念而言，要做出精准、全面、不同主体一致认同、古今中外皆可通行、所有场合均能适用的界定几无可能，也无必要。围绕这两个概念及其关系进行讨论时，需小心区分，讨论者所说的文化、旅游乃至二者的关系是哲学层面的（philosophical）还是统计意义上的（statistical），是理论性的（theoretical）还是操作性的（operational），是结构性的（structural）还是功能性的（functional），是语义性的（lexical）还是规定性的（stipulative），是狭义之说还是广义之说，是讲产业还是谈事业，是具体的资源、产品、服务抑或业态还是抽象的理念。

核心观点 2：就文化对旅游的影响而言，旅游的各个组成部分均受到不同层次文化的影响，旅游活动带有文化的特征（见图 1）；就旅游对文化的影响而言，旅游从时间和空间上都参与文化生产过程，旅游活动具有文化生产的功能（见图 2）。“旅游的文化性”和“文化的旅游化”构成了二者之间最核心的关联。文化与旅游的融合就是要进一步突出“旅游的文化性”并强化“文化的旅游化”。这要求我们从两个角度看待文化和旅游融合：一方面要从文化的视角去看待旅游，重视旅游主体的文化特征，挖掘旅游客体的文化内涵，丰富旅游媒介的文化表达；另一方面要从旅游的视角去看待文化，在文化生产的过程中，重视对旅游市场的利用，与旅游产业的融合，引导建设能够满足人民美好生活的旅游文化。

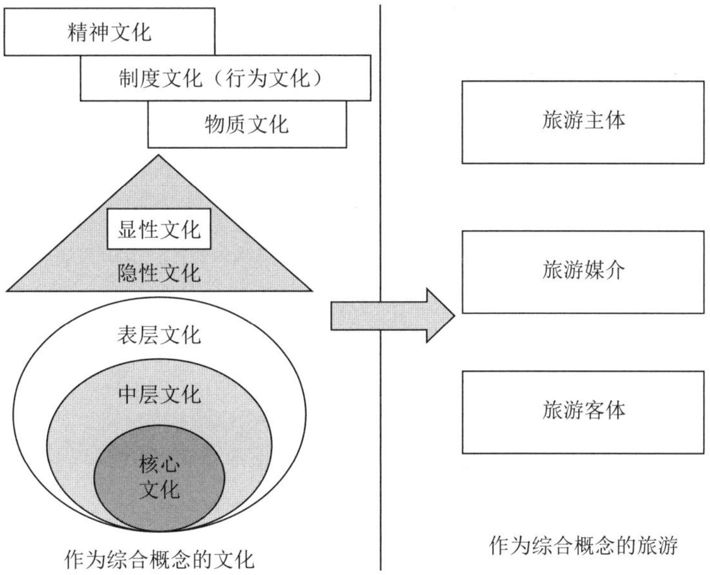

图 1　文化对旅游的影响：旅游的文化性

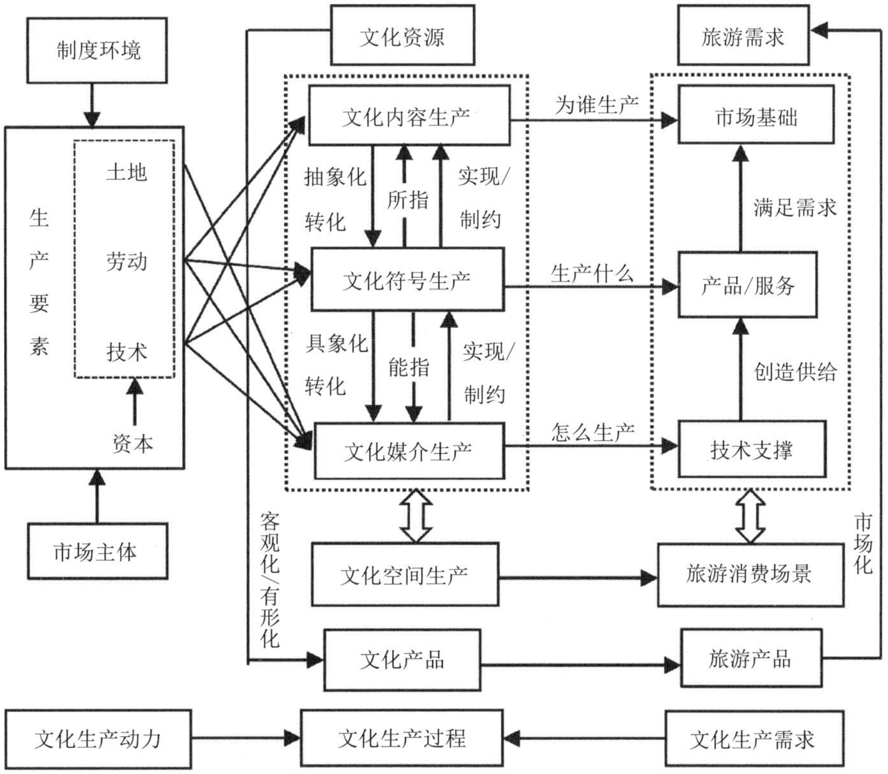

图 2　旅游对文化的影响：旅游参与文化生产

核心观点 3：在实践中，应从本源、机制、管理、发展、载体、支撑、效果等不同层面来理解和推动文化和旅游的融合发展；面向未来，要从中国特色社会主义新时代的要求出发，在推进文化和旅游融合发展中处理好共性与个性、产业与事业、政府与市场、居民与游客等关系，并从体制机制、法规政策、产业统计、资金支持、人才培养和科学研究等方面提供支持。

二、研究框架和研究方法

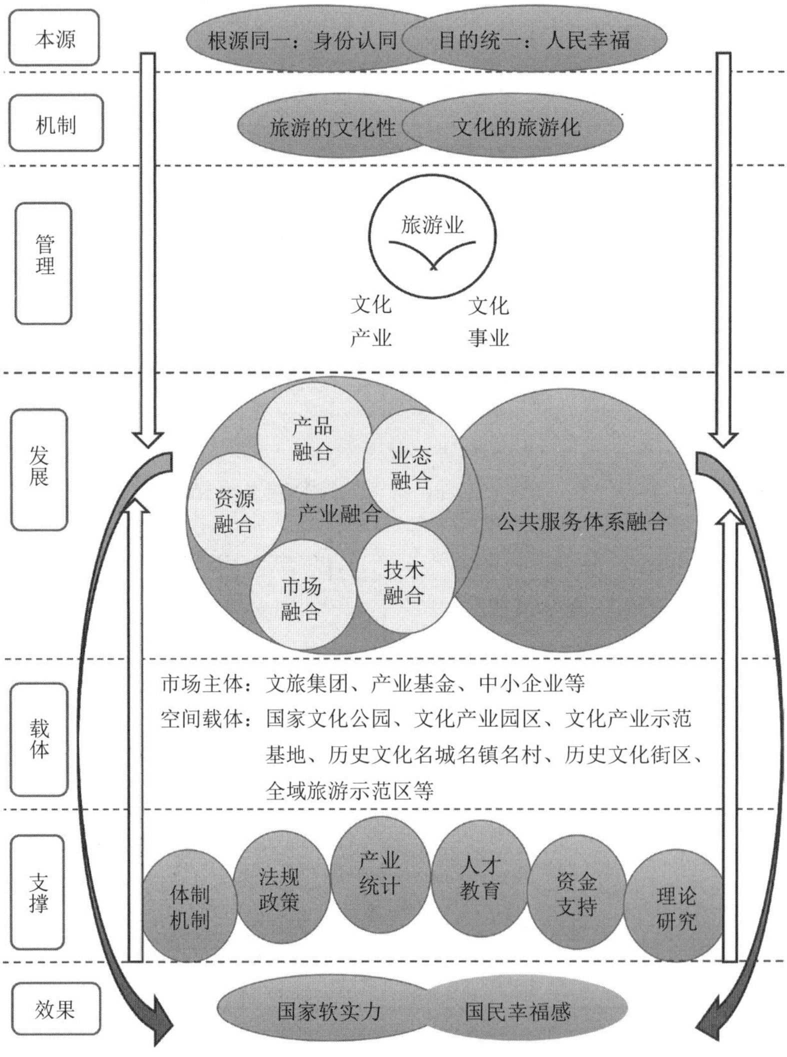

图 3　文化和旅游融合：多维度多层面的分析和推进

本文将学理分析、实践研究和政策建议相结合，将哲学、公共管理学、产业经济学等学科方法相结合，从多个维度和层面围绕文化和旅游的关系及二者的融合发展进行系统分析，得出如下结论：在学理上，文化和旅游各自内涵丰富、外延模糊、界定不一，需从不同视角分析二者之间的关系；在实践中，应从本源、机制、管理、发展、支撑、效果等不同层面来理解和推动文化和旅游的融合发展；面向未来，要从中国特色社会主义新时代的要求出发，在推进文化和旅游融合发展中处理好共性与个性、产业与事业、政府与市场、居民与游客等关系，并从体制机制、法规政策、产业统计、资金支持、人才培养和科学研究等方面提供支持。

三、理论创新和学术价值

本文突破以往围绕文化和旅游关系的浅层论述，试图从哲学层面就二者之间的关系进行深入剖析，并结合现实发展，首次提出文化和旅游融合发展的框架体系，在理论上具有开拓意义，学术价值颇高。

四、应用价值和综合效益

本文提出的框架，对于推动文化和旅游在实践层面的深入融合具有重要指导意义，能够促进文化和旅游领域取得更好的社会效益、经济效益和生态效益。

创新驱动下旅游发展的动能与路径

作　　者：王克岭
依托单位：云南大学
成果类别：个人成果

一、研究内容

从产业演进视角阐释了旅游发展的动能含义，即作为社会化产业，旅游只有立足科技、文化，与一产、二产、三产加速融合并转型为智慧产业，才能与智慧时代的需求相适应。基于上述认知，比较研究了旅游发展的新旧动能与转换路径，为党委、政府、企业等利益攸关方的决策提供理论依据、战略思维和对策建议。

二、研究框架和研究方法

（一）研究框架

我国已步入休闲时代、大产业时代、全域化时代，要求旅游业供给更多满足精神消费需求的产品、产业融合和业态交融的大旅游产品、用旅游激活城乡的全域旅游产品。因此，深化内涵、创新业态、增强外溢是我国旅游业获取新动能并成功转型升级的三大主要任务。基于此，论文沿循“三大任务的内涵是什么—它们各自的体系架构和旅游发展新动能的基本架构是什么—它们如何落地”的逻辑主线展开。

（二）研究方法

（1）基于比较研究，厘清了旅游发展的新旧动能与转换路径；（2）基于推理演绎，构建了旅游新动能的基本架构和旅游动能转换的路径。

三、理论创新和学术价值

主要体现为观点创新。党的十八大以来，我国旅游业内涵持续深化、业态持续融合、溢出效应持续增强，基于此，本文提出“深化内涵、创新业态、增强外溢”是我国旅游业获取新动能并成功转型升级的三大主要任务。

四、应用价值和经济、技术、社会效益

为党委、政府、企业等利益攸关方出台促进旅游经济转型升级的相关决策提供理论依据、战略思想和对策建议。

专著类

——一等奖

旅游体验要素研究

——从瞬间愉悦到永恒美好

作　　者：孙小龙，林璧属
依托单位：贵州师范大学
成果类别：集体成果

一、研究内容

旅游体验是旅游理论研究的重要内容，然而受限于对体验“本质”内涵认识的不清晰，已有研究成果多集中在表象层面上的应用研究，未能对旅游体验的“内隐”特征及其情感演变过程进行深入的分析。旅游体验的情感“完整性”依赖于游客主导意识下体验要素间的匹配与运行。通过对旅游体验要素的全面分析与解构，有助于认清旅游体验现象的本质内涵，全面拓展旅游体验研究的理论边界。

基于以上反思，本书试图回答以下科学问题：旅游体验由哪些要素构成？旅游体验过程由哪些结构阶段组成？不同阶段下的旅游体验要素发挥着什么作用？具体而言，本研究从哲学、心理学和经济学视角对体验的概念内涵进行溯源和学理分析。基于体验要素解析，哲学体验视角下的心境意义、为我存在和内感是对心理学和经济学体验理论结构要素的概括，而内感是体验结构解析的核心。由此，本书明确从折射主体内感意义的情感层面进行旅游体验要素识别。进一步，本研究借鉴社会建构主义理论、情感控制理论、情境理论及情感认知评价理论等情感表现方法，结合旅游体验的情感性和过程性视角对旅游体验要素进行解析，识别了在场体验阶段中的情感体验建构、控制要素和后体验阶段中的存续要素，并对各结构要素间的作用关系进行验证。本书主要得出以下六个方面的结论：

（1）情感是建构旅游体验得以实现的元要素。旅游体验要素是建构游客情感体验过程完整性的结构元素，其目的是描述不同体验阶段下游客所获得的心理感受。情感在旅游体验要素中具有“承上启下”的结构地位与“总揽全局”的身份。（2）游客情感体验呈现出累积的阶段性特征。旅游体验中的情感是一个连续变化的过程。在旅游体验全过程的不同阶段中游客所获得的情感是不同的、有差异的。通过对游客情感体验过程的刻画，在场阶段中的游客情感体验表现为两种状态：暂时情感和获得情感。获得情感是旅游者基于价值评价基础上对暂时情感比较后所确认的最终体验情感状态。（3）旅游体验是过程视角下的情感建构、控制及存续要素的共变结果。物理过程、情感过程及其建构过程是描述旅游体验要素的三个核心层面。从物理过程来看，旅游体验要素包括在场阶段和后体验阶段两个范畴。从情感过程来看，情感投入、愉悦体验和体验记忆是刻画游客体验全过程的框架性要素。从建构过程来看，游客情感体验表现为建构、控制和存续三个阶段。因此，从旅游体验发生的情感演变过程及其要素构成来看，旅游者的情感体验是从“瞬间愉悦”到“永恒美好”的转变过程。（4）地方感、关系承诺、真实性感知和情感投入是建构旅游情感体验的结构要素。在场阶段中的情感体验是旅游情境下社会建构的产物。情境、关系与互动是在场阶段中游客情感得以存在的“耦合剂”。物理情境与社会情境是游客体验得以建立的前置概念要素。作为对“人—地”“人—人”情感关系的描述，地方感与关系承诺共同建构在场阶段中的旅游体验。真实性感知能够通过影响旅游者与目的地及其社会关系的关联程度进而对旅游体验建构产生调节作用。（5）功能价值、情感价值、情感转换成本和愉悦体验是控制旅游情感体验的结构要素。在场阶段中的情感体验是旅游者自我调控后所获得的愉悦体验。愉悦体验是在场阶段中游客基于价值标准对所获得暂时情感状态的“选择”与“确认”。其中，情感价值比功能价值更能有效地调控游客的愉悦体验感受。受到旅游期望的预设影响作用，情感转换成本也会调节旅游者最终所获得的愉悦体验感受。（6）体验记忆是存续旅游情感体验的结构要素。旅游体验具有记忆的属性。体验记忆是以长时记忆形式对旅游者在场阶段中所获得情感体验的存续与再现，是经过自我修正后的游客最终确认情感。体验记忆是后阶段中情感体验存续的重要表现。相比愉悦体验，体验记忆能更为稳定地对游客后消费行为产生影响作用。

二、研究框架和研究方法

（一）研究框架

首先，本研究对旅游体验要素研究的实践和理论背景做出概括和分析，通过界定研究问题与意义等明确研究切入视角、思路及适用的研究方法。同时，为了进一步明确旅游体验的本质内涵，本研究对体验的本原进行追根溯源，从哲学、心理学及经济学视角对体验的内涵进行概念释义。其次，基于文献梳理结果，指明旅游体验、旅游体验要素研究的现状，指出现有研究的不足和可能的突破方向。并以此为基础，本研究提出能够解析旅游体验结构要素的相关理论基础。再次，基于对体验本质的概念释义，本研究对旅游体验要素的理论内涵进行深入分析。以前文的理论为基础，进行旅游体验要素的分析与识别，并对其进行现实层面上的验证。最后，基于旅游体验要素识别与验证的结果，进行全文总结并提出优化旅游体验的建议。

（二）研究方法

本书研究方法包括文献分析、准实验、问卷调查和多元统计等方法。首先，本研究以心理学和社会学作为研究切入点，基于文献分析法的历史回顾，对旅游体验过程进行解构，以全面识别旅游体验的结构要素及其可能存在的交互作用关系。其次，通过使用心理学与管理学的研究方法，即问卷调查和准实验方法，对各要素进行测量和统计分析，检验要素间存在的影响路径。最后，以管理学为研究出口，基于多元统计分析方法的检验结果，为提升游客情感体验提供对策建议。

三、理论创新和学术价值

本研究的主要创新有：第一，基于不同视角的理论剖析系统性地揭示了旅游体验及其结构要素的核心是内感。本研究认为，哲学意义上的内感是解析旅游体验现象的本源，作为内感的“生活化”载体，情感是建构游客体验得以实现的元要素。本研究以情感为研究视角对旅游体验本质进行刻画，进而作为识别旅游体验结构要素的切入点。第二，从情感的阶段性特征视角生动描述了旅游体验是一个不断累积的过程，正累积是从瞬间愉悦到永恒美好，负累积是从瞬间不悦到恒久记忆。本研究从情感视角对旅游体验的全过程进行建构和解析，提出旅游情感全过程概念模型。第三，结合情感与过程视角开拓性地识别了旅游体验的建构要素、控制要素及存续结构要素。本研究从体验建构、控制和存续视角识别出三大类共计九个旅游体验要素。第四，旅游体验要素结构的多维度验证研究。基于理论层面上的概念推导，在识别出旅游体验结构要素后，本研究对所识别出的旅游体验要素及其理论模型进行实证检验。

在学术价值上，本研究的突出贡献在于深刻揭示了旅游体验的核心价值和生动准确描述了旅游体验的情感阶段属性及其演化过程，并做了大量的多维度研究。具体有：首先，本研究进一步明确旅游体验的“本质属性”，探讨了旅游体验要素的概念和识别意义、旅游体验过程的阶段性特征、情感在体验过程中的演变脉络等，为旅游体验研究提供坚实的理论支撑。其次，本研究解构和分析不同体验阶段下促成游客体验认知并形成愉悦体验的各结构要素。同时，探索游客体验自我调节的黑箱，探讨情感转换成本对游客愉悦体验形成的外部作用，并关注作为长时记忆的体验记忆要素在游客后体验阶段中的影响力。最后，基于以上论述分别提出不同阶段下旅游体验要素的理论模型，进行实证检验。回归到体验研究的本质，从理论和实证的视角，对旅游体验过程中的各结构要素进行识别和验证，对于拓展和丰富旅游体验研究的理论边界具有重要意义。

四、应用价值和经济、技术、社会效益

在应用价值上，本研究重点关注游客体验过程中的结构要素及其组成。分析的结果有助于旅游行业管理机构、目的地、景区等全面认识旅游体验的动态过程，依据各要素所承载的实际意义，有针对性地进行体验质量的提升和优化。通过采取适当的激励措施、政策建议等，确保游客愉悦体验的提升，增加游客满意度、重游率。

昆剧《牡丹亭》英译的多模态视角探索

作　　者：朱玲
依托单位：苏州大学
成果类别：个人成果

一、研究内容

中国昆曲于 2001 年全票通过并首批入选联合国教科文组织的“人类口述与非物质遗产代表作”名录。昆剧是一门综合性的艺术，是中国传统戏曲艺术成就的集中体现，多模态性突出。本书根据昆剧在语言文学、音乐声腔和舞台表演上的特点，整合西方语言学的研究资源和理论成果，尝试从多模态话语分析的视角，参照 Gunther Kress、Theo Van Leeuwen 的视觉语法框架和 Theo Van Leeuwen 的听觉语法框架，分别从视觉语法的再现意义、互动意义、构图意义和听觉语法的声音视角、声音时间、声音互动、曲调、音质音色和声音情态的角度，对昆剧代表作《牡丹亭》汉语原作进行话语分析，挖掘文本背后所蕴含的多模态信息，并对白之（Cyril Birch）、张光前、汪榕培、李林德、汪班五个英译本进行比较研究，考察其对原作多模态信息在英语中的传达，从而探索多模态视角下昆剧翻译的规律性认识，以期为昆剧乃至中国其他戏曲剧种的话语分析、翻译实践和翻译研究提供参考借鉴价值。

二、研究框架和研究方法

（一）研究框架

全书共分七部分：

第一部分：绪论，包括研究目的与意义，研究对象、思路与方法，可行性与研究基础。

第二部分：昆剧与《牡丹亭》，包括昆剧的历史与特点、昆剧翻译与翻译研究现状、汤显祖与《牡丹亭》、《牡丹亭》翻译与翻译研究现状。

第三部分：昆剧《牡丹亭》之翻译研究视角，包括传统的戏剧翻译研究视角、多模态话语分析理论概述、翻译研究的新视角、多模态话语分析理论引入昆剧翻译研究的合理性、昆剧话语分析的视觉语法与听觉语法、实证研究中的译本选择。

第四部分：视觉模态下的昆剧《牡丹亭》话语分析及英译研究，包括静态视觉模态的英译、动态视觉模态的英译。

第五部分：听觉模态下的昆剧《牡丹亭》话语分析及英译研究，包括听觉模态的英译、听觉模态与视觉模态整合的英译。

第六部分：多模态视角下昆剧翻译的理论问题，包括昆剧《牡丹亭》英译研究理论发现、多模态视角下昆剧翻译过程中的意义衰减、多模态视角下昆剧译法框架、用于演唱的曲词翻译、对西方语言学理论引进的思考、昆剧翻译研究的跨学科性。

第七部分：结语，包括主要发现与结论、创新点、不足之处、思考与展望。

（二）研究方法

主要用到了以下五种研究方法：

1. 多模态话语分析的研究方法

在日常生活中，人们除了使用语言文字外，还运用声音、图像、动作、色彩、面部表情等符号实现交际的目的，即多模态话语中的每种模态都是意义生成资源。昆剧因其语言文学、音乐声腔和舞台表演上的特性，多模态性突出，除了语言文字外，集中体现在视觉模态和听觉模态两个方面。我们参照 Gunther Kress 和 Theo Van Leeuwen 的视觉语法框架和 Theo Van Leeuwen 的听觉语法框架，分别从视觉语法的再现意义、互动意义、构图意义和听觉语法的声音视角、声音时间、声音互动、曲调、音质音色和声音情态的角度，对昆剧代表作《牡丹亭》进行话语分析，挖掘文本背后所蕴含的多模态信息，并考察五个英译本对原作多模态信息在英语中的传达。

2. 实证研究与逻辑思辨相结合

科学研究的方法分为两大类——实证的方法和思辨的方法。在语言学和翻译研究中，至今也还未出现一个专门针对昆剧话语分析及其翻译研究的理论框架。所以在实证研究部分，我们主要从昆剧本身的特点出发，兼以多模态话语分析关注的某些符号要素为参照，对昆剧代表作《牡丹亭》的五个英译本进行研究。在理论构建部分，我们根据实证研究中发现的现象和规律，通过逻辑思辨的方法，根据昆剧翻译的特点，尝试构建昆剧译法的多模态框架。

3. 文献研究法与取样研究法

昆剧属于中国文化典籍的范畴，历史悠久、内涵丰富，不像西方戏剧那样具有精确模仿现实的写实性，它是以写意性的泛美观和程式化的表现手法塑造形象、反映现实。这一艺术原则集中体现在表演的程式化、时空的自由化、砌末的虚拟化及人物的行当化等方面，需要参阅相关资料，借助文献研究法来进行统计分析。据笔者统计，目前现存的昆曲剧目共有103部，有英文译本的有27部，我们从中选取最具经典和代表性并且英译本数量和种类最为丰富的《牡丹亭》进行研究。《牡丹亭》全剧共计55出，可谓鸿篇巨制，抽样总体依然很大、难以掌控，因此从中二次取样，所行的依据是多模态话语特征明显、五个所选译本都纳入的选段。

4. 比较研究法与评价研究法

本文所选取的个案，昆剧《牡丹亭》英译本共有五个，按出现的时间顺序分别为白之译本、张光前译本、汪榕培译本、李林德译本、汪班译本。要对这五个译本进行比较研究，以译作对昆剧多模态性的传译情况作为译本衡量尺度来做出价值判断，分析其各自特色所在。

5. 跨学科研究法

昆剧是一门综合性的艺术，由文字、音乐、舞蹈、表演、妆容、服饰、砌末等多种要素构成。同时多模态话语分析理论要求对听觉、视觉等多重符号系统有较好的解读能力，这也涉及了音乐、美术、舞蹈、表演等多个艺术门类。因此除了语言文学的研究外，还需要艺术学的研究方法，通过艺术形象和诗性思维来解读多个模态的信息在意义构建中所起的作用。因此，跨学科的研究法是选题本身的需要。

三、理论创新和学术价值

（一）理论创新

构建了多模态视角下的昆剧译法框架。在艺术学研究领域，昆剧对外传播的重要形式——昆剧翻译尚未得到足够的关注。在语言学研究领域，多模态话语分析理论引进中国20多年来，尚未应用于戏剧翻译研究。在翻译学研究领域，戏剧翻译研究仍基于案头剧与场上剧二元对立的译法分野，尚未出现用于指导中国戏曲翻译的译法框架。

本书根据昆剧在语言文学、音乐声腔和舞台表演上的艺术特点，从多模态话语分析的视角，构建了多模态视角下的昆剧译法框架，对其他昆剧剧目乃至其他中国传统戏曲的翻译都具有参考价值。

（二）学术价值

（1）昆曲剧作属于中国文化典籍。本书将传统上仅局限于文本的一维的戏剧翻译拓展为文本、视觉、听觉等模态并存的多维立体的综合性、跨学科研究。这在典籍翻译研究中是一次崭新的探索，拓展了中国文化典籍翻译的研究范畴。

（2）本书将语言学的多模态话语分析理论引入戏剧文本和超文本的分析，进而考察戏剧翻译，是一次筚路蓝缕的探索；对于翻译学，开辟了多模态研究的崭新视角；将包容于昆剧中的文学、音乐、表演等多种艺术门类统摄于对外传播的考量中。因此，也丰富了语言学、翻译学和艺术学的研究课题，具有积极的学科建设意义。

四、应用价值和经济、技术、社会效益

昆曲作为中国世界级“非遗”的第一张名片，兼具文学性、思想性与艺术性，是中华民族核心价值观在文学艺术领域的重要体现。讲好中国故事，昆剧的翻译与对外传播是一个极佳的突破口，更是服务于新时代中国社会全面协调发展乃至特色发展的软实力，有助于推进“中国文化走出去”的战略进程。本书通过昆剧《牡丹亭》个案研究，得出昆剧翻译的规律性认识，从而有助于解决具有普遍性的问题，对其他昆曲剧目乃至其他中国戏曲的译介和传播具有现实的指导意义和参考价值。

在民族国家交往日益频繁的今天，文化外交越来越多地成为国际社会民心相通的主要途径。基于本书研究成果，作者 2019 年起受聘为苏州市政府新闻办“苏州文化课程”外文讲师，在国际学校（UWC、SKEMA 商学院、西交利物浦等）开设全英文昆曲讲座，获得国际学校师生良好反馈，《名城苏州》等媒体报道；2019—2020 年入选文旅部戏曲艺术人才培养“千人计划”高级研修班；2020 年受邀在江苏省委宣传部组织的“发现江苏”系列活动中为江苏省青年外籍友人全英文讲解并展示昆曲“非遗”。

专著类

——二等奖

成年人的漫画世界

——战后日本青年漫画研究

作　　者：章谛梦，李珏
依托单位：浙大城市学院
成果类别：集体成果

一、研究内容

本课题系统地对战后日本青年漫画进行了研究，具体有以下 4 个方面：

（1）战后日本青年漫画的发展历程。以青年漫画期刊的发展为主线，系统地梳理日本战后青年漫画的发展脉络，深入研究日本青年漫画在战后各个时期的发展状况及经历的曲折历程。

（2）日本战后各时期的著名青年漫画作品及其作者研究。

（3）日本战后青年漫画的主要题材内容及其表现形式。青年漫画相对于少年漫画、少女漫画等其他漫画类型来说，取材更为丰富，主题的选择也更为广泛。本课题选取了最为主流的一些青年漫画题材以及相应的表现形式进行研究。

（4）日本战后青年漫画的审美价值和社会价值研究。青年漫画作为漫画艺术的一个重要组成部分，其面向的读者群主要是成年人，故其有着区别于其他漫画类型的审美价值和社会价值，这也是本课题的主要研究内容之一。

二、研究框架和研究方法

（一）研究框架

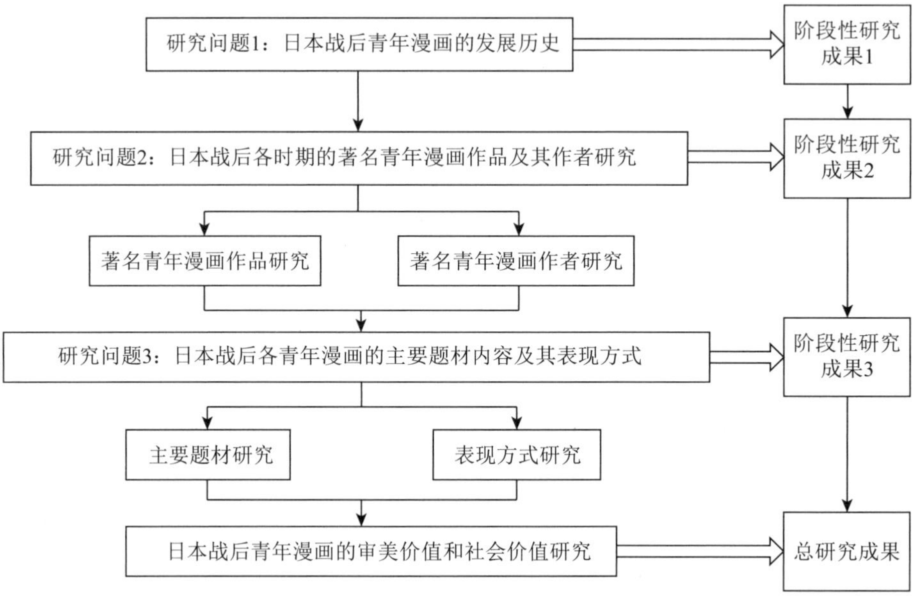

研究框架

（二）研究方法

1. 文献法

通过对国内外有关战后日本青年漫画文献的搜集、整理和研究，系统地梳理出战后日本青年漫画的发展历史。

2. 个案分析法

对较为典型的战后日本青年漫画作品及漫画家进行了深入的研究和分析，同时进一步探索战后日本青年漫画的主要题材和表现形式。

3. 比较分析法

通过将战后日本青年漫画与少年漫画、少女漫画等其他漫画类型进行比较分析，研究青年漫画在其题材、表现形式、审美价值以及社会价值上的独特之处。

4. 专家访谈法

通过对相关专家的咨询和访谈，进一步深入研究相关内容。

三、理论创新和学术价值

（一）理论创新

本课题系统地对战后日本青年漫画进行深入研究，尤其是从针对成年人这一视角对漫画的审美价值和社会价值进行探讨分析，为广大读者勾勒出一个完整的战后日本青年漫画的历史画卷。

（二）学术价值

（1）通过对青年漫画在漫画欣赏中的表现、艺术性初探和日本社会对其的批判与妥协等方面的研究，展现了青年漫画一定的艺术价值和社会价值。

（2）课题成果起到一个“抛砖引玉”的作用，通过本课题成果的发表，将在一定程度上促使更多的国内漫画学者进行更深入的研究，产生更多的研究成果。

四、应用价值和经济、技术、社会效益

本课题通过对日本青年漫画较为深入的研究，使日本青年漫画在国内得到更广泛的传播，同时让更多的青年读者，甚至中年、老年读者摆脱对漫画“低龄”“幼稚”的片面认识，使国内原创漫画有更广阔的发展空间和更广泛的读者群，从而促使国内的原创漫画作品的创作更有深度，原创漫画市场更加繁荣。

新中国旅游业发展与经济思想研究

作　　者：郭旸
依托单位：复旦大学
成果类别：个人成果

一、研究内容

本书的研究内容主要通过阐释和解读新中国成立以来旅游产业的发展历程与渊源路径，以及在此过程中透射出来的旅游产业政策的思想变革与制度创新。试图解释中国旅游产业发展的理论影响与政策演进，分析新中国成立后旅游产业的业态发展和变化趋势，描述和验证旅游产业对于新中国产业体系的结构升级和国民经济休闲产业制度构建的重要作用。进而了解不同经济演化理念对旅游业经济理论研究的重要影响，探悉现代旅游经济理论的产业变迁与发展情况。通过系统介绍新中国旅游产业发展的阶段表现与相应经济思想的体现，研究旅游产业体系中不同的业态发展内容及行业经济政策，借以理解新中国旅游产业增长与旅游经济思想的发展脉络和演化逻辑。

二、研究框架和研究方法

本书的研究框架包含九章的内容。第一章为导论部分，阐述研究视角与经济概念、研究回顾与思路体系等内容。第二章为中国旅游业发展雏形与经济思想的演化影响。第三章为新中国旅游业的外事接待属性阶段与思想体现。第四章为新中国旅游业的市场接待属性阶段与思想体现。第五章为新中国旅游业的产业体制属性阶段与思想体现。第六章为新中国旅游业的大众旅游属性阶段与思想体现。第七章为新时期中国旅游产业发展的业态趋势与行业表现。第八章为新时代中国旅游经济的创新发展与思想沉淀。第九章为中国视角与全球展望，阐释中国旅游产业的现代趋势、经济表现与研究展望。

本书的研究方法是基于演化路径与经济思想发展的考察。阐释经济思想动态演化的内在逻辑和外部影响。采用动态分析和演化分析的方法观察旅游经济发展进程，探索旅游产业经济政策变迁和经济思想演进的内在规律。重视旅游发展经济思想研究的论证科学性。确保资料收集的全面性和代表性，做到制度分析和经济思想梳理的全面客观，同时兼顾历史客体和实证补充的融合性。具体的研究方法涉及：历史分析法，运用发展和变化的观点从大历史观的视角，分析新中国旅游业发展和经济思想的变化影响；比较分析法，用长远的和比较的思维看待经济思想的产生，通过内生作用的纵向比较和外生作用的横向比较相结合的方法得出研究结论；演化分析法，方法论决定了经济思想的价值引领和逻辑路径。运用制度分析与思想演绎的方法，研究新中国旅游业发展和经济思想理论体系的发展脉络和演化过程。历史演化分析的方法论为研究经济思想提供理论基础，同时也对现实发展具有指导意义。经济思想一方面具有历史继承特征，表现为稳定的、内生的传递过程；另一方面具有时代转型特征，表现为拓展的、外生的创新过程。

三、理论创新和学术价值

在学术价值层面，尝试丰富经济思想研究的产业内容。在全球性的消费需求和产业发展浪潮中，中国旅游业的发展是产业结构升级和中国服务转型的重要体现。旅游经济思想研究应成为经济思想史学科研究的重要议题内容。探究旅游经济发展思想的理论化过程。新时代中国特色社会主义思想体系的形成是不断丰富和动态演化的结果。旅游经济发展思想的理论过程、旅游产业政策的变迁演化和旅游经济思想的历史沉淀，是新时代中国特色社会主义旅游发展经济思想的研究构成。

四、应用价值和经济、技术、社会效益

在应用价值层面，延展优质旅游发展新时代的实践思路。目前旅游行业规模很大、增速很快，但发展质量未必协同增长。研究新时代中国特色社会主义旅游战略发展思想的精神实质和丰富内涵，是中国旅游业优质发展、建设世界旅游强国的基本方略和思想基石，是构建中国特色旅游发展的具体行动指导。旅游业是综合性较强的新兴产业和经济增长带动的战略性支柱产业。在经济体制转型的新时代形势下，研究旅游市场的产业形态变化、政策制度变迁以及其中所体现出的经济思想，对于完善中国旅游市场结构和业态创新能力具有重要的现实价值。

艺术·商业·创意

——山水实景演出论

作　　者：黎学锐
依托单位：广西艺术学院
成果类别：个人成果

一、研究内容

山水实景演出作为文化产业的一个新兴业态，开创了国内外旅游演艺的一种全新形式。山水实景演出体现了中国人的伟大创新精神，是当代中国人对世界文化艺术的一个杰出贡献，是中国山水理念的当代性传承，是继中国传统山水诗和山水画之后“山水”艺术的又一伟大创造。山水实景演出既是舞台艺术作品，又是文化产业产品，兼具艺术性及商业性特征，对其进行研究，既具有艺术审美价值及学理意义，又具有产业实践价值及借鉴意义。

本书从中西方不同的哲学思想出发，梳理把握山水实景演出孕育诞生的思想基础、历史背景及源流脉络等。通过比较分析山水实景演出与古今中外各种演艺形式的不同之处，对山水实景演出进行准确的概念界定，分析归纳其内部形态及发展模式。对山水实景演出的艺术法则、审美特征、价值取向及产业运营进行探讨把握，从具体的艺术创作与经营实践中提出新的价值评判，总结归纳山水实景演出的创作规律和运营原理。剖析山水实景演出面临的问题和困难，通过构建创新机制并提出创新性对策措施，为山水实景演出的未来发展提供路径选择。

二、研究框架和研究方法

本书除绪论及余论外，重点研究内容主要分布在第二章至第六章中，这五个篇章又分为三个部分：第二章山水实景演出的渊源追溯与第三章山水实景演出的形态分析主要对山水实景演出进行本体研究；第四章山水实景演出的审美观照与第五章山水实景演出的产业运营主要对山水实景演出进行功能研究；第六章山水实景演出的创新发展主要对山水实景演出进行创新研究。

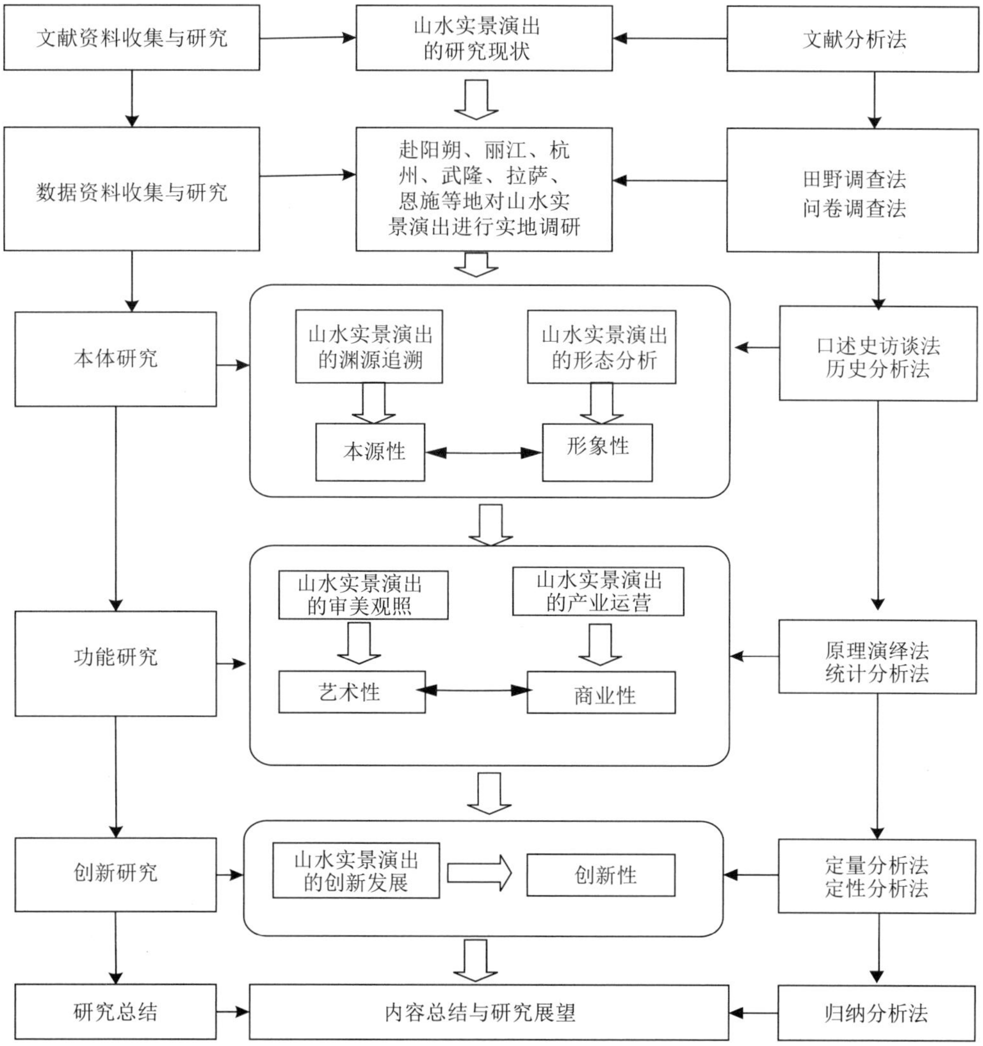

研究框架

本书从整体上对山水实景演出进行研究：引入艺术学、旅游学、历史学、管理学、社会学等多学科视角，以艺术管理学、文化产业学、文化遗产学、历史人类学等为理论基础，采用原理演绎与归纳比较、宏观研究与个案研究相结合的方法，在美学、文化、社会等层面对山水实景演出进行整体研究，突出其与众不同的艺术性、商业性及创新性。

三、理论创新和学术价值

（一）理论创新

全书对山水实景演出进行系统化、理论化的整体研究，既对其本体进行细致的挖掘及研究，又对其功能进行科学的定位及阐释，同时还对其创新进行深度的分析及探索，全书的主要创新点体现在以下几方面。

1. 追溯山水实景演出的历史渊源，探讨其本源性问题

山水实景演出作为一个新生事物，它的诞生有着深厚的中西方思想基础，中国山水理念赋予其内容及灵魂，西方表演理论则赋予其形式及躯干。山水实景演出的孕育诞生及发展壮大，与 20 世纪 90 年代至今中国经济社会发展的大环境、大变革相适应，也与这一时期中国戏剧舞台演出式微、景区旅游演出兴起的小环境、小变化相同步，既有必然性，也有偶然性。山水实景演出具有清晰的概念边界，只有符合“山水中演出”“开放式演出”“常态化演出”这三个基本要素，才能算是真正的山水实景演出作品。

2. 研判山水实景演出的发展形态，探讨其形象性问题

当下的山水实景演出发展态势略显庞杂无章，但从其自身的品牌传承、内容衔接、代际延续等方面来看，还是可以梳理总结出不同的形态：按制作团队分，可以划分为“山水”团队系列、“印象”团队系列以及其他团队系列等；按题材内容分，可以划分为民俗文化资源系列、历史文化资源系列、宗教文化资源系列以及红色文化资源系列等；按发展代际分，可以划分为第一代感官印象系列、第二代身心感悟系列、第三代往事记忆系列、第四代故事情节系列等。这样的一个代际传承其实是和社会的进步、时代的发展相应和的，体现了观众不同时期的审美需求。通过不同的形态划分可以总结归纳出山水实景演出内部自成体系的发展模式。

3. 观照山水实景演出的审美内涵，探讨其艺术性问题

观照山水实景演出的审美内涵，归纳山水实景演出的艺术创作规律，让观众更深入地了解山水实景演出，从而在欣赏时更容易进入艺术家的想象当中，在情感上获得更大的愉悦和满足。山水实景演出有自己独特的艺术法则、美学特征及价值取向。山水实景演出最基本的艺术法则是“此山、此水、此人”，这从其舞台空间布置、表现手法运用两方面体现得最为明显。山水实景演出的美学特征主要在写实与写意的关系、传统与现代的关系、景观与科技的关系中得以体现。山水实景演出作为商业化的新型旅游演艺形式，身上兼具艺术性及商业性特征，其价值取向追求的是“天人合一”以及“双效统一”。

4. 剖析山水实景演出的产业运营，探讨其商业性问题

归纳山水实景演出从创作到运营所形成的规律和原理，为文化产业其他新兴业态的发展提供参考及借鉴。山水实景演出的开发模式主要有三种，分别是依托景区资源的旅游景区开发模式、推动地产升值的文化地产开发模式和打造主题文化的主题公园开发模式。山水实景演出的运营管理主要包含演出生产管理、财务运营管理、人力资源管理三大板块。山水实景演出的品牌营销要做到把准品牌定位、明晰价值主张、确定目标群体、拓展分销渠道等。

5. 策论山水实景演出的创新发展，探讨其创新性问题

解析山水实景演出所面临的问题及挑战，探索山水实景演出创新机制，为山水实景演出的未来发展提供方向及路径，并探究其在中国及世界旅游演艺总格局中所产生的整体性影响。山水实景演出在快速发展扩张的过程中，面临着诸多问题及挑战，主要表现为开发对资源的破坏、模仿对行业的危害、资本对文化的侵蚀等方面。山水实景演出的创新机制是由创新动力机制、创新运行机制和创新发展机制三大机制共同构成的一项系统工程。山水实景演出未来的发展走向及路径选择主要有：一是成为文化与旅游深度融合的代表；二是成为文化与科技深度融合的代表；三是成为文化与贸易深度融合的代表。

（二）学术价值

本书着力于学科体系、学术观点和方法的创新，以纵向的中国艺术发展史视野与横向的全球化浪潮为背景，充分展示山水实景演出在中国艺术发展史上所占据的突出地位以及在全球文化产业蓬勃兴起中所扮演的独特角色，及其在当下“一带一路”倡议背景下的文化输出价值，这有助于丰富、拓展山水实景演出研究的内涵与外延，对推进及深化山水实景演出研究将具有重要的学理意义与价值。

四、应用价值和经济、技术、社会效益

加强对山水实景演出的研究，对深化“一带一路”沿线地区及国家文化交流合作、促进中国文化精品“走出去”以及推动社会主义文化大发展大繁荣都将具有重要的实践意义。此外，山水实景演出不仅关系到艺术创作，与商业营销也紧密相连。对山水实景演出的运营模式进行分析，探讨归纳其商业运营模式，对今后其他旅游演艺项目的打造将具有重要的借鉴价值与指导意义。

丝绸之路上的古城

作　　者：程遂营
依托单位：河南大学
成果类别：个人成果

一、研究内容

《丝绸之路上的古城》一书，为笔者在央视《百家讲坛》做所系列讲座增订而成。该书以我国的西安、宝鸡、天水、兰州、西宁、武威、张掖、酒泉、敦煌、哈密、吐鲁番、乌鲁木齐、伊宁、和田、喀什 15 座丝绸之路古城为研究对象，回顾它们在丝绸之路（以下简称“丝路”）交流中所处的特殊地位，追溯它们在中国走向世界、世界走向中国的过程中所发挥的巨大作用，并进一步展示了中华文明的灿烂和辉煌、开放与包容，揭秘中华文明生生不息、保持旺盛生命力的动力源泉。本书不仅从长时段的历史视野中系统考察了 15 座城市的成长史、发展史，同时又对每个城市的特殊的历史符号和深厚文化基因探微攫隐，借此展示了中华文化的源远流长、博大精深和鲜明特色。

二、研究框架和研究方法

本书由 15 个相互联系的独立篇章串联而成，每个篇章介绍一座丝路古城，而每一座古城都因其精彩纷呈的历史故事而与众不同。第一章凿空西域话西安。该章通过恺撒大帝的丝绸新装和张骞出使西域的故事道明“丝绸之路”的由来，并分别讲述了汉代和唐代时期长安的生活变迁和国际化发展过程。第二章男耕女织话宝鸡。该章以千年玉蚕的发现为引，通过晋文公重耳和齐姜的爱情故事、诸葛亮出师未捷身先死的典故、陈仓更名为宝鸡的趣事呈现了桑蚕文化在古城宝鸡的岁月长河中留下的浓墨重彩的印迹。第三章得天独厚话天水。该章通过牛郎和织女、西魏文帝元宝炬和乙弗氏的凄美爱情故事反映了天水古城“得天独厚”的历史文化。第四章丝路要津话兰州。该章通过肃王朱瑛移藩兰州和左宗棠镇抚兰州的相关事迹凸显了兰州古城的重要战略地位。第五章天地大美话西宁。该章着眼古今，通过“西部歌王”王洛宾的金银滩奇遇、赵充国屯田、文成公主入吐蕃、法显高僧等途经“青海道”的故事阐释了古城西宁的诗歌之美、农耕之美、佳人之美以及传奇之美。第六章金戈铁马话武威。该章通过《三国演义》里马超追杀曹操的故事、“铜奔马”形象、唐代白居易等诗人诗歌中的武威元素展现了古城武威金戈铁马的战争岁月。第七章塞上江南话张掖。该章通过侯粟君告寇恩、流沙河收沙悟净、隋炀帝举办“张交会”、陈宏谋治水四个故事反映了古城张掖的繁盛及重要战略地位，并诠释了“绿水青山就是金山银山”的理论真谛。第八章葡萄美酒话酒泉。该章讲述了酒泉这座城市的名称和“关照”的由来，并揭示了夜光杯的神秘面纱。第九章丝路咽喉话敦煌。该章介绍了敦煌莫高窟的形成及重要文物遗失的过程，并重点阐述了敦煌在古时军事战略上的非凡意义。第十章瓜果飘香话哈密。该章从东汉明帝时期阴贵人的吃瓜故事到康熙帝赐名“哈密瓜”，再到如今哈密瓜飘香万里，讲述了哈密瓜在古城哈密商贸经济发展、社会生活变迁中的重要作用。第十一章甜蜜火洲吐鲁番。该章通过玄奘的吐鲁番经历、哈巴狗引进内地的过程、市场贸易发展情况以及《论语郑氏注》手抄本的发现反映了古城吐鲁番的热情火辣和葡萄种植文化历史的延绵不绝。第十二章发现之旅话乌市。该章讲述了唐朝诗人岑参、南宋道士丘处机、铁齿铜牙纪晓岚与古城乌鲁木齐的历史情缘和生动故事。第十三章天山遗珠话伊宁。该章讲述了西汉解忧公主、粟特商人曹禄山以及民族英雄林则徐对古城伊宁的巨大贡献。第十四章万方乐奏话和田。该章重点阐述了和田玉石对中原文化的非凡影响以及中原丝绸在古城和田历史发展中扮演的重要角色。第十五章千年古城话喀什。该章讲述了班超的喀什情结、乐师裴神符对长安琵琶演奏的影响、造纸术西传过程以及马可·波罗在喀什的旅行故事。

本书在旁征博引大量史籍、笔记小说、地方志、诗词、出土文献、碑刻铭文的同时，注重对历史脉络的梳理，也注重对历史细节的关照，以独特的眼光发现新的历史现象，推敲考证出新的结论，并且从历史出发回归当下，深入思考当前的城市建设与发展。书中引用了各种历史文献资料。史书方面，《左传》《国语》《史记》《后汉书》《三国志》《汉书》《隋书》《旧唐书》《旧五代史》《北史》《宋史》《明史》《清史稿》《通典》等资料皆有涉略。书中引用的野史、笔记、小说、见闻杂记、地方志等，由我国古代的典籍《封氏闻见记校注》《唐摭言》《华阳国志》《太平广记》《古今谭概》《三国演义》《西游记》《阅微草堂笔记》《酉阳杂俎》《清朝艳史演义》《大慈恩寺三藏法师传》《大唐西域记》，到国外的《马可·波罗行记》《经行记》《博物志》《中国——亲身旅行和据此所作研究的成果》，以及考古资料《居延新简》等。

三、理论创新与学术价值

在理论创新上，本书聚焦于“丝绸之路”上的15座历史文化古城，从丰富详赡的史料入手，展示了在不同的历史时期，15座城市呈现出来的不同的发展特点，并由此对当时独特的历史风貌以及当前的繁荣景象，作了深入的阐释。与大多数丝路相关书籍不同的是，本书以趣味生动的故事、俏皮活泼的语言向读者讲述了这15座丝路古城。总之，深入细致的古代文学与史学文本挖掘与考证，使得本书既具有重要的学术价值，又具有阅读的趣味性。

“丝绸之路”跨越2000多年，纵横数万千米，曾经引领着世界文明发展的方向。没有当年的丝绸之路，就没有今天的全球化，不会形成地球村，也会失去现代人类命运共同体形成的基础。从西安到喀什，这15座古城架起了东西方文明相互交流的桥梁，以其自身滋养了中国人开发、包容的禀性，并铸就了永恒的丝路传奇。近年来，“一带一路”倡议的伟大战略构想焕发了这些丝路古城的活力，并不断为其注入了新的时代元素。如何合理保护、挖掘和利用好丝路文化遗产；如何找准城市发展的着力点，实现城市的复兴和持续发展；如何讲好丝路故事，传播丝路文化，弘扬中华文明，将是丝路古城人必须面对的新课题、新挑战。

四、应用价值和经济、技术、社会效益

本书的出版发行，为丝路故事的传述、古城文化的展示、中华文明的传播及弘扬提供了良好的载体。同时，它还带给当下读者一些启迪：一方面，我们要保护好丝绸之路上的古城遗产，传承好珍贵的陆上丝路文化，向中国乃至世界人民讲好丝路故事；另一方面，我们要充分利用好“一带一路”倡议带来的契机，大力推动丝路旅游和古城旅游发展，不断传播和弘扬中华文明。

地名的秘密

——汉语地名外译研究

作　　者：周薇
依托单位：北京第二外国语学院
成果类别：个人成果

一、研究内容

本成果以高行健的作品《灵山》法译本为主要考察对象，辅以其英译本作为参照，并参考其他汉语地名及翻译语料，研究汉语地名的法译和外译问题，探讨了汉语地名的文化含义以及外译的方法、策略，从五个维度提出汉语地名外译的建设性框架。

二、研究框架和研究方法

（一）研究框架

本成果具体内容和主要观点从以下四个方面展开：

（1）中、西方对专有名词的认知形成和认知差异。研究认为，西方对专有名词的研究从标签、摹状词和因果链三方面入手，注重专名的发音、指称和指称的形成过程；中国对专名的研究看重专名词汇构成及意义，构成专名的汉字意义更显重要。

（2）汉语有文化含义的普通名词的翻译分析。研究认为，汉语和法语在普通名词和专有名词相互转化时呈相反趋势，研究汉语有文化含义的普通名词的翻译有助于深入认识汉语地名的外译；汉语文化词的翻译方法可概括为按发音译、按字面译和按指称对象译三个方向，按发音译属于强输出手段，但与按字面译一样，对语境依赖高，按指称物译对上下文依赖较低但主观性强。

（3）汉语地名的翻译方法和分析。研究认为，地名翻译方法呈多样性，但仍可根据发音、字面和指称物来划分具体的翻译方法；按发音译和按字面译是目前汉语地名外译的主要方式，按发音译因其相对的客观性和统一性而被更多采用；按字面译因其语言的色彩更易被受众接受，也受到很多翻译家青睐；按指称物译多在翻译地名通名时需要参考，与地名指称相关的百科知识及地名的词语构成形式也会影响翻译方法的选择。

（4）研究影响汉语地名外译的因素，构建地名外译的建设性框架。研究认为，文本的信息链条可为选择按音译、按字面译和按指称物译提供直接依据；地名指称对象和地名词语的构成方式会影响地名的断词以及地名中通名的翻译方法；汉语地名的汉字含义应在翻译中予以重视，地名文化外宣推广工作应注重建立地名含义与其指称对象的联系；汉语地名的外译策略也应考虑对象国的文化背景和受众群体，注重其在思想和文学领域的对外输出，这对构建深层次国家形象起重要作用；译者的个人风格会在地名推广中展现出不同效果，应得到更多尊重和重视。

成果最后认为，地名翻译若能直接使用汉字是对其最完整的展现，是我们的奋斗目标，在目前情况下，则应尽量将其音与构成汉字的意义传达出去，同时需要更多的外宣工作，通过推广我国文化将音译或意译的地名与指称对象建立起联系。

（二）研究方法

本成果采取以下几种研究方法：

（1）语料库研究法。以真实语料为基础对翻译过程进行描述性研究，以具体例证为依据分析、推导出结论。

（2）交叉研究法。运用语言学、翻译学、哲学等多学科理论、方法和成果从整体上对地名翻译问题进行综合研究。

（3）比较研究法。对比分析同样地名的不同译法，相同地名的法语译法和英语译法，分析篇章、时代、国别、译者对翻译的影响。

三、理论创新和学术价值

（一）理论创新

（1）把地名翻译放在中西文化比较和历史考究中来做，并在此基础上，提出对地名翻译的有效策略；

（2）在分析地名翻译之前，追根溯源，运用哲学、语言学理论，首先阐述了中西方专有名词的语言文化差异，总结了有文化含义的普通名词的翻译特点，对翻译理论有指导意义；

（3）借助语料库语言学的描述性方法，在对真实的翻译语料进行分类描述的基础上提出翻译策略，避免了理论先行；

（4）将翻译学研究与中华文化相结合，对中国文化译介的纵深发展有一定意义。

（二）学术价值

（1）将地名翻译与中西方地名差异研究相结合，涉及哲学、语言学、翻译学等学科，为地名翻译研究提供新视野；

（2）注重实证研究，从大量翻译事实出发，例证丰富，一切结论都从深入细致的分析出发，弥补传统翻译研究的主观性和片面性；

（3）通过汉语地名外译研究，从宏观上描写文化交流和译介模式，推动文化翻译学研究；

（4）将汉语地名外译与对外传播相结合，为传播学提供新思路。

四、应用价值和经济、技术、社会效益

（1）有助于中外译者从实践层面更好地认识地名翻译的规律，为其提供翻译汉语地名的参考、策略和方法；

（2）通过中西方“名”的差异，展示中国思想和文化的特性，展示汉字的价值和魅力，对推广汉语和中华文化有一定意义；

（3）对我国推进中外文化交流工作有理论上的参考价值和实践上的策略意义，对我国大力弘扬和译介中华文化的战略性工作也有一定的借鉴意义。

专著类

——三等奖

生态旅游与市场化生态补偿研究

作　　者：冯凌，甘绵玉，王烁
依托单位：北京第二外国语学院
成果类别：集体成果

一、研究内容

由于旅游的产业规模日益壮大和消费水平不断提高，旅游活动和消费对生态资源的占用已经引起广泛关注。除了负面的环境影响，如何认识旅游的生态保护效应？目前国内的生态补偿主要是由政府启动的“三北”防护林、退耕还林、退牧还草等生态建设和恢复工程。除了政府主导进行外，市场这只“看不见的手”如何在生态环境保育中发挥作用？如何根据生态旅游等案例的启示，在生态补偿中采用市场化方式或在补偿的过程链中更多引入市场化手段，将是推进我国多元化生态补偿制度建设的重要方向，这也是本研究的主要目标。

成果主要研究内容有：（1）实践总结与理论梳理。全面搜集相关领域研究文献和资料，系统梳理我国生态补偿的发展历程、类型、模式和存在问题等，将“交易费用”理论引入生态补偿分析中，辨析生态旅游与我国现行生态补偿工程的差异，建立基于市场化机制的生态补偿理论框架。（2）生态旅游的生态补偿机制。选择京郊和青海湖作为典型案例调查区，以实地调查和访谈为主，调查旅游发展的生态补偿效应，以及旅游者、旅游接待户、当地居民等利益相关者的意愿；结合游客支付意愿和受补偿者的机会成本，计算对生态补偿的选择标准；构建利益相关者博弈模型，寻找各方利益均衡的补偿分配方案；调查生态旅游地社区居民增权状态，提出旅游发展中社区居民增权路径。（3）市场化生态补偿制度建设。分析我国现行的土地和自然资源管理制度，分析其对生态补偿实现的约束；综合国内外在资源环境领域的成功案例并借鉴其管理经验，探讨建立市场化方式为主体的生态补偿制度体系。

二、研究框架和研究方法

研究以生态旅游为切入领域，以市场化生态补偿为核心目标，以生态服务供需协调平衡的生态经济思维为基本范式，整体遵循“理论与实践总结—实地调查—机制探索—制度构建”的思路开展。成果的框架构建分为四个部分共七章内容。第一部分（第一章、第二章）是理论与实践进展，综述了生态补偿、生态旅游、旅游环境影响、旅游生态补偿等领域的国内外文献，对国内外生态旅游和生态补偿发展进行分析总结，着重分门别类对国内生态旅游区发展进行系统统计分析，对各类自然保护区、生态建设工程等生态补偿进展进行了较为全面的回顾。第二部分（第三章、第四章）是京郊旅游生态补偿案例研究。基于实地问卷调查和访谈，对京郊案例区生态旅游发展的游客认知、游客生态补偿意愿、对居民的市场化生态补偿效应等进行了统计分析，基于游客支付意愿进行了生态补偿标准计算，分析了居民和游客在旅游生态补偿中的博弈关系。第三部分（第五章、第六章）是青海湖旅游生态补偿案例研究。基于实地问卷调查和访谈，对青海湖案例区生态旅游发展对当地居民生计的影响、居民对旅游生态补偿的认知、游客生态补偿意愿、旅游发展中社区居民增权及其影响因素等进行了研究分析，系统提出青海湖旅游发展中社区居民增权的路径。第四部分（第七章）是尝试构建市场化的生态补偿制度框架。在以上典型案例研究基础上，基于“交易费用”理论，对不同类型生态区的市场化生态补偿机制进行理论分析，总结了国外市场化生态补偿方式及其借鉴价值，提出了我国市场化生态补偿的制度改进机制、法律保障机制和监督反馈机制。

研究综合运用经济学、生态学和管理学学科理论，具体研究方法主要有：（1）文献研究。研究并梳理国外生态旅游发展、生态补偿实践及其问题，综合研究生态补偿理论、“交易费用”理论、利益博弈理论等。（2）问卷调查（结合访谈咨询）。根据文献综述和专家访谈，拟定对旅游业者和游客的调查问卷，对典型案例区进行从业者生计、意愿和游客消费、意愿调查，研究旅游生态补偿效应与机制。（3）比较研究。包括调查对象的纵向比较和横向比较，探究旅游生态服务市场化、生态补偿标准和补偿模式。（4）案例分析。研究国内外相关领域的对策经验与政策措施。

三、理论创新和学术价值

文献综述表明，国内外对生态旅游和旅游的环境影响已有较多研究，但对旅游的生态补偿效应和补偿机制关注较少，尤其国内鲜有以案例调查为基础的实证研究；而在生态补偿领域，基于对生态补偿等资源环境领域“公共品”和“外部性”的传统认识，国内着眼于市场化机制的研究也较少。考察旅游业发展中游客的生态服务消费以及由此产生的生态补偿效应，分析其中利益相关者的态度和意愿，对于理解旅游发展的生态保育效应，以及其中的生态经济过程和机制具有重要理论价值。

申报成果的理论创新主要是，将制度经济领域的“交易费用”理论纳入“人类活动—生态系统”的分析框架，深化了生态经济研究中一般只单纯考虑供需平衡的分析模式。具体是:（1）考察不同类型生态旅游资源所提供服务的交易费用高低。将生态旅游资源分为3类，主要提供支持与调节服务的自然保护区和遗产地，主要提供农产品和休闲服务的农业旅游系统，主要提供高效用体验价值的景观生态系统，分析不同类型生态旅游资源生态服务功能界定产权、形成商品和进入市场等交易费用高低。（2）总结提出降低生态系统服务市场化交易费用，促进生态服务价值实现的生态补偿模式。借鉴和总结国内外案例，提出通过生态旅游发展、产品生态认证、生态建设招标与经营托管、环保NGO介入与生态基金、生态券或生态彩票、生态价值捆绑销售等多类模式，在生态补偿的过程链中引入更多市场化方式。

成果提出了若干有一定学术创新价值的论点，主要是:（1）旅游业发展对生态系统再生产进行了补偿。旅游不仅对目的地生态环境产生压力和负面影响，同时通过对当地生态产品和服务的购买，也产生了对生态保护和环境建设的激励。（2）生态旅游等市场化生态服务消费和补偿方式日趋增多。随着交通和通信的发展、生态消费理念的兴起和社会支付意愿的增强，生态服务市场价值实现的交易成本逐渐降低。（3）生态补偿应以生态系统服务市场化难易的“交易费用”高低为依据。生态补偿应从政府主导行为向关注市场化方式转变，在更多环节引入市场手段，建立市场化机制为主体的制度体系。

四、应用价值和经济、技术、社会效益

成果的应用价值主要有:（1）根据不同生态旅游资源的交易属性和利益主体的博弈能力，建立以旅游消费补偿等市场化方式为主体的生态补偿制度，有利于促进生态服

务生产和消费平衡，推动实现可持续的旅游发展和生态环境管理。（2）根据利益相关者的态度、意愿和增权状况调查，分析生态旅游服务供需主体的博弈能力，提出社区居民增权优化路径，探寻生态旅游发展中形成更接近实际、更具可行性的利益补偿和分配方案。（3）提出了我国生态补偿市场化的制度改进机制、法律保障机制和监督反馈机制，初步构建了市场化生态补偿的制度框架。以上成果运用于生态旅游发展和生态补偿实践中，将产生较好的生态效益和社会效益。

旅游景区经营权定价研究

——实物期权的视角

作　　者：林文凯，林璧属
依托单位：江西财经大学
成果类别：集体成果

一、研究内容

本成果主要研究内容及安排如下：

第一章，为导论，主要介绍了本研究的选题背景、研究目的意义与思路、主要研究内容与创新点、总体研究框架、研究方法与整体研究路线。

第二章，全面概括了我国景区经营权定价的研究现状及进程，指出了我国景区经营权定价存在的不足，并对已有研究进行了必要的总结与评价，概括了已有研究对本研究的启示。

第三章，全面阐述了本研究的核心理论——实物期权的概念，深入分析了实物期权的起源、特点及其与金融期权的联系和区别。在此基础上，分析了实物期权在本研究中的启示，提出了实物期权法是评价景区经营权价值的可行方法。

第四章，在对相关概念进行辨析的基础上，从产权和物权视角揭示了景区经营权的理论本质，在价值理论框架下，对景区经营权价值的理论内涵进行了再认识。

第五章，系统分析了景区经营权定价的基本逻辑，指出了景区经营权定价评估的特殊性，梳理并评价了不同定价方法的科学性与适用性，揭示了各定价方法存在的缺陷与不足，归纳总结出景区经营权的资源价值评估视角和资产价值评估视角，在此基础上，提出了景区经营权定价的实物期权新思路。

第六章，在引入实物期权理论前提下，详细分析了在景区经营权转让过程中存在的不确定性，对景区经营权实物期权特征、价值表现进行了充分的理论解读，证实了景区经营权的实物期权特性，揭示了景区经营权实物期权价值形成与演变机制。

第七章，介绍了实物期权定价模型的数理基础，构架了景区经营权实物期权定价模型，并利用动态规划法对模型进行了求解与模型拓展；阐述了对实物期权定价模型进行条件检验的思路与方法；提出了实物期权定价模型的关键参数——资产波动率优化修正的具体思路与方法。

第八章，以福建冠豸山景区为研究对象，通过对案例景区长时间的跟踪调研，获取了大量进行实证研究所需的数据与材料，在检验模型适用性和参数优化的基础上，在实物期权视角下对冠豸山景区的经营权转让实践进行了评估核算。

第九章，考虑了资源价值和资产价值视角下景区经营权的价值评估问题。选取了资源价值评估领域的条件价值法（CVM）和旅行费用法（TCM）对冠豸山景区经营权进行定价评估；选取资产价值评估领域的收益还原法和折现现金流量法分别对冠豸山及张家界股份进行评估；在此基础上，系统对比了不同评估视角下评估结果与定价方法的优劣，并从实物期权的视角为案例景区未来的发展提供科学的投资建议。

第十章，归纳了本书的主要研究结论，从期权—产权—物权的不同层面，提出了景区经营权转让机制的管理路径及具体实践建议。

二、研究框架和研究方法

本研究的研究框架如下页路线图所示。

为实现既定研究目的，本成果中主要采用以下研究方法：首先，利用文献归纳法。对研究问题的既有研究成果进行综述与归纳是开展本文研究的重要前提，笔者充分利用数据库的各类资源进行相关中英文文献检索，以较为全面地了解国内外关于景区经营权的相关理论、定价方法及研究现状与不足；对本文的核心基础理论——实物期权理论及其他相关理论进行全面的理论溯源与应用思考。其次，实地调研与问卷调查法。通过对案例景区资源赋存、经营现状、经营决策、投资计划等相关数据与资料的翔实收集，建立景区经营权价值评估数据库，为后续的实证研究提供资料保证与数据支撑。再次，采用理论分析法。在多学科交叉研究框架下，综合运用旅游资源学、价值理论、产权经济学、法学等理论与方法，对景区经营权概念内涵及内涵本质进行深入剖析；借鉴实物期权理论对景区经营权价值进行理论解读。复次，结合计量分析法。实物期权视角下，运用随机过程、概率论、偏微分方程构建景区经营权实物期权定价模型，利用动态规划法求解实物期权定价模型，利用灰色预测模型的思路优化旅游资源资产变动率，利用计量条件检验的手段，检验实物期权模型的适用性；资源价值视角下，运用旅行费用法（TCM）和条件价值法（CVM）的模型与方法进行景区经营权的价值评估实证。最后，对比研究法。为了保证研究的完整性与严谨性，基于同一案例景区，将不同视角下的评估结果进行对比，以揭示各个评估方法的优劣性。

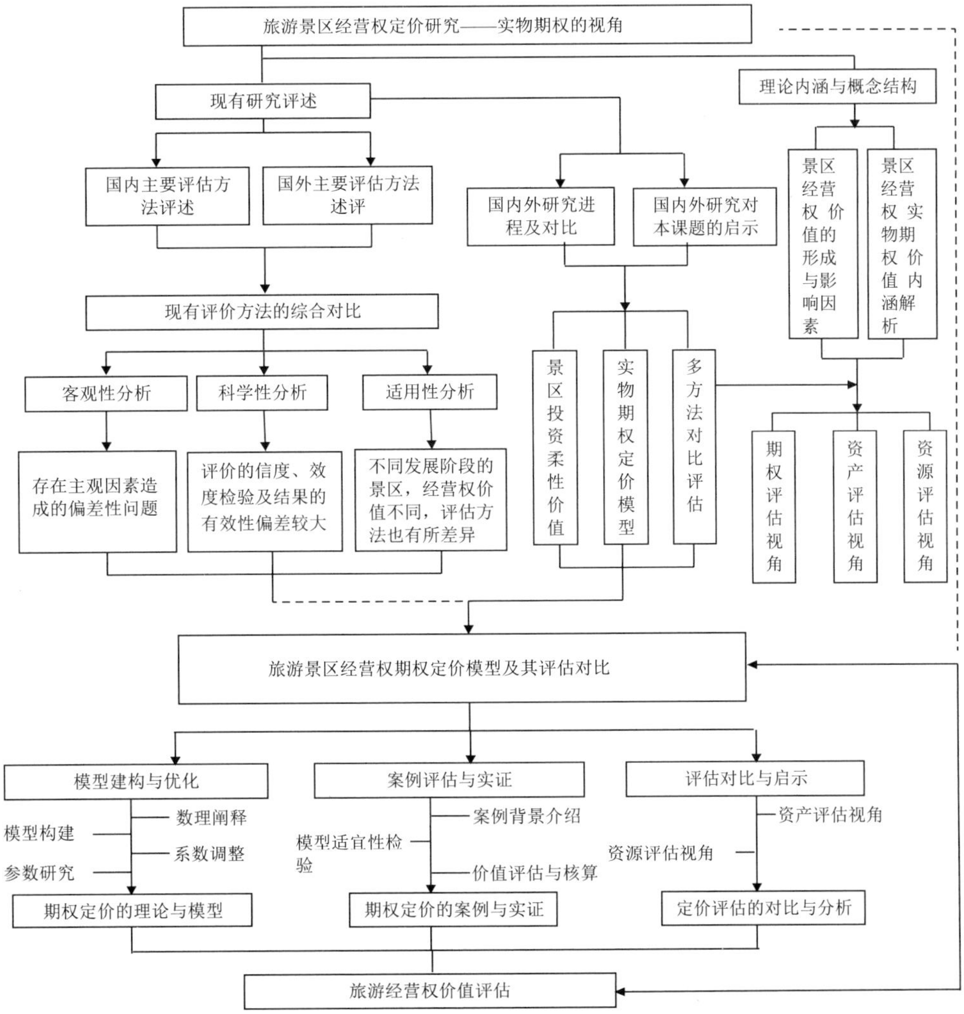

研究框架及技术路线图

三、理论创新和学术价值

在理论探索层面的创新及其价值：一方面，通过创新性的探索研究，从景区旅游的动态发展过程出发，以旅游资源为切入点，以产权理论、物权理论、价值理论为支撑，揭示了旅游景区经营权及其转让的理论本质，明确了景区经营权价值形成的内涵前提，深化了对景区经营权价值基本内涵与价值构成体系的认识，丰富了景区经营权量化评估研究的理论内涵，推动了旅游景区经营权定价理论分析与模型研究的有机融合。另一方面，在考虑景区经营权定价的特殊性及已有定价方法局限性的前提下，提出了景区经营权定价的实物期权新思路，在多学科嵌入的视角下，深入全面地剖析了景区经营权的实物期权特征、价值表现、价值形成及其演变机制，丰富了实物期权理论的应用与理论范畴，为深入研究景区经营权定价提供了新的理论分析视角。

在技术方法层面的创新及其价值：首先，在引入实物期权定价模型的基础上，阐述了对实物期权定价模型进行条件检验的思路与方法，提出了实物期权定价模型的关键参数——资产波动率优化修正的优化思路与优化方法，构建了景区经营权的实物期权定价模型。其次，通过对案例景区——福建冠豸山景区的长期跟踪与关注，获取了大量进行实证研究所需的数据与材料，在模型检验和参数优化的基础上，结合实物期权的视角，对冠豸山景区的经营权转让实践进行了评估核算，这也进一步证实了实物期权定价模型在景区经营权定价研究中的适宜性和应用价值。最后，为提高研究的严谨性和科学性，还考虑了资源价值和资产价值视角下景区经营权的价值评估问题，并系统对比了不同评估视角下评估结果与定价方法的优劣及其适用范围。本成果突破了传统研究在技术和方法上的瓶颈，推动了景区经营权价值研究方法的创新，丰富了旅游景区经营权定价方法体系，也为后续建立旅游景区经营权多维分层价值评估模型奠定了模型与基础。

四、应用价值和经济、技术、社会效益

本成果在应用价值层面上：一是通过景区经营权的价值评估，能够为景区旅游经营权转让提供第三方的基准价评估，科学地遏制景区旅游资源经营权出让中的投机行为，减少旅游投资中的合作经营纠纷；二是为景区资源开发、资产化管理中的价值度量提供评价尺度，有助于旅游景区开展融资业务，保证景区开发的资金来源；三是景区经营权价值评估结果可为景区或投资者进行银行抵押贷款或发行股票等社会融资提

供可靠的价值依据；四是有助于促进景区旅游资源的有序、合理开发，加快旅游资源走向市场化的进程，利用市场平衡机制来优化景区资源的最优配置。

在经济、技术及社会效应面上：一是为福建土楼（华安）景区 2020 年 1 月 1 日至 2059 年 12 月 31 日的景区收益进行评估测算，并判断其未来发展趋势尤其是客源市场走向，进而为华安土楼旅游资产化管理及景区投融资运作提供相应的数据支持；二是采用本成果中资源评估视角领域最常用的条件价值法为三清山巨蟒峰攀爬案件生态环境民事公益赔偿判罚提供专家意见；三是为江西省明月山管委会做了旅游产权制度改革的专题讲座，并重点讨论了产权分置及景区经营权转让在明月山旅游发展及制度改革实践中的可行性及借鉴价值。

性别与权力：旅游情境下西南地区女性的家庭生活

作　　者：廖婧琳
依托单位：贵州财经大学
成果类别：个人成果

一、研究内容

两性平等一直是女性主义研究的核心问题，而女性在家庭中的权力与地位被认为是解决两性平等的关键之一。本书作为旅游对目的地的影响研究，既不同于以往关注宏观的政治、经济和文化为基调的宏大叙事研究，也不同于以讨论主客互动为主题的微观研究，而是将视野放置于目的地居民在受到旅游影响后家内的日常生活互动，在社会性别视角下分析乡村性别关系。本书选取了西南地区贵州省黔东南州在地域上相近、文化上同源、生存环境相似但生计方式相异的两个苗族村落——西江千户苗寨（旅游业）及白碧村（农业）作为对比案例。以家庭日常生活事件为依托，综合运用人类学的访谈与非参与式观察等方法，以家庭经济支配权、家庭事务决策权和家务分配权作为分析维度，将家庭中的互动过程和结果作为考量的依据，构建了“资源—文化—意识”的分析框架，考察旅游对西南地区女性家庭权力的影响，以透射西南地区乡村性别关系。通过研究本书发现：

（1）旅游参与推动了当地女性家庭权力的提升。通过对自主权、家庭事务决策权及家务分配几个维度的检视，西江千户苗寨女性家庭权力在参与旅游后均有不同程度提升。

（2）旅游参与拓展了女性家庭权力提升的自致性路径。女性在参与旅游经营及服务获得收入后，打破了传统以男性体力为优势建立的家庭经济结构，摆脱了家庭中男性的经济控制，获得自我主体意识的发展。这是一种自致性、相对较稳定的权力。它有别于女性依赖婚姻关系及对男性经济依附基础上通过男性分配获得的他致性家庭权力。

（3）旅游参与使女性家庭权力发生代际转换。参与旅游后在相同代际两性的家庭权力对比中，年青女性的家庭权力增加，但年青男性的家庭权力并没有减弱。在不同的代际中父辈在家庭中的权力与子辈相比衰弱了，老年女性成为家庭权力中的弱势群体。所以，年青女性家庭权力的上升，实际是两代女性间家庭权力的转换。

（4）资源、文化与意识是旅游社区女性家庭权力变迁的促因。资源为女性家庭权力的获得提供物质基础，拉动着女性家庭权力向着平权的方向迈进，传统文化却极力维持传统权力秩序不被破坏，资源的获取打破原有的性别秩序，而最终能否胜利取决于两性意识的觉醒，意识的变化才是女性获得家庭权力的关键。

（5）旅游参与重塑两性家内与家外性别关系。为给游客提供更好的服务，女性虽然家内劳动减轻，但其家外劳动却剧增。所以，旅游参与一方面消解了女性家内性别从属关系，另一方面却将其推向更大尺度的性别从属关系，卷入了更大范围的性别不平等。

（6）旅游社区性别关系以男性利益优先为原则进行重构。地方旅游发展后，旅游把在农业社会中女性的部分家务通过与家庭的分离而变成独立的外部活动而获得收入，女性虽可在互动中形塑出有利于自己的关系定势去突破某些方面的性别界限，但这一切并不足以冲破传统的束缚，女性的行为更多依赖于男性的选择，在更完整的意义上社区性别关系的重构仍遵循男性利益优先的原则。

二、研究框架和研究方法

（一）研究框架

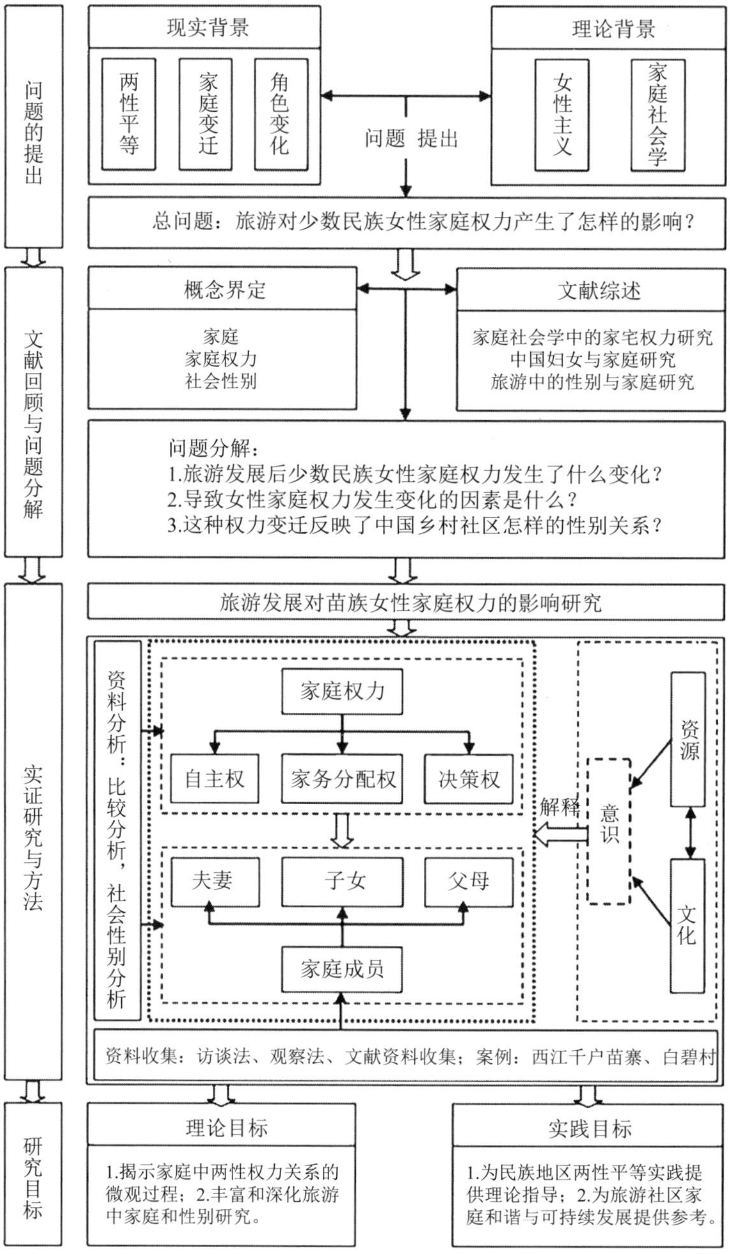

本书研究的技术路线图

（二）研究方法

研究问题的类型、研究对象的可控性以及其时间状态共同决定研究方法的选用。在本书中，家庭作为社会的基本组织单元及细胞，如果只对个人层面的“行为”和“认知”进行描述，看不到“关系”和“生活世界”就无法对社会现象充分理解与解释。所以，结合研究问题，本研究采用了访谈法、观察法等资料收集方法，社会性别分析方法、比较研究方法等资料分析方法。

1. 资料收集方法

（1）访谈法：深度访谈法是收集第一手资料的主要方法。本研究对女性的情感与性的话题有所涉及，隐私性很强，为营造轻松气氛，调研按照半结构式访谈提纲进行询问，随时增加问题并追问，以深入探究问题、了解访谈对象及其行动背后的逻辑。

（2）观察法：为了能对研究对象有深入了解，作者通过朋友、熟人先了解社区基本情况，并通过他们快速进入社区，住到农户家中，尽量贴近被调查群体的日常生活，用“熟悉”的陌生人的视角对现象进行尽可能深入的观察。

2. 资料分析方法

（1）社会性别分析方法：社会性别分析是指任何把社会性别当作分析的关键范畴的理论框架或科研方法。在本研究中用于分析资源、文化和权力方面存在的性别不平等。

（2）比较研究方法：本文选取了两个文化上同源、地域上相近、生存环境相似而生计方式不同的西江千户苗寨（旅游业）及白碧村（农业）进行比较，希望通过对这两个村寨的对比，透视旅游对苗寨女性家庭权力的影响。

三、理论创新和学术价值

（一）理论创新

1. 研究视角创新：探寻旅游对两性家庭权力关系的影响

从生活家庭中两性日常生活的微观互动过程对家庭权力进行刻画研究。本研究以家空间中两性日常生活互动为基础，充分考虑基础、过程及结果对两性家庭权力的影响，是对以往家庭权力研究的深入与拓展。

2. 研究框架创新：构建“资源—文化—意识”的解释框架

过往研究在解释家庭中两性家庭权力的差异时，通常使用资源或规范文化理论，这样的解释更多是站在功能主义的角度将家作为一种制度进行研究，未考虑到家庭中个人的主观能动性。所以，本研究通过对文献的梳理及前期研究，结合中国女性实际情形，构建了“资源—文化—意识”的解释框架，是对家庭社会学理论上的拓展。

3. 研究方法创新：综合运用跨学科、多领域研究方法

本研究在综合地理学、人类学及社会学等学科多种研究方法的基础上，综合使用田野调查、观察法及社会性别分析等调查与研究方法，揭示西部旅游社区两性家庭权力的特征、过程与机制，而对案例历时性与共时性的对比在研究方法上具有创新性。

（二）学术价值

本书通过深入的田野调研和长期观察揭示，经济的独立及文化的松绑在某种程度上都能促进两性平等意识的发展和女性家庭权力的提升。但是以因经济独立而自我觉醒为基础的自致性家庭权力和以社会规范为诱因而被动获得的他致性权力提升有本质上的差别：前者关乎主动的自我觉醒与反省，能保持长期稳定性；而后者来源于被动的他人授予或代际转化，面临不稳定性和随时再失去的风险。这一基于整体家庭权力结构考察的女性增权路径划分既为我们呈现了现代社会背景下不同的女性增权方式，更强调了旅游参与对于两性平等的积极意义。从更深的层面来看，本书的价值还在于：

（1）丰富和深化了旅游对目的地的影响研究。本研究将家庭置于旅游发展背景之下，以家庭日常生活事件为依托，分析旅游对两性关系影响的过程与机制，以透视旅游对两性家庭权力的影响，探究家庭中两性权力运作的策略与内在逻辑。弥补了以往研究中对家庭中两性关注的不足，丰富旅游对目的地的影响研究。

（2）建构旅游社区两性家庭权力分析的理论框架，加深与拓展了家庭社会学对旅游地家庭的研究。通过两性日常生活互动过程与结果的审视，构建了“资源、文化到意识”的理论分析框架，揭示了家庭中两性权力关系变化的微观过程，透视了西部社区性别关系，丰富了家庭社会学的研究内容。

（3）强化新时代两性关系及两性平等的理论探讨。通过深入田野调研及案例比较研究，对旅游参与的影响进行综合分析，形成旅游发展与两性关系更具稳健性的理论探索。

四、应用价值和经济、技术、社会效益

（1）以期能为西部地区两性发展的不平衡与不充分提供一条新的现实道路，为政策制定提供理论支撑，以解决新时代两性的发展质量问题。

（2）为西部地区旅游社区改善两性关系，提高家庭幸福感、建设和谐社会及对社会实现有效管理提供理论支撑。

媒介与风险放大：风险传播的关键议题

作　　者：全燕
依托单位：广东外语外贸大学
成果类别：个人成果

一、研究内容

本成果的基本内容从以下五个方面展开：

第一是将“风险的社会放大框架”作为媒介与风险研究的新理论进行详细介绍。首先是对该理论框架来源进行梳理，并对框架进行描述。其次是结合具体案例对风险的社会放大的两个阶段，即信息机制与反应机制进行阐释。最后是对相关风险社会放大框架的应用、检验和发展的经验研究的梳理。

第二是分析媒介在风险的社会放大框架中的角色内涵。研究认为媒介环境是风险放大的社会基础，具体表现为媒介是社会现实的界定者，媒介及媒介环境使风险高度媒介化等。另外媒介自身也是风险的助推器，表现在媒介技术促成风险的全球蔓延，媒介结构性风险是新风险的显著代表，媒介实践也是建构风险知识的重要渠道。

第三是通过实例分析和实证研究发现在具体的风险报道中媒介是如何放大风险的。研究选取了八个风险报道的实例，对其中传媒放大风险的过程和后果进行了案例研究，同时对公众风险认知与媒介呈现的关系问题展开了实证调查。

第四是对媒介风险放大的动力、策略和后果进行深入讨论。在媒介放大风险的动力机制方面，市场因素是媒介选择风险的外部动力，媒体人的职业训练是媒介组织风险的内部动力。而话语策略、叙事模式和议题设置是媒介放大风险的策略。在媒介放大风险的后果方面，污名化、涟漪效应是显著表现。

第五是从媒介控制的视角出发，以建立风险传播的信任体系为目标，尝试找到控制风险放大的解决方案。首先是培养风险传播各方的互信机制。其次是建立风险传播者的信任制度。最后是重塑媒介在风险中的传播实践。分别讨论了引入“参与式方法”完善风险沟通，以及建立媒介参与建立风险传播的场域模型的方法。

二、研究框架和研究方法

本成果的研究架构总体按照“提出问题—分析问题—解决问题”的框架进行内容编排。

具体来说，在提出问题部分，成果用两章的篇幅将媒介风险放大这一问题的理论背景和现实基础进行了阐述；在分析问题部分，成果通过大量典型性的案例分析和实证研究，将媒介风险放大的特征、动力、策略、后果进行了全方位的分析解读；在解决问题部分，成果从媒介控制的视角出发，以建立风险传播的信任体系以及采用参与式方法为两大路径，尝试寻找控制媒介风险放大的方法。

框架图如下：

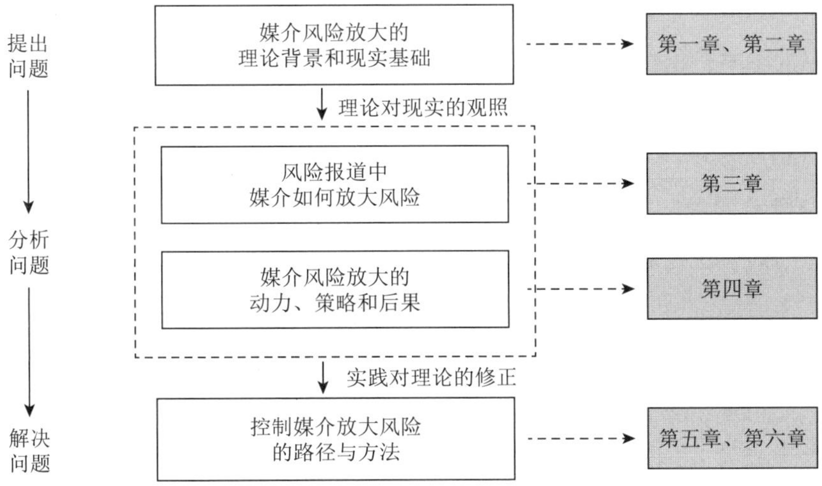

研究框架

三、理论创新和学术价值

本成果的理论创新主要体现在以下三个方面：

首先，成果是社会学、公共管理学与新闻传播学相关研究的有机结合。成果的核心理论“风险的社会放大框架”是社会学理论，研究将风险的社会放大中有关媒介部分的阐述提炼出来，与传播学中的媒介化理论相结合，创新提出了媒介的风险放大这一风险传播的议题。而提出解决媒介产生风险问题的方案时，成果将公共管理学中的风险沟通、风险控制原理应用在新闻传播实践中，较好地解决了研究落地的问题。

其次，成果将经典的风险社会理论在媒介环境下进行了有意义的拓展和延伸。研究认为媒介化风险已经超越了现代化所蕴含的科学技术风险、环境风险等，而是成为一种媒介社会的风险症候。例如，大量风险的产生和加剧恶化与过度以媒介特别是网络社交媒介为参照的状况密不可分。因此媒介化问题一直与经典的政治传播、风险传播联系在一起，这也是成果创新性体现的重要一环。

最后，成果在大量案例分析和理性思辨的基础上，建立起了媒介的风险放大这一理论框架。它包括媒介风险放大的动力框架、策略机制、后果反思，以及一套针对控制媒介风险放大的理论和实践体系。研究在建立理论框架基础上，提出媒介的传播活动就应该在促进科学发展、政治民主、社会互动以及技术伦理四者间的动态调节上发挥作用，也是研究的主旨所在。

本成果的学术价值体现在以下两点：

第一，本成果系统性研究了媒介的风险放大这一风险传播的关键议题，开创性地对媒介在风险传播中的定位、表现、传播风险的进程以及传播后果进行深入研究，并构建了媒介风险放大的控制体系。这一研究丰富了风险传播的研究内涵，开拓了媒介化研究的新面向，也为新闻传播学研究的跨学科发展提供了新的路径。

第二，本成果综合运用了社会科学研究方法，如问卷调查、深度访谈、内容分析、框架分析、个案研究等，对大量鲜活案例进行了风险放大的媒介呈现、风险放大的认知偏向等问题的研究，同时采用了中外比较分析的方法，对风险传播的不同进路进行梳理归纳。丰富翔实的案例研究是成果另一个突出的学术贡献，为后续研究也提供了有益参考。

四、应用价值和经济、技术、社会效益

该成果自出版以来，得到了学界同行的较高评价。教育部长江特聘教授、北京大学新闻与传播学院程曼丽教授评价成果作者做了开创性的跨学科探索工作，并对新闻传播实践具有较为突出的指导价值；华中科技大学新闻与信息传播学院院长张明新教

授认为，本成果在风险传播领域具有理论开创性的贡献，相关实证研究具有经典案例库价值。

成果出版后陆续被北京、上海、广州、深圳、成都等地的政府性图书机构和部分高校图书馆收藏，并已有一定借阅量，传媒学术网也对本成果进行了推荐，总体已产生较好的社会效益。

转型时期的媒介文化议题：现代性视角的反思

作　　者：陈龙
依托单位：苏州大学
成果类别：个人成果

一、研究内容

本书为《传媒文化研究》《媒介文化通论》的姊妹篇，同时也是2018年国家社科基金重大招标项目“网络亚文化传播机制与引导研究”的阶段性成果。在前书基础上结合当前媒介变革形势所做的深入思考。全书突出问题意识，在媒介技术进步，尤其是社交媒体时代文化生产方式变革带来的各种变化的表象下面，隐藏着深层次的危机，因此，揭示这种深层次危机，需要从政治学、社会学、文化学、经济学等不同角度来加以思考。本书认为，应对媒介文化转型迫切需要战略思维。

本书对媒介文化在当下的诸种表现进行了深入的分析，主要涉及以下议题：新媒介生态与新媒介文化；媒介真实建构与后真相再现危机；双重范式与网络亚文化的本体阐释；新时代网民主体与网络亚文化趣味、价值的形成；流动现代性与网络亚文化精神实质；数字文化与数字文明；数字传播与媒介文化的新形态；转型期中国媒介文化的发展困境；媒介文化转型的多维审视与国家治理的路径选择；融媒体时代文化生产的国家意志和逻辑。总体脉络上突出新形态文化的梳理，既重现象的描述，更重本质的定性思考。

二、研究框架和研究方法

本成果的研究架构总体按照“总—分—总”的框架进行内容编排。

具体来说，在绪论部分，成果深入分析了开展转型时期媒介文化再研究的必要性问题，并对需要研究的新议题进行了阐述；在接下来的九章内容中，成果分九个专题，分别对新媒介文化进行详细梳理；在最后一章，成果从中国国家治理的方向出发，探讨了中国特色媒介文化体系建设的困境和路径。

三、理论创新和学术价值

本成果的理论创新和学术价值体现在以下三点：

第一，从现代性视角关注当下的媒介文化实践，并对其发展趋势做出判断。重点思考“加速社会”媒介文化现代性的症候与文化危机等议题，剖析媒介文化体系建设的困境以及媒介文化转型的路径等，思考审美现代性终结以来，社会现代性在文化领域的表现，以及现代性变迁在媒介文化品质方面的变化。

第二，注重理论思考的理论纵深和空间维度。运用传播学、社会学、文化学等相关学科的理论与方法着重讨论当下媒介文化的理论渊源、思想谱系及其在传统媒介和新媒介的表现，密切关注网络亚文化、数字技术、新媒介文化等在当下的实践，探讨新型媒介文化生产模式和传播机制。

第三，立足国家战略思考媒介文化问题，从国家文化发展的价值自信、文化自信高度，认识当前媒介文化发展中存在的问题，突出强调从防范布热津斯基“奶嘴战略”高度来认识引领媒介文化发展的重要性。

四、应用价值和经济、技术、社会效益等

成果自出版以来，得到了文化界知名专家的高度评价。知名学者如南京大学周宪教授、同济大学蒋原伦教授等评价作者的研究非常扎实，对媒介文化做了很多开创性的探索工作，并认为本书的理论深度和创新性价值在同类别成果中表现突出，同时成果对新时期国家治理中文化战略的实施具有较成熟的指导价值。

本成果的部分章节已经发表在多家权威期刊上，并为《新华文摘》、人大复印报刊资料、《高等学校文科学术文摘》等相继转载。

从艺术资源到产业品牌：民间艺术的传承创新

作　　者：秦璇
依托单位：东南大学
成果类别：个人成果

一、研究内容

本书主要研究内容是民间艺术产业的发展，以及对民间艺术树立品牌形象的相关问题进行探讨。民间艺术是中国传统文化中的重要组成部分，是中华民族的宝贵资源。要对民间艺术资源进行开发，就要充分了解民间艺术资源的可利用价值，以价值为核心探索民间艺术资源的产业发展道路。本论文从中国民间艺术资源的特征与价值进行研究，提出要对民间艺术资源加以保护和传承，就要对民间艺术资源进行合理性开发，并对民间艺术资源开发中所面临的各种困难，采取积极有效的应对措施。

虽然在对民间艺术资源开发的过程中，必然会面对各种困难，但是也存在着开发利用所带来的各种优势。因此，要将这些优势充分地挖掘出来，需要与产业发展相结合。在民间艺术产业发展的进程中，树立民间艺术品牌是非常必要的。民间艺术品牌代表着中国传统文化的艺术形象，也是世界艺术领域中的中国艺术形象代表。本书在此环节中，首先论述了民间艺术资源的传承与利用关系、民间艺术产业品牌的建构等问题。其次以朱仙镇木版年画品牌形象的建立，作为本书的案例进行分析，对朱仙镇木版年画的起源、发展历史、保护和利用状况，以及产业品牌的建构进行探究。最后对民间艺术产业发展的前景予以展望，并深刻认知实施国家文化发展战略、积极发展民间艺术产业所具有的重要意义。

二、研究框架和研究方法

（一）研究框架

本书通篇分为七章，第一至第四章主要阐述民间艺术资源的特征及分类，以及民间艺术与品牌形象建立的关系、实现的总体路径等。然后导出实证，第五章从朱仙镇木版年画的发展模式，反证民间艺术资源开发与品牌形象建设的重要性。通过对朱仙镇木版年画民间艺术资源的保护、开发、利用作为研究案例，来分析民间艺术所具有的艺术价值、经济价值和当代传承价值，阐释加强民间艺术资源的保护，对民间艺术品牌建构所具有的意义。每章主要内容为：第一章，绪论。介绍此书内容的选题背景与研究意义，研究现状，研究主要内容，重点、难点和创新点，基本思路和研究方法。第二章，分析背景。主要就民间艺术资源的特性与价值进行分析，全面解析民间艺术资源的特征、民间艺术资源的价值等问题。第三章，关系研究。详细梳理民间艺术资源的传承与利用关系，主要从民间艺术资源保护与利用现状、民间艺术资源保护与开发利用的关系、民间艺术资源的传承、民间艺术资源利用的途径等方面进行阐述。第四章，路径探索。着重探索民间艺术产业品牌建构，主要涉及民间艺术品牌形象塑造的可行性分析、民间艺术品牌形象定位的基本思路和方法、民间艺术品牌形象民族化的原则、民间艺术品牌形象确立的论证说明。第五章，案例分析。详尽分析民间艺术品牌建构的案例，分别从朱仙镇木版年画的起源与发展、朱仙镇木版年画资源的保护与利用现状、朱仙镇木版年画资源传承与核心价值观的建构、朱仙镇木版年画资源与艺术产业品牌的建构等几个方面展开。第六章，趋势展望。殷切展望民间艺术产业的发展前景，具体体现在对国外民间艺术产业发展经验的借鉴、由“中国制造”向“中国品牌”的转型、打造民间艺术产业增强国家文化软实力等方面予以分析。第七章，结语。深刻认知国家文化战略中发展民间艺术产业的意义，分别从利用现代科技发展中国民间艺术产业、强化品牌塑造发展中国民间艺术产业、借鉴国外经验发展中国民间艺术产业等方面阐述。

（二）研究方法

（1）交叉学科研究方法：本书的研究涉及历史文化学、民俗学、哲学、文化产业学、传播学等多门交叉学科。通过多学科的相关文献来获取此项研究的全面素材，运用内容分析、整合、比较分析等方法，来深入研究民间艺术产业品牌形象设计的背景及策略。

（2）实证调查研究方法：本书全面遵循理论与实践相结合，在实证方面通过走访的形式和田野调查的形式，实施调查访问获得相关调研资料。通过采访与访谈的形式，深入了解民间艺术品的传承技艺，感受其特殊的艺术内涵，并分析民间艺术保护和发展中所存在的问题。

（3）历史分析研究方法：本书在尊重历史材料和历史事实的前提下，在行文与结构上，保持历史有关结论的真实性与科学性。历史分析的方法是从中国传统文化发展进程的角度出发，对中国民间艺术发展进行综述、分析，提出由民间艺术资源建立民族品牌的协同性和创新性，由此提出了民间艺术保护与传承的重要性，以及树立品牌策略对于推动民间艺术产业发展的必然性。

三、理论创新和学术价值

（1）理论创新：本研究以保护和传承民间艺术资源为出发点，通过民间艺术资源走艺术产业发展道路，得以形成艺术品牌为契机，结合国家文化发展战略为行文思路，通过田野调查、案例分析等，就当前民间艺术资源的开发利用与品牌形象的塑造等核心问题进行实践探讨。通过分析朱仙镇木版年画品牌的成功案例，就朱仙镇木版年画民间艺术资源，走产业发展道路的若干个现实问题进行深入探究，从理论上推导出以实践的形式得出科学的研究结论，创造性地提出了民间艺术产业发展前景与国家文化软实力的提升等内在本质联系的关系。充实了学界目前研究领域的某些不足之处，并为学术界提供更为翔实的理论资料，论证了理论实践的可行性。

（2）学术价值：目前，国内外专家学者对于此领域的研究情况：国外研究时间较长，成果较为丰富；而国内研究时间则相对较短，研究成果较为分散。国外研究主要侧重于民间艺术、文化软实力、民族品牌形象三个方面；而国内专家学者的研究范畴，主要是从国内对民间艺术资源开发及民族品牌形象的发展道路问题研究、民间艺术所发挥的价值的研究、民间工艺传承与保护现状的研究、话语权与文化软实力的研究四个方面进行探讨。国外对民间艺术的开发和利用有了较早的保护性规划，并给予相关技术支撑和学术建议。在文化软实力建设问题上，国外也是早于中国，将民间艺术资源的保护与利用，形成了较为完善的体系，并运用于艺术产业领域。在民族品牌形象塑造上，国外注重把传统民间艺术元素，融入日常生活和经济产业中，提升国民的民族认同感，开发艺术品牌的多样性和多元化模式；相对而言，我国在各个领域的起步均较晚，目前我国专家学者就民间艺术资源与民族品牌形象建设问题，研究尚且不足，学术成果也亟待丰富完善。本书试图为当前学术界在此领域的研究进一步充实材料，完善探索路径。

四、应用价值和经济、技术、社会效益

本研究以保护和传承民间艺术资源为出发点，通过民间艺术资源走艺术产业发展道路，得以形成艺术品牌为契机，结合国家文化发展战略为行文思路，通过田野调查、案例分析等，就当前民间艺术资源的开发利用与品牌形象的塑造等核心问题进行实践探讨。通过分析朱仙镇木版年画品牌的成功案例，就朱仙镇木版年画民间艺术资源，走产业发展道路的若干个现实问题进行深入探究，以实践的形式得出科学的研究结论，创造性地提出了民间艺术产业发展前景与国家文化软实力的提升等内在本质联系的关系。充实了学界目前研究领域的某些不足之处，并为学术界提供更为翔实的资料，为当前学界研究总体还较为薄弱的实证环节，进一步提升了研究空间，论证了理论实践的可行性。与此同时，为民间其他艺术资源的开发和利用提供实践依据。本书的成稿与出版是在 2016 年博士学位毕业论文的基础上，进一步充实与完善。两年后 2018 年在中国知网上可以检索笔者的博士学位毕业论文，目前下载量达到 2302 次，被引次数 16 次，产生了较好的社会反响与社会价值。

新时代农村居民旅游消费行为研究

作　　者：余凤龙
依托单位：扬州大学
成果类别：个人成果

一、研究内容

第一部分：农村居民旅游消费行为特征及其差异。（1）旅游消费行为特征。农村居民旅游行为模式被分成四种类型：传统模式、网络模式、团队模式和综合模式，传统模式仍是农村居民出游的主要模式，80% 出游市场分布在 250 千米范围，游客流向特征符合距离衰减规律，旅游消费水平相对较低，消费结构有待完善，旅游消费行为意向较强，但旅游满意度不高。（2）旅游消费行为差异。农村居民旅游消费行为在家庭教育、收入水平与家庭乡村性等方面都具有显著差异，尤其是文化和收入的差异更为明显。

第二部分：农村居民旅游消费行为影响因素与作用机制。（1）构建嵌入农村居民家庭结构的“感知旅游行为控制、旅游消费认同与旅游消费行为”的机制分析框架，并界定感知旅游行为控制包括习惯性感知、预防性感知、示范性感知和不确定性感知 4 个维度，农村居民旅游消费行为存在不同影响强度与方向的棘轮效应、预防效应、示范效应和敏感效应。（2）苏南农村居民旅游消费行为受到经济、文化、心理和乡村城镇化等因素的多重影响。（3）家庭收入、文化程度对感知旅游行为控制、旅游消费认同与旅游消费行为之间的路径关系存在较显著的调节效应，而家庭乡村性的调节效应较弱。

第三部分：农村居民旅游消费行为价值取向。（1）基于相关理论分析，构建旅游情境下消费价值观、感知价值与旅游消费行为的研究路径。（2）农村居民旅游消费行为价值取向与旅游消费行为具有较好的拟合关系，对旅游消费行为具有较强的解释力。（3）农村居民旅游消费行为价值取向的结构体系反映传统价值观与现代价值观的冲突与融合，体现了本土化的结构特点。

第四部分：农村居民旅游消费行为调节模式与政策建议。（1）构建嵌入个体（家庭）结构“价值取向—情境—行为”的旅游消费行为调节模式，价值取向、情境与个体（家庭）结构对旅游消费行为具有不同程度的影响。（2）根据家庭收入和教育程度，将农村居民旅游者划分为四种类型：消极经济型旅游者、消极享受型旅游者、积极品质型旅游者和积极预算型旅游者。（3）设计引导农村居民旅游消费行为和拓展农村旅游市场的政策建议。

二、研究框架和研究方法

研究框架：成果构建了“现状特征—影响机制—价值取向—政策建议”的研究框架，开展新时代农村居民旅游消费行为特征、机制与价值取向的研究，具体包括：第一章是绪论。分析研究背景，阐述研究目标和研究意义，设计研究思路、技术路线和内容结构，确定实证研究区域。第二章是文献评述。主要从农村居民旅游消费行为、价值观与旅游消费行为关系两个方面展开文献梳理和评述，为研究提供思路和方向。第三章是理论基础与框架。界定基本概念，借鉴相关学科的研究视角，构建农村居民旅游消费行为的理论分析框架。第四章是农村居民旅游消费行为特征。在分析中国农村居民旅游消费宏观发展特征的基础上，基于苏南农村家庭旅游消费的调查数据，描述与评价农村居民旅游消费行为基本特征，并从家庭形态、经济变量、地理环境三个方面对农村居民旅游行为模式、消费水平和行为意向进行了比较。第五章是农村居民旅游消费行为影响机制。基于经典消费与行为理论，构建理论框架，提出理论设想，设计变量操作化的途径，并进行相应的检验。在此基础上，主要运用多分类 Logit 回归方法，剖析和比较影响农村居民旅游消费行为的主要因素，进而运用多群组 SEM 分析教育程度、家庭收入和家庭乡村性对旅游消费行为的调节效应，揭示旅游消费行为的影响机制。第六章是农村居民旅游消费行为价值取向。根据研究思路和方法，设计旅游情境下农村居民消费价值观与旅游感知价值量表，提炼农村居民旅游消费价值观与旅游感知价值维度，拟合价值观、感知价值与旅游消费行为的关系，在此基础上，探讨农村居民旅游消费行为价值取向的结构与特点。第七章是农村居民旅游消费行为调节模式与政策建议。根据研究结果，构建农村居民旅游消费行为调节模式；根据教育和收入程度，划分农村居民旅游者类型；从政府和企业两个层面，提出相关的政策建议。第八章是结论。围绕主要研究成果进行总结，指出研究的创新点和不足之处，并在此基础上提出今后改进和进一步的研究方向。

研究方法：本书综合运用融质性分析和定量研究相结合的方法体系，包括“手段—目的”链理论和阶梯访谈法、文献研究、实地调查、专家咨询、案例分析等质性分析方法，探索项目研究的理论价值与现实诉求，构建理论模型和指标体系、解析行为意义等；运用结构方程模型、多分类回归等数理统计、数学建模等技术与分析方法，刻画和剖析旅游消费行为特征，揭示旅游行为影响机制与价值取向等。

三、理论创新和学术价值

与以往旅游消费行为研究领域偏向城市居民有所不同，本书以乡村发展态势和居民现实需求为指引，开展新时代农村居民旅游消费行为特征、机制、价值取向与调节模式的系统研究。成果立足中国情境下农村居民旅游消费行为，挖掘中国特色的农村居民消费问题，构建本土化的农村居民旅游消费行为理论体系，推动与国内外旅游消费行为研究的理论对话，丰富旅游地理学、乡村地理学和消费行为学等学科理论内涵和研究领域。具体表现在：

（1）新时代农村居民旅游消费行为是中国情境下一种较为独特的流动类型，成果聚焦于苏南地区农村居民旅游消费行为，在实地调研的基础上，首次系统地分析农村居民旅游消费行为的流动特征及其差异，指出新时代农村居民旅游在消费模式、消费水平和行为意向上具有中国本土化的特点，在家庭收入、文化教育与乡村性等方面都具有显著差异。（2）深入揭示并阐释了农村居民旅游消费行为机制。农村居民旅游消费行为是心理、经济、文化和乡村城镇化等多重因素综合作用的结果，经济水平、文化程度和农村城镇化进程对旅游消费行为有着不同程度的影响。（3）尝试构建并解析了农村居民旅游消费行为价值取向。农村居民旅游消费价值观的结构体系折射了新时代乡村社会的转型，凸显传统与现代价值观并存的特点，也反映旅游消费价值倾向的分化。（4）提炼了农村居民旅游消费行为调节模式。构建嵌入个体（家庭）结构的旅游消费行为调节模式，划分农村居民旅游者类型，并系统设计政府旅游公共政策和企业旅游营销政策。

四、应用价值和经济、技术、社会效益

（1）通过对新时代农村居民旅游消费行为特征的调查、描述和分析，有助于较全面认知农村居民旅游消费发展现状和存在问题，有助于政府和企业理解农村居民旅游消费的价值意义，为制定面向农村居民群体并体现惠农特色的旅游消费政策提供依据。

（2）以苏南农村地区为实证研究区域，为类似发达地区农村居民旅游消费市场开发提供实践范例，也希望给广大欠发达农村地区的旅游消费市场开发提供借鉴和启示。

（3）在更宏观的意义上，希望通过旅游政策的制定和消费价值观的培育，引导和优化农村居民旅游消费行为，丰富农村居民的文化生活，满足农村居民精神文化需求，发挥旅游业在提升民生质量和增进居民福祉中的作用。

主题公园与城市发展

作　　者：梁增贤
依托单位：中山大学
成果类别：个人成果

随着城市化在广度和深度上的推进，主题公园的概念不断演化，早已突破旅游项目的藩篱，成为公众和政策规划制定者热议的焦点，深刻影响着城市发展。主题公园不仅仅带来主题体验，更改变城市社会的运行机制，引发社会的迪士尼化、绅士化。本书全面论述了主题公园与城市发展的相互关系，是中国学术界对主题公园和城市发展全面分析解释的一次积极尝试，对理解什么样的城市适合发展主题公园，而主题公园又给城市带来什么影响具有重要贡献。

一、研究内容

主题公园是当代城市休闲娱乐的典型代表。城市为主题公园的发展创造了社会经济条件，而主题公园又潜移默化地改变着城市的运行方式。本书全面论述了主题公园与城市发展的相互关系，从城市演化的历史视角出发解释都市娱乐发展的规律性和主题公园的诞生，分析了中国主题公园产业的发展脉络和趋势，评估了中国各城市发展主题公园的适宜性，研究了主题公园对城市就业的影响，探讨了主题公园对城市社会空间重构与奇幻城市塑造的作用机制，揭示了主题公园与城市空间文化生产与再生产关系，预示消费社会时代下城市迪士尼化发展的特征和趋势。总体上，本书是中国学术界对主题公园和城市发展全面分析解释的一次积极尝试，对理解什么样的城市适合发展主题公园，而主题公园又给城市带来什么影响具有重要贡献。

二、研究框架与研究方法

本书主要围绕主题公园对城市发展的影响和城市发展对主题公园的作用这一相互关系作为分析框架，从绅士化、迪士尼化等视角展开分析，并通过一系列实证研究进行论证。本书历时10年，是一系列研究成果的结晶，并得到国家自然科学基金青年项目（批准号：41301146）、中央高校基本科研业务费专项资金（批准号：13wkpy29）和国家社会科学基金一般项目（批准号：19BGL148）的资助，采取实地调研、深度访谈、焦点小组访谈、问卷调查、二手数据收集等方法，系统跟踪调研了中国旅游集团、华侨城集团、长隆集团、华强方特集团、苏州高新集团、海昌集团、保利发展集团（原保利地产）、恒大集团及其下属的主题公园，重点对欢乐谷系列主题公园、方特系列主题公园以及上海和香港的迪士尼乐园做了个案跟踪研究。

三、理论创新和学术价值

（一）构建了理解主题公园与城市发展的一般框架

主题公园常常被认为是现代城市的标配，是城市进入后工业化社会的产物。主题公园与城市社会经济发展、人口阶层变化、消费习惯变迁、文化转变有很大关系。本书建立了理解主题公园与城市发展的一般框架，通过产业、文化、景观、日常生活以及社会过程，理解主题公园对城市发展的作用和角色，以及城市发展对主题公园成本的影响。

（二）应用和完善了迪士尼化理论的中国化

迪士尼化根植于后福特主义的多样性、选择性理念，以消费者为导向，为消费者构建惊险刺激且富有想象力的娱乐体验，指迪士尼的生产原则不断被应用到社会各个领域的过程，包括4个方面：主题化（theming）、混合消费（hybrid consumption）、商品化销售（merchandising）和表演化的劳动（performative labour）。本书将迪士尼化理论应用于中国情景，并对其进行概念延伸，实现迪士尼化理论的中国化，具有更好的解释力。

（三）提出了旅游绅士化理论的本土化解释

主题公园是后工业社会空间的例证，主要面向中产阶层，能够带来大规模消费客流，因而成为吸引相对富裕阶层入住周边社区的核心吸引物。本书构建旅游绅士化的阶段模型，重新认识旅游绅士化，提出了分析旅游绅士化的 4 个维度：旅游发展或投资、人口变化、基础设施或景观变化、文化和生活方式变迁。研究指出，中国旅游绅士化发生的两大背景是：一是再次投资的时限约束；二是中国的快速城市化。由于再次投资的时限约束，在一定时期内，城市某一地区的投资会相对滞后，实际租金水平保持相对稳定，如果这一时期内城市迅速发展和扩张（快速城市化），那么这一地区的潜在租金水平将迅速上涨，导致地租差迅速扩大，达到资本获取满意回报的水平，于是该地区就可能发生绅士化。

（四）建立了透过主题公园看社会的视角

本书不是就主题公园谈主题公园，而是透过主题公园看社会。主题公园之于社会早已不局限于娱乐空间，而是后现代城市的空间例证，是迪士尼化的典型，甚至引发旅游绅士化。本书第四章、第六章、第七章和第十章分析了主题公园对城市社会就业、空间文化生产、绅士化和迪士尼化的影响。主题公园是城市发展的一个缩影，是城市社会进程的关键立脚点。透过主题公园，可以更好地理解城市演化、社会进化以及空间生产与再生产。

四、应用价值和经济、技术、社会效益

《主题公园与城市发展》直击当前中国主题公园发展的痛点，很好地回答了主题公园与城市的相互关系，即什么样的城市适合发展主题公园，而主题公园又会对城市产生怎样的影响。当前，主题公园已经从奢侈品变为普通消费品。主题公园遍地开花，对城市的影响是多方面、深层次的。在理性思考和经验总结方面，我们一直非常欠缺，在理论解释和构建上也缺乏扎实而有深度的研究。本书为中国主题公园发展提供理论指导和实证基础，具体表现在：

第一，建立了城市适宜开发主题公园的评估体系，建立了城市发展主题公园的社会经济门槛，为主题公园投资和开发提供基本指引；

第二，提供了主题公园开发对城市就业的影响，从正规和非正规就业两个方面对

主题公园提供的就业机会进行剖析，客观评估其就业效应；

第三，解释了主题公园对城市社会空间的重构，从绅士化理论出发，揭示了主题公园引发周边社会空间生产与再生产的一般规律，为指导城市空间的开发与再开发提供参照；

第四，全面分析了主题公园开发与城市化、迪士尼化和新城开发的关系，为当前如火如荼的特色小镇建设和新城开发提供理论指导。

研究报告类

——一等奖

民宿经营法律规制研究报告

作　　者：胡斌，刘靖，徐浩，邵亚萍，姚瑶
依托单位：浙大城市学院
成果类别：集体成果

一、研究内容

报告聚焦民宿治理的疑难问题，通过实践调研和理论梳理，对民宿经营的法律规制问题进行深入的研究。研究内容主要包括三个部分：

（1）民宿的类型化。报告从词源上探究分析民宿的概念，结合生活实际的称谓指代，将广义的民宿分为传统民宿（乡村民宿）和共享住宿（城市民宿），并提出了根据二者不同的属性和特点进行分类规制的基本思路。

（2）民宿规制的路径。报告对传统民宿和共享住宿分别进行了研究，提出了规制的路径。前者要从市场准入、规范经营要求和监管体制等方面设计新的制度体系，后者要从是否具有经营性的角度去考察规制体系的完善。同时，基于现代互联网技术的发展，对平台的规制成为民宿规制的重要组成部分。

（3）民宿立法的可行性。报告从现实基础、地方实践和域外经验三个方面论证了民宿立法的可行性，就目前而言亟须法律制度的完善来规范民宿产业的发展。同时，也提出了民宿立法的进路，先地方立法后全国立法、先立促进法后立管理法，重点规定民宿的准入、经营要求、监管主体等内容。

二、研究框架和研究方法

（一）研究框架

报告的研究框架如下图：

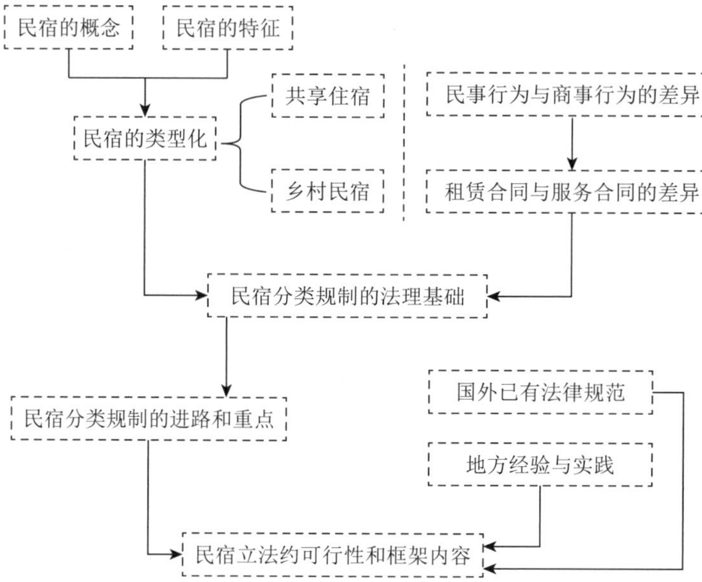

研究框架

（二）研究方法

报告主要使用的研究方法包括：

（1）文献研究法，主要用于对国内外民宿相关研究文献的梳理与研判；

（2）实证研究法，主要用于对民宿经营规制个案的分析与研究；

（3）规范研究法，主要用于对国内已有民宿治理规范性文件的整理与归纳；

（4）比较研究法，主要用于国内外民宿规制制度的比较、分析与借鉴；

（5）调查研究法，主要用于前往民宿主管部门、行业协会调研座谈等。

三、理论创新和学术价值

报告对当前民宿规制的重点和难点问题进行了深入的分析，对民宿立法的基本问题做了框架性的研究，对规范民宿行业发展、完善民宿相关法律制度具有较强的参考和指导意义。其主要理论创新和学术价值如下：

（1）提出民宿分类规制的理念。报告明确了民宿概念的外延和内涵，论证了传统乡村民宿区别于一般旅馆业进行特别法律规制的法理基础，完善了将城市共享住宿作为旅馆经营或房屋租赁进行规制的制度体系。

（2）坚持传统民宿规制为重点。传统乡村民宿因房屋的物理限制不适宜按照旅馆业的要求设置准入门槛，可通过地方立法适当降低消防、卫生等要求，实行特种行业许可制度，鼓励农民自主参与民宿经营。

（3）创新民宿监管联动体系。民宿作为新业态，存在监管主体不清晰的问题，应通过立法或政策强化各相关部门的监管职责，建构一个明确、综合、联动、有效的由县级人民政府负责统筹管理的民宿监管体系。

（4）设计网络平台软法规制路径。网络平台是民宿经营的媒介方、居间方甚至交易方。应根据不同的平台类型，采用软法规制的思路，立法引导平台建立认证机制、双向信用评价机制、纠纷解决机制等保障住客的合法权益。

（5）论证民宿立法的基本框架。在民宿规制的立法技术运用上，应坚持“促进法”为主，兼顾“管理法”的总体思路，放宽市场准入、明确经营规范和要求，强化事中事后的监管力度，维护市场秩序。

四、应用价值和经济、技术、社会效益

本报告的研究见证了民宿业逐步规范化的过程，应用价值和经济、技术、社会效益明显。

（1）在应用价值的理论转化层面：研究报告的前期成果转化为《民宿旅游的发展对农民就业转型的影响》《中国共享民宿的制度规制路径探析》两篇论文，分别在《农业经济》《行政管理改革》等核心期刊上发表。

（2）在应用价值的制度转化层面：研究报告的基本观点和核心内容被文化和旅游部采纳，还专门召开了工作研判会，明确了未来民宿监管的基本方向。文化和旅游部相关政策和标准的出台以及对全国人大代表议案及全国政协委员提案的回复均采纳了本研究报告的相关观点。

（3）在应用价值的经济、社会效益转化层面：研究报告的主要内容经媒体报道后形成了广泛的社会影响力，各地方政府开始认识到民宿分类规制以及民宿促进优先于

民宿管理的重要性，纷纷通过地方立法的方式实现民宿规制，很多也吸收了本研究报告的内容。如北京市住建局牵头制定了《关于规范管理短租住房的通知》，就是采用了传统乡村民宿和城市共享住宿分类规制的路径；如江苏省人大出台 2020 年立法计划，准备制定《民宿业促进条例》，就是按照促进优先于管理的思路进行民宿规制。

打造上海邮轮经济全产业链研究

作　　者：叶欣梁，孙瑞红，史健勇，邱羚，张建，冯博，梅俊青，闫国东，王前锋，
李霞，邹琳
依托单位：上海工程技术大学
成果类别：集体成果

一、研究内容

（一）深入研究上海邮轮经济全产业链战略目标

分析上海在邮轮全产业链的区位优势、资源优势、政策优势、产业布局等，研究上海打造邮轮全产业链战略路径和总体思路，对标最高标准、最高水平，推动上海邮轮经济高质量发展，明确建成世界一流邮轮母港、亚太邮轮企业总部基地和具有全球影响力的邮轮经济中心之一的战略目标。

（二）研究上海推进邮轮经济全产业链存在的瓶颈问题

上海战略布局邮轮全产业链，推动国产大型邮轮建造，推进长三角世界级邮轮港口群建设，持续提升上海邮轮经济能级和核心竞争力。但与国外成熟市场相比存在市场基础不够强、与国外成熟地区相比产业要素集聚不强、政策优势不明显等不足，需通过对瓶颈问题进行深入研究，剖析问题根源，为制定政策措施提供良好的依据。

（三）研究推动上海邮轮经济全产业链发展的重要举措

文化和旅游部批准上海设立中国首个邮轮旅游发展示范区，将进一步发挥上海邮轮经济机制较完善、国际化水平较高、改革先行的环境优势。需要进一步深入研究强

化邮轮市场培育和规范、有序推进邮轮产业链重点环节发展、重点推进本土邮轮的建设与运营等方面的路径措施。

二、研究框架和研究方法

（一）研究框架

本报告以国际经济发展形势为基础，深入分析上海邮轮经济全产业链的增值机会和发展前景，进而从经济贡献角度对上海邮轮经济贡献结构、现有经济效应和未来发展潜力进行分析，剖析发展中的问题和瓶颈，深入研究上海邮轮全产业链的战略路径，明确目标方向和重点举措，提出相应的保障措施。

本报告共分为六个部分：第一部分主要阐述了邮轮经济全产业链与产业链增值的概念界定，并对上海邮轮经济全产业链发展形势进行分析，同时分析上海邮轮经济全产业链发展瓶颈，主要从政策环境、产业集聚度等方面分析；第二部分主要介绍上海邮轮经济产业链发展的增值机会，主要从全球邮轮产业链形势、中国邮轮经济和上海机遇等方面分析；第三部分主要介绍上海邮轮市场发展前景；第四部分主要对上海邮轮经济全产业链经济贡献进行分析，从邮轮经济贡献度时空边界、产业链经济效应、经济贡献结构等方面，对上海邮轮全产业链经济贡献进行测算；第五部分对上海邮轮经济全产业链发展的战略路径和方向做了探讨和研究，并明确重点举措；第六部分主要是介绍保障措施，从优化政策创新机制、加大对龙头企业支持、增强综合配套能力、拓展融资渠道等方面分析。

（二）研究方法

（1）文献分析法。本报告对国际邮轮经济发展报告进行全面系统分析，充分了解国际邮轮产业发展现状和新趋势，并对国内外现有的学术研究成果进行深入的分析，采用“归纳—演绎”的方法进行总结，全面深入地把握邮轮产业发展的内在规律和发展经验，为本研究提供良好的理论基础。

（2）数据搜集及数理模型分析。采用数理统计、经济计量等符合研究内容方法，对中国及上海邮轮市场发展潜力进行测算，并对上海邮轮经济全产业链各重点环节进行发展测算，从而构建上海邮轮经济全产业链战略路径的模型框架。

（3）专家访谈法。本报告对国内外邮轮公司、邮轮分销旅行社、邮轮相关高校以及其他旅游相关机构的高管、专家、学者等进行访谈，全面了解邮轮产业各方对上海邮轮经济全产业链发展的认识和发展需求，从而可以获得各方的意见与建议，为本研究提供一定的指导作用。

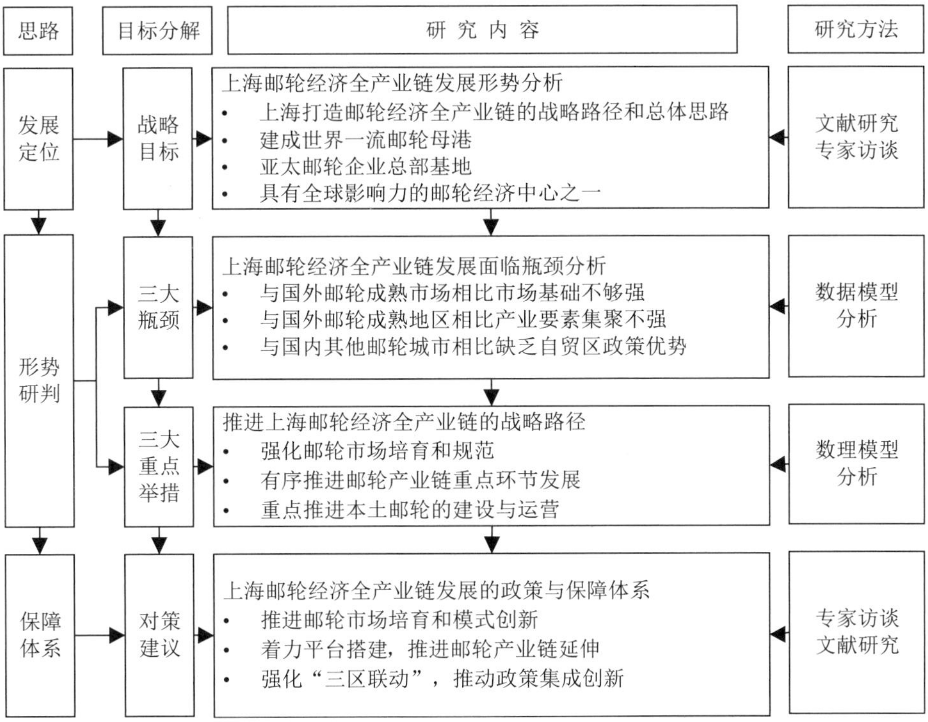

技术路线图

三、理论创新和学术价值

本报告从理论上总结我国邮轮产业发展环境、集中矛盾和未来趋势，揭示邮轮经济发展影响因素、产业要素，构建产业链系统，构建上海邮轮全产业链战略路径，深入研究邮轮经济全产业链的保障措施和政策支撑，丰富邮轮产业发展战略决策理论内涵，对丰富邮轮经济规律研究有重要理论意义，推进产业与学术研究的发展。

四、应用价值和经济、技术、社会效益

本报告对接国家和上海战略，对标全球邮轮经济最高标准、最高水平，紧扣邮轮

产业发展新阶段、新特点，借鉴产业经济学、旅游经济学等理论基础，对邮轮市场供给与需求、消费特征变化、产业特征变化、产业经济贡献等进行全面的研究分析，深入挖掘上海在全球邮轮产业发展中所具备的优势，寻求更多的先发优势，将上海邮轮全产业链的发展主动纳入全球邮轮产业竞争合作体系，更高层面推动上海邮轮经济全产业链创新发展，实现上海邮轮经济全产业链由高速增长向高质量发展。

研究报告类

——二等奖

《广东省民宿管理办法》及立法调研报告

作　　者：李国平，余颖，文捷敏，刘学敏，孔源源，刘学伟，庞莉华，郝斗
依托单位：广东省旅游发展研究中心
成果类别：集体成果

一、研究内容

乡村旅游是全域旅游的重中之重，而民宿则是乡村旅游产业化的重要载体，是国家乡村振兴战略和全域旅游战略的重要交会点。近年来，民宿因顺应客源市场消费转型升级的大方向，融入文创概念和情感消费，兼具传统酒店难以企及的个性化特点，且契合旅游业供给侧结构性改革的大潮流，成为备受热捧的旅游新业态。针对民宿监管薄弱的现实问题，本研究在深入调查广东省民宿业发展的基础上，基于广东省地方立法的角度对民宿的法治化、规范化管理提出对策。本研究共分为两大部分：一是广东省民宿管理办法立法调研，在系统梳理广东省民宿发展现状的基础上，分析了广东省民宿管理的内在制约因素与存在问题，探讨了广东省民宿管理的利益诉求与立法价值取向，结合广东省民宿地方立法的实践需要提出广东省民宿发展与管理的对策建议；二是研究起草《广东省民宿管理办法》，结合广东省实际，从总体要求、开办条件、开办程序、经营规范、监督管理、法律责任等方面提出民宿的管理要求，旨在促进广东省民宿业的高质量发展。

二、研究框架和研究方法

（一）研究框架

《广东省民宿管理办法》立法调研主要包括九个研究部分：一是系统梳理我国民宿发展的相关政策及国内外民宿立法监管的现状；二是系统总结广东省民宿管理立法调研工作；三是从产业规模、空间分布、主要经营模式、行业组织等方面分析广东省民宿发展情况；四是深入剖析广东省民宿发展面临的主要问题；五是研究分析广东省民宿管理的内在制约因素；六是研究探讨广东省民宿管理的立法价值取向和利益诉求；七是研究"登记制度"在广东省民宿立法管理中的应用及其顶层机制设计；八是研究《广东省民宿管理办法》的立法内容；九是基于广东省地方立法现实需要研究提出若干政策建议。

《广东省民宿管理办法》草案主要包括 5 个研究部分：一是研究提出《广东省民宿管理办法》的总则，明确民宿定义、适用范围、管理原则、政府和部门职责、镇村职责、行业协会、民宿规划与促进等内容；二是研究提出广东省民宿的开办条件和程序，规定民宿在建筑、消防、治安、卫生、食品安全及环保等方面须满足的基本要求，明确民宿的登记备案程序；三是研究提出广东省民宿的经营规范，明确民宿经营者在民宿经营服务与内部管理过程中需遵循的基本要求；四是研究提出广东省民宿的监督管理要求，确定民宿日常监督管理制度；五是研究提出广东省民宿管理的法律责任，研究设定民宿建筑安全、消防安全、治安、环保、无证照经营、备案等方面的责任与罚则，以及相关监管部门和人员的法律责任。

（二）研究方法

（1）实地调查方法：通过开展实地调查、参与性访谈获取相关一手资料和数据，深入分析和了解广东民宿发展现状、业态禀赋特点与经营模式。

（2）系统分析方法：以系统的视角梳理广东省民宿发展与管理中存在的问题，各利益相关方诉求，表象问题背后的内在制约因素，提出了民宿管理办法的立法内容体系。

（3）多学科研究法：运用了旅游、民法、行政法、管理、建筑、社会学、心理学等多学科知识，进行综合研究。

（4）比较分析法：对国内外民宿发展和管理进行了背景分析，对国内民宿管理模式类型进行了对比分析。

三、理论创新和学术价值

（1）民宿立法困难，关键在于民宿的性质定位不清晰，本研究创造性地提出了小型类家庭式营业场所的民宿性质定位（类似于小作坊或流动摊贩管理，区别于公司企业或公共场所管理），进而提出了放宽市场准入、加强事中事后监管的“放管服”管理思路，作为立法基础。

（2）从管理尺度、管理对象规模范畴、合法化路径冲突、基于执法依据和裁量标准的监管机制、历史遗留问题和特色化需求五个方面，系统分析了民宿管理的内在制约因素。

（3）民宿立法不能割裂市场、政府、社会之间的关系，本研究围绕乡村振兴的核心价值观，以多元化利益需求视角分析了民宿利益相关者谱系构成，民宿立法管理的价值取向、面临问题的立法应对策思考。

（4）本报告填补了国内系统研究省域民宿立法管理研究的空白，提出了区别于行政许可的登记制度民宿立法管理模式、运行机制与立法内容建构体系，对民宿的开办条件与程序、经营规范、监督管理及法律责任等作出了明确的规定，具有一定的首创性。

四、应用价值和经济、技术、社会效益

（1）本报告依托广东省文化和旅游厅（原省旅游局）委托的《广东省民宿管理办法》研究课题。2019 年 6 月，通过省政府常务会议研究同意后，广东省人民政府以第 260 号令印发实施了《广东省民宿管理暂行办法》，文件内容基本按照本研究的思路进行制定。

（2）不同于一般的政策文件或行业管理文件，《广东省民宿管理暂行办法》为全国首个由省级层面出台的政府规章文件，填补了我国大陆省域民宿立法管理的空白，为全省民宿的健康发展提供了法治保障，为民宿行政管理部门提供了法律依据。

（3）报告提出了放宽市场准入、加强事中事后监管的“放管服”改革思路，解决了困扰民宿发展多年的“身份”问题，为其他省份制定民宿管理规范提供了重要参考和借鉴。

（4）报告提出的相关制度规范具有系统性与可操作性，符合广东民宿发展实际需要和未来发展要求，有利于规范民宿经营管理、盘活城乡闲置资源、拉动农民就业、促进乡村振兴。

（5）《广东省民宿管理暂行办法》出台后，以此为前提，广东的佛山、广州、韶关、惠州、河源、汕尾、肇庆、江门、东莞等市陆续出台了各市的民宿管理办法，对登记制度的相关细则进行了规定，推动了政策落地。

（6）《广东省民宿管理办法》立法调研报告就民宿旅游立法进行了系统分析和思考，可为相关研究人员提供借鉴和参考。

中国城市休闲化指数报告

作　　者：楼嘉军，李丽梅，毛润泽，徐爱萍，马红涛，刘松，施蓓琦，陈彦婷，马茜茜，贾增慧
依托单位：上海师范大学
成果类别：集体成果

一、研究内容

（一）构建中国城市休闲化指数评价体系、确立测度模型和研究对象

第一，研究报告主要采用专家咨询、会议论证、数据论证等方法，通过前后 8 轮的讨论与论证，构建了中国城市休闲化评价指标体系。评价体系主要包括经济与产业发展、休闲服务与接待、休闲生活与消费、休闲空间与环境、交通设施与安全五个方面，共计 44 个指标。

第二，基于研究的目标与主要内容，确立城市休闲化测度的模型，包括综合评价模型、区域差异测度模型和耦合协调度测度模型。为了比较准确地反映当前我国城市休闲化发展的基本现状，研究团队根据适量与适度的要求，选取 36 城市（包括 22 个省会城市、5 个自治区首府城市、4 个直辖市，以及 5 个计划单列市）作为研究样本。考虑到数据的连续性和纵向比较性，研究团队自 2011 年首次发布城市休闲化指数以来，一直持续进行跟踪研究，截至 2019 年，研究团队已连续发布了 9 份指数报告。

第三，研究数据均来自《中国统计年鉴》《中国城市统计年鉴》《中国城市建设统计年鉴》《中国第三产业统计年鉴》《中国交通年鉴》《中国文化和文物统计年鉴》，以及各省、自治区、直辖市国民经济和社会发展统计公报等国家和省级有关管理部门公开出版或发布的统计数据。

（二）解读与分析中国城市休闲化指数综合结果

首先，基于数据与模型，得到36个城市休闲化发展指数的综合结果，并总结了连续9年来36个城市休闲化综合水平的基本格局、位序变化以及等级结构，以发现36个城市在五大维度指标层面各自的发展特点与演变特征。进一步从区域差异视角，剖析对东中西部地区之间的区域差异、区域内部差异以及对总体差异的贡献率，为城市休闲化区域发展的均衡性提供有效的借鉴。

其次，连续9年的研究结果发现，中国城市休闲化发展水平不断提升、发展差异日益缩小，但城市间的发展差异仍不容小觑。一是以北京、上海为代表的城市休闲化发展的头部城市已经率先进入全域休闲化发展阶段，标志着我国城市休闲化发展步入一个新的发展时期。二是相对落后地区城市休闲化发展水平稳中有升，进步明显。根据城市休闲化发展水平五级划分标准，9年前有23个城市位列第五层次，2019年则降低至13个城市，这是一个巨大的进步。三是城市间发展差距显著缩小。9年前，排名第一的北京与位列末尾的拉萨之间，休闲化指数相差7.64倍。而今，两者之间尽管仍有4.97倍的差距，但是已经显著缩小。最后，东中西部内部城市休闲化发展同样存在不均衡性现象，表现出“东部领先、中部崛起、西部赶超”的发展态势，这将成为中国城市休闲化发展过程中的一个新格局。

（三）探究和考察中国城市休闲化分类结果

首先，五大维度指标水平的分析。研究结果发现，休闲生活和消费、休闲空间与环境两类指标在各城市间的发展差异最小，既体现了城市居民巨大的休闲消费需求与追求美好生活的高涨热情，又凸显出城市生态环境治理取得的积极成效与城市游憩空间环境质量明显改善的发展态势。

其次，44个具体指标水平的分析。从44个具体指数角度详细解读了36个城市在每一个指标维度上的水平，判别每座城市的优劣势特征。研究结果表明，每一个具体维度指标上对应的36个城市休闲化水平差异明显，体现出城市休闲化内部指标结构的非均衡特征和相对复杂的发展态势。

最后，36个城市在44个指标属性方面的特征分析。基于国务院发布的城市规模划分标准，研究报告将36个城市划分为超大城市、特大城市、Ⅰ型大城市、Ⅱ型大城市和小城市，分别分析不同规模城市的休闲化结构特征。研究结果表明，城市规模越大、能级越高，城市休闲化发展优势越显著，这是当前我国城市休闲化发展中的一种常态。

二、研究框架和研究方法

（一）研究框架

城市休闲化指数分析首先以文献分析为基础，对国内外城市休闲化发展现状、发展特征等进行梳理和总结；然后通过专家咨询、会议论证、数据论证等方法构建城市休闲化发展评价指标体系；进而建立评价模型，评价与探讨我国城市休闲化发展水平、区域差异等特征，从而识别出城市休闲化动态发展过程中的稳定或薄弱因素，最终提出促进我国城市休闲化发展质量的路径和对策。研究框架如下图所示。

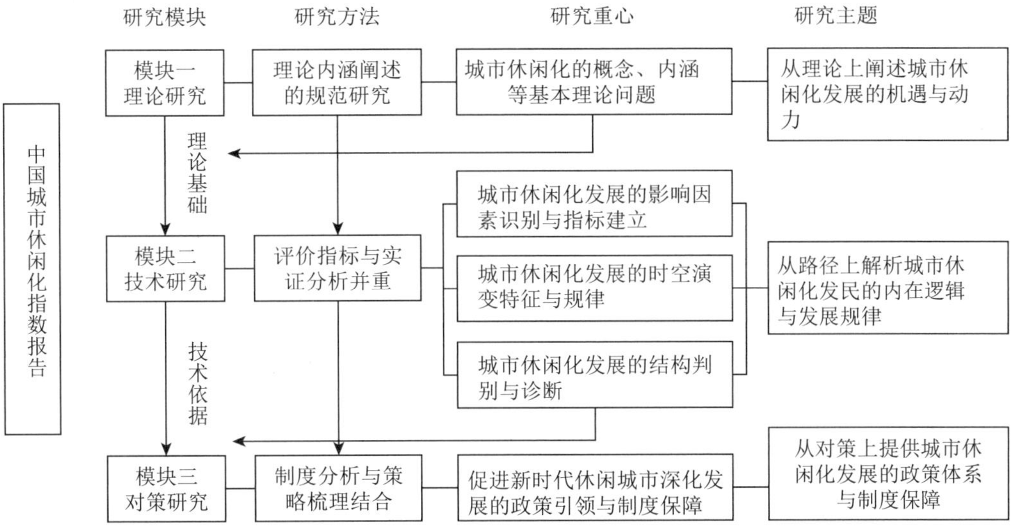

研究框架

（二）研究方法

根据各个部分研究对象、主题和内容的不同，本报告在研究过程中采取不同的研究方法以便有针对性地进行分析，具体如下。

第一，文献分析法。通过查阅国内外相关的文献，在了解研究现状的基础上理解城市休闲化，为本报告的研究奠定基础。

第二，专家咨询法。在构建城市休闲化的指标体系时，本报告一方面参考借鉴了已有研究成果中的相关内容，另一方面采用专家意见法、会议论证法、数据论证法等来完善和确定评价指标体系。

第三，定量分析法。在分析城市休闲化指数结果时，本报告主要运用数理统计的方法构建评价模型，量化分析城市休闲化指数的综合结果和分类结果。

三、理论创新和学术价值

第一，形成了中国城市休闲化研究的理论体系。在国内首先提出了城市休闲化概念。所谓城市休闲化，是指一个城市在人均 GDP 达到 3000~5000 美元阶段以后，就将逐步进入在居民消费方式、产业结构、城市功能、公共基础设施和生态环境等方面相继形成休闲化特点的一个发展时期。研究团队在梳理发达国家城市休闲化发展演变历程进程基础上，剖析城市休闲化发展的内在机制，诠释内在结构，揭示演变规律，形成了比较完整的城市休闲化研究的理论框架。

第二，建立了中国城市休闲化评价指标体系与测度模型。确立了包括五个评价维度、44 个指标在内的城市休闲化发展质量评价指标体系。通过对城市休闲化发展水平与质量进行测度，一定程度上揭示了我国城市休闲化发展的内在规律性。研究团队有关我国城市休闲化理论和评价指数的研究在国内具有原创性，从目前研究文献看比较鲜见。

第三，探索了“城市高质量发展与生活高品质建设”之间不平衡不充分的现实发展难题。研究报告立足我国发展实际，从客观与主观、物质与精神两个层面，探讨城市高质量发展与生活高品质建设之间不平衡不充分矛盾，从理论与实证两方面实现双向突破，为现阶段实现城市高质量发展和生活高品质建设的发展目标提供理论支撑。

第四，话语体系构建。紧扣城市休闲化这一核心命题，经过多年努力，研究团队提出了学术研究的新概念、新范畴、新表述，努力构建符合国情的中国城市休闲化指数研究的话语体系。

四、应用价值和经济、技术、社会效益

第一，为我国提升城市发展水平与发展质量提供优化路径与可行的应用方案。通过构建具有客观性和创新性的我国城市休闲化的评价体系，对我国关键城市休闲化发展进行测度与研究，归纳类型，总结特点，为不同区域的城市、不同类型的城市实现“高质量发展与高品质建设”协同发展提供发展策略与操作方案。

第二，完善研究范式，为指标体系构建提供实证支持。避免现有的“从文献到文

献”构建指标体系的研究缺陷，立足我国城市休闲化发展实践，识别影响因素，形成具有一定客观性和创新性的评价指标体系，为后小康时代我国城市休闲化深入发展提供理论和实证支持。

第三，建设研究团队，形成较大社会影响。形成了一支由教授、副教授、博士组成的年龄结构合理、专业结构交融，且相对稳定的休闲理论研究团队，并先后得到华东师范大学“智库培育”项目和上海师范大学“休闲与旅游研究中心”项目的资金资助。研究团队被北京大学吴必虎教授赞誉为“中国休闲研究的重镇”。

第四，课题研究。近年来，课题组成员先后获得了一个国家社会科学基金项目（课题是“我国城市休闲化评价体系、质量测度与提升路径研究”）、一个国家自然科学基金项目、一个省部级决策咨询项目、一个教育部人文社科项目、两个省教育厅研究项目，并承接了10余个休闲旅游研究横向课题。

第五，举办会议。利用一年一度指数发布的机会，组织学术研讨会。自2016年以来，由原来中型学术会议逐渐过渡到大型学术研讨会。至今已经连续举办四届“中国休闲与旅游论坛”。

第六，成果出版。课题组连续出版了6本中国城市休闲化指数发展报告，其中，2019年出版的《中国城市休闲化发展研究报告（2018）》，在2019年上海书展开幕当日的主会场内，举行了《中国城市休闲化发展研究报告（2018）》新书发布会。此外，课题组成员发表了近40篇相关研究论文，出版了5本学术专著。

第七，指数发布与媒体宣传。2011年第一份指数报告，受杭州第二届世界休闲博览会组委会邀请，在休闲博览会休闲高峰论坛上发布。2019年，又受2019杭州世界休闲高峰论坛组委会邀请，在论坛上发布第9份——2019中国城市休闲化指数报告，得到世界休闲组织的关注。随着指数发布报告的影响力不断扩大，每年都会引起诸多媒体的广泛报道。如《人民日报》、新华社、中新社、光明网、《中国社会科学报》、新浪网、《解放日报》《文汇报》《新民晚报》《新闻晨报》《中国旅游报》《旅游时报》等报刊媒体的相继报道以及上百家媒体的转载。2020年，还得到学习强国平台的推荐。得益于媒体的多层面报道，有力地扩大了城市休闲化指数研究成果的市场影响力。

增权视角下陕西深度贫困地区旅游精准扶贫机制与对策研究

作　　者：王会战，李树民，于立新，党群，刘洋，李梦
依托单位：西安科技大学
成果类别：集体成果

一、研究内容

（1）探析陕西深度贫困地区旅游精准扶贫的现状、困境及原因。在大量研读相关文献和深入实地调研基础上，从案例地贫困状况、致贫原因、旅游发展与旅游精准扶贫现状等方面探析陕西深度贫困地区旅游精准扶贫的现状与困境，并明晰其原因。

（2）研究陕西深度贫困地区旅游精准扶贫的实现机制。根据陕西深度贫困地区旅游精准扶贫的现状、困境及原因，基于增权视角构建旅游精准扶贫的动力机制、参与机制和保障机制。

（3）研究陕西深度贫困地区旅游精准扶贫的对策。因循精准扶贫的经典路径，通过分析增权视角下旅游扶贫精准识别、精准帮扶和精准管理的内涵、主体、作用、内容与措施等，从理论上厘清陕西深度贫困地区旅游精准扶贫的对策。

二、研究框架和研究方法

（一）研究框架

课题以陕西深度贫困地区为研究区域，选取其中两个有一定代表性的深度贫困村

为案例地，在对其旅游精准扶贫的现状、困境及原因进行深入分析的基础上，尝试基于增权视角构建了深度贫困地区旅游精准扶贫的动力机制、参与机制与保障机制，并因循旅游扶贫精准识别、精准帮扶与精准管理的路径提出了助推陕西深度贫困地区旅游精准扶贫的对策，以期完善旅游精准扶贫的理论体系，并为陕西深度贫困地区旅游精准扶贫实践提供理论依据和决策参考。

（二）研究方法

第一，运用比较分析法和归纳法，总结国内外旅游扶贫的模式及经验。

第二，运用问卷调查、深度访谈等资料收集方法和统计分析、文本分析等数据处理方法，调查分析陕西深度贫困地区旅游精准扶贫的现状、困境及其原因。

第三，综合运用系统论等方法构建增权视角下陕西深度贫困地区旅游精准扶贫的机制体系。

总之，在研究方法的使用过程中，坚持了研究方法与研究问题的性质相匹配的原则。

三、理论创新和学术价值

（一）理论创新

本课题把增权理论融入陕西深度贫困地区旅游精准扶贫机制创新和对策优化的全过程，实现了研究视角的创新。

第一，旅游精准扶贫不但要把精准化理念贯穿在机制体系构建和对策优化的全过程，而且要在此过程中赋予贫困居民充分的知情权、参与权、决策权和受益权等权力，把发展和脱贫的主动权交给贫困居民，引导贫困居民主动参与旅游精准扶贫，这一点对于深度贫困地区来说尤为重要。这是因为贫困的根源在于权利丧失，对于深度贫困地区来说，当地的贫困发生率较高，人均可支配收入较低，加之贫困人口文化素质普遍不高，导致扶贫的成本高、难度大。因此仅靠各级政府和组织的资金、技术等外部帮扶，虽然在一定时期内可以实现脱贫，但却极易出现返贫现象。因此，唯有通过增权，才可能真正激发贫困居民实现脱贫的内生能力，进而提升深度贫困地区旅游精准扶贫的效果。

第二，实施旅游精准扶贫的过程实际也是对贫困居民旅游增权的过程。增权体现于深度贫困地区旅游精准扶贫动力机制、参与机制与保障机制构建和实施旅游扶贫精准识别、精准帮扶和精准管理的全过程。

第三，旅游精准扶贫既要做到经济脱贫，也要实现精神脱贫。根据精准扶贫思想和社区旅游增权理论，陕西深度贫困地区的旅游精准扶贫不仅要实现贫困居民的经济脱贫，更重要的是要实现贫困居民的心理、文化脱贫，即精神脱贫。

（二）学术价值

基于增权视角完善旅游精准扶贫的理论体系。本课题把增权理论和精准理念融入深度贫困地区旅游精准扶贫机制体系构建和对策优化的全过程，拓展了旅游精准扶贫的研究视角，有助于增强旅游精准扶贫理论的丰度与解释力。

四、应用价值和经济、技术、社会效益

（一）应用价值

选取可借助旅游发展实现脱贫致富的陕西省深度贫困地区两个贫困村为案例地，通过对当地旅游精准扶贫困境、原因、机制及对策的理论分析和实践探索，为陕西深度贫困地区旅游精准扶贫实践提供理论依据和决策参考。

（二）经济、技术、社会效益

1. 出版发行情况

2019年12月18日，该研究报告收到陕西省社会科学院的采用通知，被收入陕西省社会科学院组织编撰的《2021年陕西蓝皮书》系列之一《陕西精准脱贫研究报告（2021）》一书（社会科学文献出版社出版），拟于2021年出版。

2. 被引用情况

截至2020年9月5日6：00，本成果申请者的博士论文在中国知网被引19次，下载1448次；发表相关论文8篇，被引合计22次。

3. 转载情况

前期有1篇相关论文分别被人大复印报刊资料《旅游管理》全文转载。

4. 成果采用情况

2019年12月18日，该研究报告被陕西省社会科学院采用。

5. 成果鉴定情况

2019 年 9 月 11 日，该研究报告被陕西省社会科学界联合会鉴定为优秀。

6. 获批相关课题情况

近五年主持相关课题 9 项，其中国家级课题 1 项，省部级课题 5 项，副省级、市厅级和校级项目各 1 项，总经费 38.5 万元。

7. 参评成果获奖情况

本研究报告理论支撑成果——著作《文化遗产地社区旅游增权的理论与实践》，先后获评陕西高等学校人文社会科学研究优秀成果二等奖，文化和旅游部优秀研究成果奖三等奖；本研究报告理论支撑成果——博士论文《文化遗产地社区旅游增权研究》获评西北大学校级优秀博士学位论文。

研究报告类

——三等奖

《文明旅游示范单位要求与评价》《文明旅游示范区要求与评价》行业标准配套政策研究

作　　者：程堂明，洪占东，张凯，章雷，赵雅萍
依托单位：安徽省旅游规划设计研究院
成果类别：集体成果

一、研究思路

为推进《文明旅游示范单位要求与评价》（LB/T 075—2019）和《文明旅游示范区要求与评价》（LB/T 074—2019）两个行业标准的实施，文化和旅游部市场管理司委托安徽省旅游规划设计研究院牵头编制两个标准的实施办法和评定细则，具体如下：

一是坚持广泛发动。文明旅游工作涉及对象广、环节多，需要全面推进。为此，将旅行社、景区景点、旅游星级饭店、旅游度假区以及为旅游者提供交通、住宿、餐饮、购物、娱乐等相关服务的单位均纳入示范单位评定范围，以便最大化调动各类旅游企业和单位的参与积极性，推动行业文明旅游工作整体提升。

二是坚持落实落细。文明旅游工作与地区整体精神文明建设、社会治理息息相关，贯穿食、住、行、游、购、娱等旅游活动各个环节。为此示范单位和示范区的评定，应既注重组织管理、资源保护、旅游环境等“面”的考核，又更突出文明提示、文明引导、文明实践等“点”的落地，推动参评单位和地区把工作做实做细。

三是坚持鼓励创新。文明旅游既要靠宣传引导、道德教化，又要靠制度管理、法治治理。示范单位和示范区的评定细则，兼顾了对这两方面内容的考核。同时，通过评定项目和分值设定，引导各地区、各单位创新文明宣传引导方式方法，鼓励首创精神和鲜活实践，以适应新时代旅游业发展需要，适应公民道德建设要求。

四是坚持稳步推进。通过设置不同的分值要求，将文明旅游示范单位和示范区分为国家级和省级，使“示范”既具有先进性，又具有参与性，形成逐步推进的局面。

五是坚持动态管理。示范单位和示范区实施办法均提出有进有出的动态管理机制，对申请参评和取消评定作出了明确规定。

《文明旅游示范单位要求与评价》《文明旅游示范区要求与评价》行业标准配套政策分为四个部分，对两个行业标准如何实施、如何评定进行了明确。

二、应用价值和经济、技术、社会效益

文明旅游直接反映人们的道德素质和社会文明程度，事关公民切身利益，事关国家和民族形象。《新时代公民道德建设实施纲要》也对文明旅游工作作出明确部署。开展文明旅游示范单位和文明旅游示范区评定工作，是贯彻落实《新时代公民道德建设实施纲要》、弘扬和践行社会主义核心价值观的重要举措，有利于加强行业精神文明建设、树立行业主流价值标杆，不断提高文明旅游工作水平，有利于促进旅游经营单位精细管理、规范运营、提升服务，更好满足人民群众对旅游服务及旅游体验的新期待、新需求，有利于引导更多社会大众和企事业单位积极参与文明旅游活动，推动公民道德素质和社会文明程度进一步提升。

广东省旅行社行业发展报告（2018）

作　　者：李晓莉，吴水田，李惠娟，郑文丽，温前
依托单位：广州大学
成果类别：集体成果

一、研究内容

（1）广东省旅行社行业发展现状及特征分析（2013—2018）：旅行社数量增长，分布集中度高，但从业人数出现负增长；组团出境市场中以中国香港、澳门为主体，增长放缓；有组织国内游市场客源地特征明显，目的地吸引力增加；有组织入境游市场中口岸、中转特征明显；港澳与内地、台湾与大陆旅游市场互为客源地、目的地特征明显。

（2）广东省旅行社产业发展现状及特征分析（2000—2016）：全省旅行社景气度指数呈正向增长态势（个别年份除外）；对经济增长的贡献率显著提升且对经济增长的拉动作用明显增强，2016 年贡献率上升到 8.93，增速高达 926%。人均旅行社服务消费和劳动生产率呈上升趋势，深圳表现突出，广州的劳动生产率呈现下降趋势。旅行社行业发展的分布越来越均衡，如旅行社较发达的广州、深圳、佛山、东莞几地的区位商越来越低。

（3）广东省旅行社产品现状与特征分析：全省国内游产品非常丰富，已覆盖到全国；出境游热门目的地为东南亚、美国、欧洲等，以跟团为主；入境游为短板。旅行社产品研发创新性好，可分为原产品优化升级类、细分市场开发类、“旅游 +”类、时政热点四类。大部分旅行社在服务质量管控如供应商采购评估、导游服务规范与培训、顾客反馈评价标准等方面建设成熟。

（4）广东省旅行社营销方式与策略分析：线下门店的类型与功能在不断创新，如

传统门店的主题体验增强、OTA 线下门店与线上销售不断融合、连锁加盟的旅游超市平台出现；线上营销渠道也在快速拓展，如官网、App、OTA、综合型电商平台、社交媒体等，对旅行社挖掘“工具驱动营销”、精准定位提出了挑战。节事活动营销中各种旅游展览会、进社区主题活动等营销作用越来越显著，旅行社作为综合旅行服务商的功能不断完善。深入探索与 OTA 的竞合关系、加大技术投入与创新、异业合作提升旅行社的整合营销范围、从产品营销到品牌营销，形成长效吸引力，将是未来旅行社营销的重要战略选择。

（5）广东省旅行社行业发展面临的机遇、问题与对策分析：完善制度建设与政策支持，如准入与退出机制、市场监管、创新奖励、大数据使用标准、人才合理流动等；加强行业环境建设、诚信体系建设，提升社会形象；积极借助粤港澳大湾区的国家发展战略，推进旅游一体化实施；强化品牌意识，进行品牌输出，提升全省企业的国际竞争力。

二、研究框架与方法

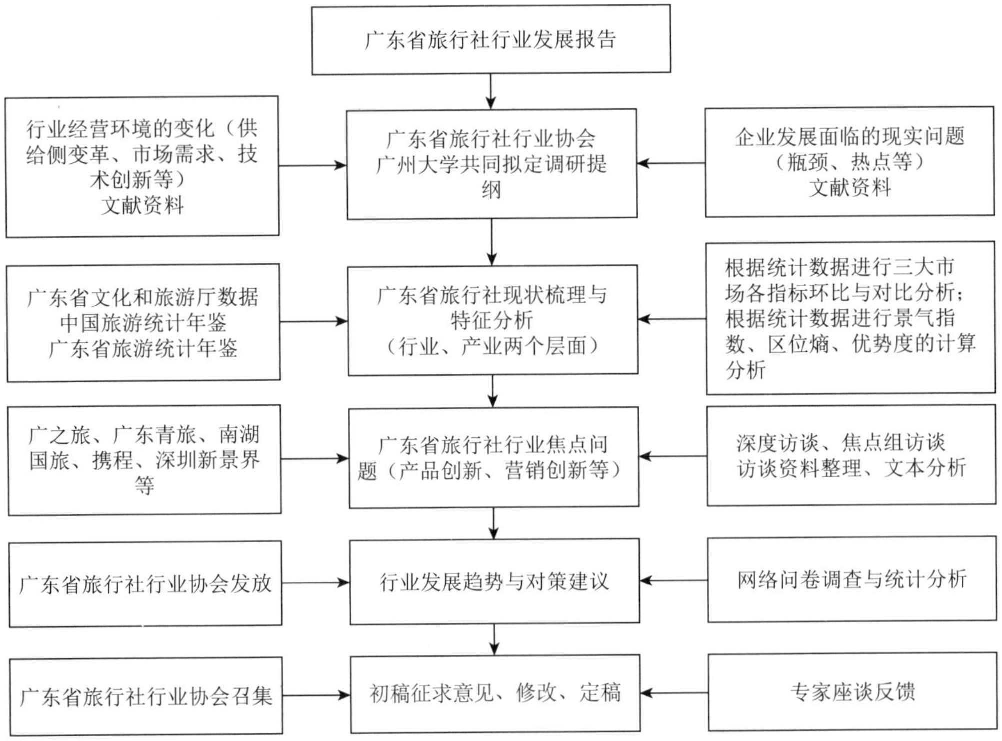

研究框架

三、理论创新与学术价值

（一）数据来源规范统一，具有可比性

作为广东省近年来第一份反映全省旅行社行业的发展报告，报告的数据来源规范、统一，在引用统计年鉴的二手数据时，每个指标都进行了核对，根据《中国旅游统计年鉴》《广东省旅游统计年鉴》《广东省统计年鉴》及广东省文旅厅的调查，筛选出具有可比性的指标进行环比、同比与对比分析。

（二）针对典型企业进行深入的实证调查，准确把握行业痛点问题

历时半年，先后深入广之旅、广东青旅、南湖国旅、深圳新景界、佛山禅之旅、携程等代表性的实体旅行社与 OTA 企业进行访谈，选择企业时兼顾了企业的性质，既有国有性质又有民营企业，并且都是在业界有相当规模与影响力的企业。通过调研获取了大量一手资料进行分析，对制约行业发展的痛点问题有准确的认识，同时委托省旅行社行业协会针对全省旅行社企业进行问卷调查，保证了问卷的回收率与准确度。

（三）围绕行业发展焦点问题提出有针对性、前瞻性的建议

本报告围绕广东省旅行社行业的发展特点，结合社会经济发展的大环境，从政府、行业、企业三个层面提出了具有针对性、前瞻性及可操作性强的发展策略与建议。

本报告的不足之处在于：在“旅游 +”及供给侧结构性调整的大环境下，对来自旅游行业外的声音如金融、农业、医疗、房地产等的关注欠佳，也是进一步完善的方向。

四、应用价值和经济、技术、社会效益

（一）从全国旅行社行业看，本报告的完成有一定的开创性

广东省作为全国旅游业发达的省份之一，旅行社行业的发展也具有一定的引领性，在快速变化的经济社会发展背景下，适时对最具“本土化”发展色彩的旅行社行业进行调查分析，提出战略建议，在目前全国同行业中还不多见，具有一定的开创性。

（二）从全省旅行社行业协会看，本报告的发布产生了较大的社会反响

本报告采纳的会员单位共510个，包括广之旅国际旅行社股份有限公司、深圳中国国际旅行社有限公司、广州南湖粤途国际旅行社有限公司、深圳市口岸中国旅行社有限公司等，已经在会员单位中产生了良好影响。

在2019年广东国际旅游产业博览会期间举行的文旅产业发展论坛上，该报告由广东省旅行社行业协会首次发布，随后广州日报客户端、搜狐网、南方网、《中国旅游报》、在线旅讯等主流媒体做了报道，形成了比较大的反响。

（三）从粤港澳大湾区一体化背景看，本报告具有一定的前瞻性

本报告针对粤港澳大湾区旅游一体化的国家战略，通过实证调查，提出了具有前瞻性的对策与建议。

“自驾游栾川·高速全免费”活动效应评估报告（2017—2019）

作　　者：程金龙，颜文华，韩学伟，王淑曼，殷华华，杨俊博
依托单位：洛阳师范学院
成果类别：集体成果

一、研究内容

系列报告研究主题是“自驾游栾川·高速全免费”活动效应评估。报告共三份，分别为第一届（2017 年）、第二届（2018 年）和第三届（2019 年）“自驾游栾川·高速全免费”活动效应评估报告。

2017 年第一届“自驾游栾川·高速全免费”活动效应评估报告在介绍了活动背景和活动内容的基础上，指出了活动意义，总结了活动亮点，然后报告分别从产业带动效应、惠民福民效应、形象提升效应、模式创新效应、协作共赢效应五个方面进行了定量和定性分析，并总结出活动整体效应。报告最后对活动的提升和栾川县旅游发展提出了一系列的建议。

2018 年第二届“自驾游栾川·高速我买单”活动效应评估报告首先总结了活动的新背景、新举措和新亮点，然后从产业提质、旅游扶贫、乡村振兴、全域旅游四个维度对活动效应进行了定量和定性分析，在第一次效应评估的基础上实现创新突破。报告最后结合两届活动深入剖析了栾川大型营销活动和旅游发展存在的问题，并分别给出了提升建议。

2019 年是栾川县高速免费大型营销活动收官年。作为第三届也是最后一届“自驾游栾川·高速我买单”活动效应评估报告，在活动效应评估常规内容的基础上，重点

对三年活动进行了总结性评估，报告指出连续三年免费活动具有重要意义，是栾川旅游发展史上一次重大突破、重大创新，不仅对栾川旅游活动营销积累了丰富经验、极大提升了“奇境栾川”品牌吸引力，带动了产业效益全面增长，也促进了旅游统计方式和管理体制机制的改革，还对全国旅游活动营销贡献了成功案例借鉴。报告最后对今后暑期大型旅游营销活动提出了合理建议。

二、研究框架和研究方法

作为系列评估报告，研究框架既保持相对稳定，每届评估报告主要分为三大部分：活动概括、活动评估、发展建议。同时又结合每年发展特点，每届报告在研究具体框架内容上又有差异，各有侧重点。第一届报告，虽然有宏观整体效应分析，但重在分析活动对产业效益、品牌形象、发展模式、组织管理等相对微观层面的影响。第二届报告，重在从旅游扶贫、乡村振兴、全域旅游等更为宏观的视角分析活动综合带动效应，而且考虑到本届活动承上启下的特殊性，报告对发展建议从宏观与微观视角进行了重点研究。第三届报告，考虑到是最后一届活动，在研究大框架方面增加了三年活动总结，在具体框架内容上，将精品民宿、乡村旅游等微观层面和全域旅游创建等宏观层面进行综合多维效应评估。

研究方法：作为政府智库报告，为了确保结论权威性、通俗易懂性和决策参考性，本报告主要采用了文献分析法、问卷调研法、访谈调研法和实地考察法进行相关资料的搜集与梳理。在产业效应、旅游扶贫等分析方面，主要运用列表对比法和单变量描述性统计等方法进行数据分析，对乡村振兴、全域旅游等宏观层面效应分析，主要采用归纳推理等定性分析法。

三、理论创新和学术价值

国内外旅游活动评估研究也有不少成果，但直接对县域层面大型旅游营销活动效应评估比较少见，栾川高速免费活动系列评估报告为县域旅游活动效应评估研究提供了范例，具有一定学术价值。同时，国内外对旅游活动的评估多从经济效益、生态效益、社会效益、文化效益等视角进行，而栾川高速免费活动系列评估报告不拘泥于这种常规评估要素，而是在评价体系方面进行了大胆创新和有益探索；而且无论是侧重微观层面的评估，还是侧重宏观层面的评估，都是站在有利于地方政府决策的视角选取评估要素。实践证明，这些创新与探索是非常成功的，得到了栾川县委、县政府的高度肯定，这对于学术界进行相关理论研究具有重要启发和借鉴意义。

系列效应评估报告是一个完整的连续性活动评估报告，为旅游学术界今后开展类似研究提供了一份完整的资料。同时，三份报告进一步丰富了旅游界凝练出的“栾川模式”内容，为旅游模式深入研究提供了有益借鉴。

四、应用价值和经济、技术、社会效益

2017 年栾川县高速免费活动是第一次，栾川县对活动成效和投入产出比没有信心，对活动的数据没有把握。2017 年第一份效应评估报告给出了定性和定量的评价。定性方面指出了栾川县高速免费活动惠民富民效应——城乡一体合家欢、形象提升效应——佳名美誉传天下、模式创新效应——栾川敢为天下先、协作共赢效应——和合至善新栾川。定量方面统计和计算出活动产业带动效应——综合收益 7.57 亿元。2017 年第一份效应评估报告给了栾川县旅游业发展的信心，为栾川县旅游发展注入了新活力。接下来第二届、第三届栾川县高速免费活动如期举行且活动举办时间优化、活动范围扩展、活动内容更加丰富多彩，取得的综合效益也不断提升。

系列报告研究成果对栾川县旅游活动营销的开展和栾川县域旅游发展提供了重大决策参考，对栾川全域旅游模式形成提供了直接智力支持，对其他县域旅游业的发展都有一定参考意义。嵩县、孟津县、新安县等县域也持续开展类似的活动，使旅游业公益属性进一步强化。

创新体制机制激发博物馆纪念馆内在活力研究

作　　者：后小仙，张建军，时鹏程，王山峰，车宁，金晶，丁学娜，左昌盛
依托单位：南京审计大学
成果类别：集体成果

一、研究内容

党的十八大以来，习近平总书记多次对博物馆事业发展作出指示，博物馆作为坚定文化自信的重要阵地，具有重要的文化治理功能。中共江苏省委十三届七次全会就推进江苏省域治理现代化作出部署，要求在国家治理体系的大棋局中当好“排头兵”，创造更多走在前列的实践成果。江苏博物馆的数量和质量在全国名列前茅，为推进江苏文化事业全面繁荣做出了应有的贡献。新形势下如何进一步突破博物馆事业发展的瓶颈，引领博物馆建设迈出新步伐，已成为现阶段江苏博物馆改革发展的重点任务。

（1）创新人事管理机制，建立动态化的岗位管理体制。岗位设置是博物馆单位的基本用人制度，是工作人员整体素质和工作效率提高的重要措施。首先，建立协调的岗位与编制关系。博物馆岗位设置应坚持因事设岗，要对博物馆各岗位的职能和工作任务进行分类，对岗位职数进行科学核定。在岗位设置的基础上，人事主管部门要立足各单位的实际需求，科学合理地核定单位编制数量和岗位数量，确保单位的编制数和岗位数相匹配。其次，合理配置管理岗位和专业技术岗位。要从总体上调控单位的管理岗位数，确保专业技术岗位的比重大于管理岗位，突出博物馆的文化服务职能。合理调整专业技术岗位的结构，让用人单位在专业技术岗位的设置和调整方面更具话语权和主动权。再次，疏通职员职级晋升的纵向渠道。建议将职务、职级协同设置，搭建博物馆管理职级与专业技术职称之间双向流动的桥梁，妥善解决岗位职级与专业技术职务互不对应、单位人员横向流动受阻的问题。最后，建立科学规范的编外用人

机制。采取统一招录程序，参照编制内工资调整政策建立相应的工资增长机制，更好落实同工同酬相关政策，完善对编外人员的管理。

（2）完善绩效考核机制，构建弹性化的绩效工资管理体制。事业单位的绩效必须依循各自具体行业的内在要求，凸显其独特的公益价值，博物馆单位的绩效考核及其工资制度应体现如何激发“文化传承”公益性价值。因此，建议结合各博物馆年度工作的完成情况下达绩效工资总量，建立浮动的博物馆单位绩效工资总量管理机制。由上级主管部门对各单位的年度工作情况进行考核，考核优秀的绩效工资总量可以上浮，考核结果不佳的下浮，让绩效工资总量与各单位工作的完成情况紧密相连，不再一成不变，充分发挥其激励作用。

（3）完善配套支持政策，建立规范化的免费开放体制。江苏省博物馆改革应坚持分类指导的原则，根据不同博物馆的类型与特点，有针对性地构建配套支持政策。首先，优化博物馆财政支持政策。在明确不同博物馆的职责基础上，针对不同职责的博物馆采取不同的财政支持政策，扩大一般性转移支付比例，杜绝采取“一刀切”的方式，提升财政资金使用的有效性与导向性。其次，落实博物馆文创产业支持政策。国务院办公厅已发布分类推进事业单位改革的 9 个配套文件，提出到 2020 年建立起功能明确、治理完善、运行高效、监管有力的管理体制和运行机制。江苏省应尽快制定鼓励博物馆开展产业运营活动的相关政策，明确运营主体、运营模式、收益分配，鼓励博物馆在文创产业发展领域有所突破。再次，完善与博物馆相关的税收优惠政策。加大对博物馆捐赠税收扣除的优惠力度，制定博物馆经营性收入的税收优惠政策，鼓励博物馆为社会提供有偿性服务，更好实现博物馆的可持续发展。最后，完善博物馆对外交流合作的保障服务机制。建立博物馆对外展览的保险保障服务体系，加快推进文物保险与运输行业的成熟发展，有效防范文物、艺术品在包装、运输和展览过程中的安全风险。

（4）创新财政投入机制，构建多元化的投融资体制。多元化的投融资体制对博物馆事业发展具有良好的促进作用，财政投入是政府在博物馆事业发展中发挥引领作用的重要保障，应充分发挥好政府投资的引导和带动作用，进一步调整和优化政府财政对博物馆的投入结构、范围和方式，针对不同博物馆采取不同的投资策略，并逐步完善相应的投资机制和资金管理模式，从而提高政府资金的利用效率。同时，应坚持发挥政府资金的引导作用、放大效应，最终实现政府投资由“独舞”向“领舞”角色的转变，引导和带动多元投资主体积极参与博物馆事业发展。逐步形成政府引导、市场化运作的博物馆投资机制，积极吸引社会资本参加，最大限度地发挥社会资本的作用。

二、研究框架和研究方法

（一）研究框架

（1）完善法人治理结构，推进管办分离。以理事会制度为核心，以章程制度为抓手，以建立现代博物馆制度、完善法人治理结构为目标任务。

（2）深化人事制度改革，健全激励机制。落实博物馆在选人用人、职称评审、岗位设置等方面的自主权。

（3）优化预算管理制度，创新投融资机制。创新财政支持机制、免税政策、投融资机制；优化预算管理、财务管理制度。

（4）加强绩效管理体制，免费开放动态调整机制。优化内部绩效管理制度。

（5）建立合作长效机制，促进跨界融合发展。

（二）研究方法

（1）文献研究法。通过对国内外文献的搜集与整理，有助于深化对博物馆治理的认识。

（2）理论分析法。运用治理理论、复杂性理论和绩效评价理论分析博物馆的组织特征，构建研究的理论框架。

三、理论创新和学术价值

本研究主要创新在于：第一，揭示了博物馆在岗位设置和人员聘用等方面的现实困境。博物馆等文博事业单位的岗位设置的结构性矛盾普遍突出，很多单位的中高级专业技术岗位、行政管理岗位都已没有空缺岗位，并出现了拉长板凳聘用的情况。部分单位在未来的 5~10 年内都没有空缺岗位，这就使得专业技术人员和行政管理人员的职务晋升受到严重影响，中青年工作人员的工作积极性缺乏有效激励，不利于文博事业单位的长远发展。编外人员聘用管理困境亟待解决，绩效工资分配的自主权与竞争性不足等问题。第二，提出了博物馆在人员聘用和绩效工资等方面的体制机制创新举措。博物馆岗位设置应坚持因事设岗，需要明确各岗位的职责，要对博物馆各岗位的职能和工作任务进行分类，对岗位职数进行科学核定。在设置单位岗位过程中，人事管理部门必须深入调研研究，立足部门的实际需求，科学合理地核定单位编制数量和岗位数量，确保单位的编制数和岗位数相匹配。第三，构建了与博物馆职责相对应的财政等一系列支持政策。构建完善的财政政策体系，可以通过不断完善博物馆的财政投入机制以及运行机制入手。可以通过构建竞争性质的财政拨款制度，调动各博物馆的积极性。地方财政通过构建针对博物馆运行的财政补贴制度，保证博物馆能有效提供公共物品及公共服务等。执行与行业发展政策相匹配的地方财政投入机制。

本研究的学术价值在于：通过对博物馆单位在人事绩效管理、财政财务管理、税收及投融资等方面现实困难的揭示，在岗位设置、人员聘用、财政预算、财务管理、税收优惠、对外合作等方面构建破解困境的有效路径，建立基于岗位分类管理的晋升轨道。对新形势下进一步突破博物馆事业发展的瓶颈，引领博物馆建设迈出新步伐，具有一定的指导价值。

四、应用价值和经济、技术、社会效益

本研究报告作为江苏省重点高端智库的研究成果提交给江苏省委、省政府，得到了有关部门和领导的肯定。本研究报告从建立动态化的岗位管理体制、弹性化的绩效工资管理机制、规范化的免费开放政策、多元化的投融资模式等方面深化改革，激发与释放博物馆的内在活力。研究成果同时被侵华日军南京大屠杀遇难同胞纪念馆、南京市博物馆等单位采纳，为更好地发挥博物馆的文化治理功能提供决策咨询服务。

海口市旅游卫星账户（2017）构建与编制报告

作　　者：李瑛，黎洁，文玲，于济东，李杰，王翔宇，姬迎博，连丽智，贺文华
依托单位：西北大学
成果类别：集体成果

一、研究内容

本成果的研究内容有 6 部分。

（1）HKTSA 编制背景。首先，介绍了旅游卫星账户概念及含义，并对国内外旅游卫星账户理论研究与实践应用进行梳理，掌握旅游卫星账户的前沿理论基础实践经验；其次，分析了近年来海南省旅游统计工作的基本情况及创新改革情况；最后，总结了海口市旅游业的发展现状及特点。通过以上背景分析，为海口市 TSA 的编制原则、思路、特色等奠定基础。

（2）HKTSA 编制方案的制订。主要包括海口市编制 TSA 的重点、难点以及海口旅游特色的分析，在此基础上，依据 UNWTO 的《TSA：RMF2008》和国家《旅游业及其相关产业分类标准（2018）》，制定了海口游客的分类、旅游产业及旅游产品的分类目录、核算指标（主要总量指标、经济贡献指标、旅游支出指标、特色旅游消费指标等）；在以上分类的基础上，结合海口旅游特色设计了 TSA 10 个账户的表格；制定了编制 TSA 的工作阶段及每个阶段的工作任务。

（3）HKTSA 数据来源及调查情况。首先，对现有数据进行评估，从需求角度，评估现有旅游基础统计的结果数据能否满足 TSA 账户 1~3 的数据需求；从供给角度，评估统计局及基础旅游统计的数据能否满足 TSA 账户表 5、表 7、表 8 的数据需求。其次，根据已有的供需数据的评估，对于不能满足的数据，制订了 9 个专项调查方案，包括：海口市居民出游、旅居游客旅游花费、旅游产业（住宿业、餐饮业、娱乐业、景区）

收入结构、旅游休闲综合体收入结构、旅行社团费包价构成、旅游实物社会转移、旅游业公共消费、入境过夜游客花费补充调查、国内过夜游客花费补充调查等专项调查方案。最后，根据各类调查方案选取具有代表性的样本进行调查，并根据实际情况不断优化调查方法，以确保调查数据的准确性。

（4）数据处理与汇总方法。将已有数据、专项调查数据根据各类指标的汇总方法进行计算汇总，填入对应的表格里，完成 10 张账户表。

（5）主要结论。依据编制方案中指定的核算指标及计算方法，核算出：①海口市 TSA（2017）D 的核心指标：旅游消费总额及其结构（游客旅游支出、自用或免费使用的次要住宅虚拟服务、居民旅游招待支出、旅游实物社会转移）、旅游供给总量（旅游业直接增加值、旅游业直接就业、旅游业固定资产投资总额）、旅游业对地区国民经济的贡献。②海口市特色旅游核算指标：旅居游客旅游消费总额、结构及对经济的贡献；休闲旅游综合体的游客消费总额、乡村旅游消费总额。

（6）海口市旅游业现状及对策建议。根据核算出的指标数据，从供、需两个视角总结海口市旅游业发展特点及存在的问题，据此提出对策建议。

二、研究框架和研究方法

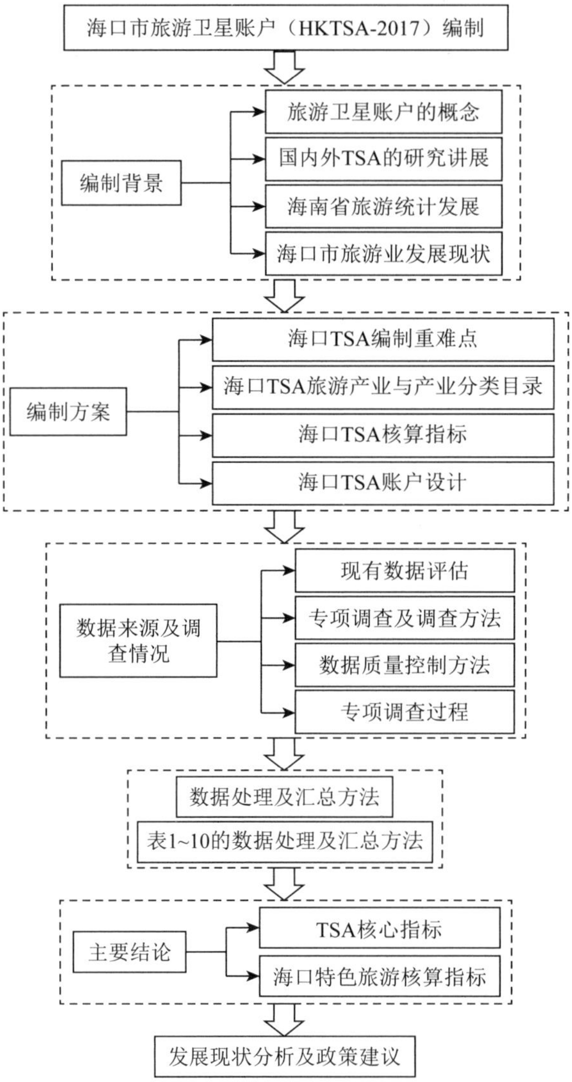

HKTSA 编制报告研究框架

本研究采用文献查阅、问卷调查、统计分析及比较分析等研究方法。

三、理论创新和学术价值

根据 UNWTO 的《TSA：RMF2008》，旅游卫星账户的编制主要在国家层面进行，少数国家编制了“次国家级”旅游卫星账户（加拿大、奥地利等）。在我国也主要编制的是“国家级”“省级”TSA。海口处于地市一级，地市一级没有独立的国民经济核算账户，理论上编制旅游卫星账户困难较大。因此，结合地市经济核算及旅游业发展现状，在理论上重点研究地市旅游卫星账户的相关理论问题。比如，编制内容、概念体系、分类方法、数据来源、核算方法等理论问题。

四、应用价值和经济、技术、社会效益

应用价值：2016 年以来，原国家旅游局先后公布了两批全域旅游示范区创建单位，大多数属于地市、市县层面，在全域旅游示范区验收标准中，很重要的一点就是全域旅游的发展对地方经济的贡献及拉动作用到底有多大。亟须科学的评价方法，旅游卫星账户就是一种测度旅游业对地区经济贡献的工具，是世界上公认的一种科学的核算方法。因此，通过地市、市县层面编制 TSA 的尝试，可以更好地测度全域旅游的经济效应，有助于制定科学的全域旅游验收标准。

经济、技术和社会效益：编制旅游卫星账户需要扎实的基础旅游统计工作做支撑，否则就需要做大量的补充调查来弥补基础旅游统计的数据缺失，因此，无论政府还是学界普遍认为编制地区旅游卫星账户耗资巨大，往往望而却步。实际上，无论省级还是地市层面，只要编制过一次旅游卫星账户，对基础旅游统计的规范性和完整性就有很大的促进作用。例如，江苏、浙江、北京、广东、海南等省级层面，以及苏州、厦门等地市级，其基础旅游统计工作都比较扎实，反过来编制旅游卫星账户也就不需要进行更多的补充调查了。因此，通过海口市旅游卫星账户的尝试，试图建立地市、市县层面基础旅游统计工作的规范标准，运用大数据等技术手段革新旅游统计调查方法，以此来提高地市、市县层面旅游统计的经济、技术效益。

浙江省农村居民旅游收入调查研究报告

作　　者：吴雪飞，黄佳惠，黄志鹏，杨鑫建
依托单位：浙江旅游职业学院
成果类别：集体成果

一、研究内容

乡村旅游在发展现代农业、增加农民收入、建设社会主义新农村和全面建成小康社会中发挥着越来越重要的作用。本研究通过在浙江省范围内开展农村居民旅游收入调查，测算全省农村居民旅游收入占农村居民可支配收入的比重，科学评估农村居民旅游收入效应，体现农村居民在乡村旅游发展中的主体作用。

本研究共包含以下方面研究内容：

第一，全面梳理浙江省农村居民旅游收入调查研究的背景意义，确定研究目标。通过在全省范围内开展农村居民旅游收入调查，全面准确地反映全省农村居民调查期内可支配收入和农村居民旅游及相关经营活动带来的收入情况，测算全省农村居民旅游收入占农村居民可支配收入的比重，科学反映农村居民对乡村旅游发展的带动作用。

第二，运用试点调查方法，开展典型个案调查。选取桐庐、安吉和遂昌三个县作为调查试点县，通过方案设计、调查实施等一系列环节，获取生动实际的第一手资料。

第三，制订《浙江省农村居民旅游收入调查方案》（以下简称《方案》），经专家反复研讨后，方案获省统计局批准并发文。在试点县基础上，设计制订全省方案，在此过程中多次与省统计局开展讨论，并于2018年7月召开调查方案论证会，邀请了统计相关的2个部门3位专家参加，会上针对调查方案的各项内容逐一进行讨论，最终调查方案通过省统计局批准。

第四，按照《方案》要求在全省范围内科学抽样，开展农村居民旅游收入调查。

按照分层抽样方法抽取 300 个样本村，共计 3084 个样本户，采取现场调查与电话回访相结合的方式，开展调查工作。

第五，数据处理与结果分析。根据全省开展的 2018 年 7—9 月调查数据，测算得到 2018 年第三季度农村居民人均旅游收入占人均收入（可支配收入口径）的比重，并在此基础上，推算 2018 年度农村居民人均旅游收入占人均可支配收入的比重。根据推算结果，2018 年全省农村居民人均旅游收入为 3780 元，占全省农村居民人均可支配收入的比重为 13.8%。

第六，分析乡村旅游经济发展中存在的问题，提出相应的政策建议。根据调查推算结果，从乡村旅游规划、配套设施、公共服务等方面对乡村旅游经济发展提出问题。针对相应的问题，从加强政府引导、加强村集体规划、优化配套设施等方面提出促进乡村旅游发展的政策建议。

二、研究框架和研究方法

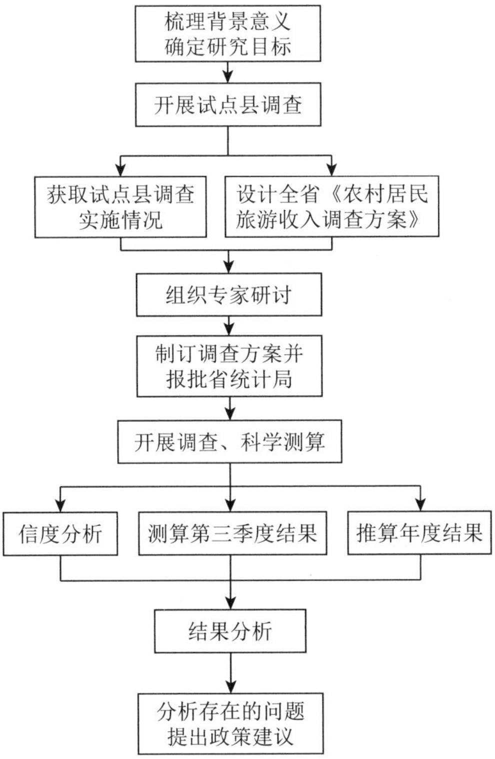

研究框架

本研究基于典型个案调查、抽样调查方法，在全省范围内开展农村居民旅游收入调查，并根据调查结果推算农村居民旅游收入占农村居民人均可支配收入的比重，并从农村居民旅游收入构成、特色村农村居民旅游收入情况、农村居民收入增量中因旅游带来的收入情况等方面进行实证分析。

三、理论创新和学术价值

研究视角、内容创新。随着乡村旅游的发展，国内不少学者开始对乡村振兴与乡村旅游发展进行研究，但未见学者通过实证研究来反映乡村旅游对农村居民可支配收入的贡献。《浙江省农村居民旅游收入调查方案》填补了对浙江省域范围内乡村旅游在农村居民可支配收入中贡献进行全口径测算的空白。研究视角和内容均具有创新性。

四、应用价值和经济、技术、社会效益

本研究主要有以下三方面的应用价值：

一是社会经济效益。报告采用的调查方法和核心结论——“2018 年浙江省农村居民人均旅游收入为 3780 元，占全省农村居民人均可支配收入的比重为 13.8%”已被浙江省文化和旅游厅采用，研究结论科学、准确反映了浙江省乡村旅游发展对农民增收的贡献。报告全文作为《浙江旅游业发展报告（2018）》专题报告之一向全省市、县（市、区）文化和旅游局印发。

二是丰富了浙江省乡村旅游统计体系。本研究制定的《浙江省农村居民旅游收入调查方案》进一步完善了浙江省乡村旅游统计体系，本研究填补了对浙江省域范围内乡村旅游在农村居民可支配收入中贡献进行全口径测算的空白，调查方案研究结论丰富了浙江省乡村旅游经济运行分析的维度。

三是服务地方乡村旅游经济发展。研究结论科学、准确反映了现阶段浙江省乡村旅游发展对农民增收的贡献，可以为各级党委政府提供决策依据。

中国旅游景区发展报告（2019）

作　　者：战冬梅，茹蕙，刘万松，覃奋，吴佳尧，谷世松，周永振，王莺莺，赵怡虹，李峰，于欣言，于晓白
依托单位：中国旅游研究院（文化和旅游部数据中心）
成果类别：集体成果

一、研究内容

报告以让老百姓有的游、游得起、游得舒心作为景区发展的价值取向和政策选择，以创新、创意和创造作为国民大众对景区业的期盼，提出归根结底景区是要让人民满意。报告系统分析了2018年景区发展现状及未来趋势、投资情况、景气指数、景区消费需求与服务质量以及景区相关政策，并在此基础上提出相应的发展建议。

二、研究框架和研究方法

深度访谈、问卷调研和案例研究，定量与定性研究相结合的方法，先对景区的总体发展情况进行宏观总结与概括，然后分重点进行分析，并进行代表性的案例研究，最后提出发展建议。第一章以大量的调研和访谈为基础，对景区发展现状及趋势做出基本判断。第二章通过访谈及上市公司数据分析得出投资结论。第三章通过发放问卷调查景区景气情况。第四章问卷数据分析表明景区消费需求。第五章相关法律法规政策继续助力景区发展。第六章基于全书前面论述及分析，对景区发展提出建议。第七章进行了景区发展路径研究及相应的案例分析。

三、理论创新和学术价值

报告指出，过去的一年，观光游再次抬头，文化类景区持续升温，夜间游声势夺人。在可以预见的未来，观光旅游依然并仍将是我们的基础市场，度假游呈现出与观光游融合发展的趋势。景区投资凸显文化特性，从优质资源到优质项目、优质IP。企业家对景区产业发展前景总体看好，景区景气小幅波动，整体平稳。游客更加强调追求更高品质的景区体验。基于上述研究，报告提出景区发展建议和发展路径。景区发展要高度重视理论指导实践的重大意义，要紧紧围绕习近平总书记对旅游的一系列重要指示，报告总结指导景区发展的理论：文旅融合是大义，两山理论是旗帜，全域旅游是路子。最后，报告指出，文旅融合时代景区需要承载更多的社会责任，景区、度假区、特色小镇要承担起中华优秀文化传承、创新、发展与传播的使命，从而极大地丰富景区、度假区、特色小镇业态，提升游客体验，形成新的经济增长点。

四、应用价值和经济、技术、社会效益

报告在基于大量数据分析的基础上，结合宏观的系统定性分析，把握景区发展的方向和脉络，有针对性地提出发展建议和发展路径，并对突出的案例进行了研究。报告对主管部门、行业和企业都有着现实的指导意义，同时具有学术交流和参考的价值。报告从调研到写作到最后的成果形式，始终注重科研成果的转化与推广，保持与景区企业和实践的紧密联系，以做到理论与实践相结合。

挖掘川西藏区资源，走文旅教融合之路

作　　者：康翠萍，龚洪，王之，马利帅，刘璇
依托单位：中南民族大学
成果类别：集体成果

一、研究内容

“文旅教”是突破发展瓶颈、实现集约化、品牌化传承化发展的有效途径，也是实现未来产业结构调整和产业内“文化产品”传播的必然趋势。基于这一判断，在藏区既有实现依据，更有样本支撑，该模式已成为推动当地经济社会转型升级发展的普遍共识。

二、研究框架和研究方法

一是遵循文化模因传承的内在要求，确立嘉绒藏区“文旅教”融合理路；二是依据“文旅教”融合理念，优化多维交互的文化传承传播结构；三是聚合文化、教育、旅游的功能，构建嘉绒藏文化传承传播的新业态；四是实行多维多层交互推进，建立嘉绒藏文化模因传承传播的创新机制。

为贯彻习近平总书记提出的“要加强对中华优秀传统文化的挖掘和阐发”、实现“嘉绒藏文化”模因传承传播，该资政报告通过实地考察、深度访谈、德尔菲法等方式，对川西马尔康市的嘉绒藏区进行集中调研。考察发现，该区运用“文旅教”融合在2018年实现旅游总收入82925万元，但同时发现川西嘉绒藏文化模因传承传播的“文教”融合运用频繁，“文旅”融合运用渐趋突显，而“旅教”融合运用式微。

三、应用价值和经济、技术和社会效益

重在为国家民委教科司和四川省川西藏区文化旅游局决策服务，为促进国家和地方政府尽快出台相关政策服务。同时也将促进嘉绒藏文化模因传承传播的现代化转换，将为确立嘉绒藏区“文旅教”融合理路、优化多维交互的文化传承传播结构、构建嘉绒藏文化传承传播的新业态、建立嘉绒藏文化模因传承传播机制等方面提供支持。

获得了国家民委主任巴特尔同志和四川省主管领导政协副主席李昌平同志的重要批示。

重庆市智慧旅游发展报告

作　　者：胡志毅，刘雪峰，张云耀，汪琳姝，蹇玫，罗仕伟，罗锐，魏星
依托单位：重庆师范大学
成果类别：集体成果

一、研究内容

为全面了解重庆市智慧旅游发展现状，摸清各相关部门和企业开展智慧旅游工作遇到的问题、思考和诉求，为重庆市政府和文旅委制定智慧城市和智慧旅游政策提供决策参考，由高校、主管机构和骨干企业组成联合课题组开展了此次调研。面向行政主管部门、智慧旅游服务企业、智慧旅游研究机构、智慧旅游应用企业四类主体，综合采用书面报告收集、小组座谈和实地走访等方式，从智慧旅游理解和认知、智慧旅游实践与应用、智慧旅游规划与蓝图、智慧旅游环境与支撑四方面收集信息。调研工作历时10个月（2019年1月至9月），分为书面报告收集和实地调研两个阶段，收集了34个区县文旅委提交的书面报告，在20个区县召开了20场座谈会，100余家各类主体单位参加座谈，获取了20万字调研记录，最终完成了《重庆市智慧旅游发展报告》。

二、研究框架和研究方法

（一）研究框架

研究报告内容分为三个部分六个章节。首先，第一部分是定性现状分析。在第一章简介全国智慧旅游发展背景的基础上，第二章和第三章分别从发展氛围、发展活力、发

展基础和发展前景四个方面梳理了重庆市智慧旅游发展主要特征，从整体认知有待进一步明晰、发展水平有待进一步提高、数据价值有待进一步挖掘和创新成果有待进一步推出四个方面分析了现存主要问题。其次，第二部分（第四章）是定量水平评估，从智慧管理、智慧营销和智慧服务与体验三个方面构建了区域智慧旅游水平评估指标体系，定量评估了重庆市区县智慧旅游发展水平。最后，第五章和第六章分别从发展建议和经验总结的角度，针对重庆市智慧旅游发展，总结提出了凝聚发展共识、加强政策引导、强化务实推进和加强人才培养四方面建议，梳理了顶层设计、云平台建设、智慧旅游管理、智慧旅游营销、智慧旅游体验与服务、智能设备研发六个领域典型案例。

（二）研究方法

本研究报告主要采用了定性与定量相结合的研究策略，综合运用了文献分析、小组座谈、专家评估等方法。首先，通过收集来自政府官网、学术数据库等多源文献资料，较全面掌握全国和重庆市智慧旅游发展的政策前沿和研究进展。其次，面向行政主管部门、智慧旅游服务企业、智慧旅游研究机构、智慧旅游应用企业四类主体，综合采用书面报告收集、小组座谈和实地走访等方式，从智慧旅游理解和认知、智慧旅游实践与应用、智慧旅游规划与蓝图、智慧旅游环境与支撑四方面收集信息。最后，基于区域智慧旅游水平评估指标体系，采取层次分析和专家组评分方式定量评估各区县发展水平。

三、理论创新和学术价值

基于重庆市域的全面调研，调研报告创新点主要体现在：

一是回答了智慧旅游实践的三个基本问题，即为什么、做什么和怎么做。课题组认为:（1）智慧旅游是全域旅游发展的重要支撑和客观要求，是满足新时代游客需求的内在要求，是推动旅游业转型升级的关键动力，是应对新一轮科技革命的必然选择。智慧旅游发展的根本目的，对政府而言，是以智慧提升治理能力；对企业而言，是以智慧提高经营效益；对游客而言，是以智慧优化旅游体验。（2）需要清晰认识智慧旅游发展中政府和企业各自应承担的角色和任务。“缺位”无法推动发展，“越位”无益健康发展。政府应重视优惠政策引导与扶持、公共平台建设与应用、产业标准制定与示范三个关键领域，企业应注重传统旅游企业基于新技术和大数据的智慧应用、旅游互联网企业的智慧渗透和高新技术企业的智能研发三个主要方向。（3）智慧旅游发展应坚持问题导向，应聚焦解决政府监管和公共服务的重点、消费者需求无法得到满足的痛点、企业产品创新和服务优化的增长点；坚持绩效导向，避免“重建设轻应用”，向智慧旅游要监管效率和经营效益；坚持协同导向，强调上下联动、部门协调和政企合作。

二是提出了重庆智慧旅游发展的核心路径。基于从全市和区（县）两个层面、从多元市场主体（景区、酒店、旅行社、科技企业、三大运营商和OTA等涉旅企业）角度，遵循现状分析—问题剖析—对策建议的总体思路，以特征分析为基础，以问题诊断为重点，以对策建议为落脚点，明确了重庆市智慧旅游发展的核心路径（见下图）。

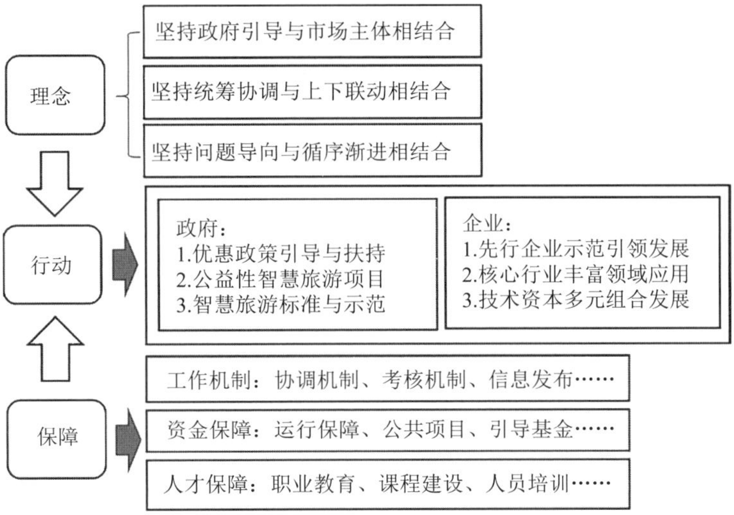

重庆智慧旅游发展的核心路径

三是构建了区域智慧旅游水平评价指标体系。报告以全国范围内开展较早的、接近覆盖全市（省）域的调研为基础，借鉴现有以智慧旅游景区为主的评价研究成果，率先构建了涵盖智慧管理（规划和制度管理、资金投入水平、人力投入水平、安全防范、交通、资源和环境保护、行业监管）、智慧营销（游客管理、产品开发、产品运营、产品推广、旅游购物）、智慧服务与体验（网络与通信服务、导游、导航、导购、紧急帮助）三个方面，包含17个二级指标和41个三级指标的区域智慧旅游发展水平评价指标体系，开展了重庆市辖区县的实证评估，对开展旅游目的地智慧旅游水平评估具有借鉴意义。

四、应用价值和经济、技术、社会效益

本调研报告的应用价值和社会影响主要体现在：

一是调研报告被重庆市文化和旅游发展委员会、重庆市旅游协会吸纳采用。其中，重庆市文旅委在建设重庆市文旅广电云、推进重庆市文旅行业大数据智能化提档升级过程中，吸纳采用了报告相关成果和建议。重庆市旅游协会在制定完善《重庆市智慧旅游示范景区（度假区）建设评定标准》和开展全市首批智慧旅游示范景区（度假区）评定工作中吸纳采用了报告成果。

二是调研报告在 2019 首届中国（重庆）智慧文旅高峰论坛发布，核心内容以《2019 重庆智慧旅游蓝皮书》形式公开。该论坛是 2019 中国国际智能产业博览会系列活动之一，由智博会组委会（唐良智市长担任组委会主任）冠名主办，重庆市文旅委等单位承办，重庆市政协副主席谭家玲、中国旅游研究院院长戴斌等领导和专家出场致辞并发表主旨演讲，得到了重庆市人民政府网、《重庆日报》、人民网、中国新闻网、中国日报网、搜狐网、新浪网、凤凰网、腾讯大渝网、中国旅游新闻网、中国产业经济信息网等主流媒体集中报道。